HISTOIRE ABRÉGÉE

DES SCIENCES

MÉTAPHYSIQUES, MORALES ET POLITIQUES

DEPUIS

LA RENAISSANCE DES LETTRES.

HISTOIRE ABRÉGÉE

DES SCIENCES

MÉTAPHYSIQUES, MORALES ET POLITIQUES,

DEPUIS LA RENAISSANCE DES LETTRES.

TRADUITE

DE L'ANGLOIS DE DUGALD STEWART,

ET PRÉCÉDÉE

D'UN DISCOURS PRÉLIMINAIRE,

PAR J. A. BUCHON.

III.ᴱ PARTIE.

PARIS,

Chez F. G. LEVRAULT, rue des Fossés M. le Prince, N.° 31,
Et rue des Juifs, N.° 33, à Strasbourg.

1823.

A MONSIEUR

FRÉDÉRIC CUVIER,

HOMMAGE

DE L'ESTIME ET DE L'AFFECTION VRAIE

DU TRADUCTEUR.

AVERTISSEMENT

DE L'AUTEUR ANGLAIS.

Je crains d'avoir à me justifier auprès du public de l'étendue que j'ai donnée à cette Esquisse historique. Mes amis savent que mon dessein primitif était de la renfermer dans des limites bien plus étroites : mais peu à peu mon ouvrage s'est agrandi entre mes mains, et a pris une forme telle, qu'il me fallait, ou effacer tout ce que j'avais écrit, ou continuer désormais mon Esquisse sur le plan étendu que je venais d'embrasser.

Je ne me suis laissé guider dans le choix des sujets sur lesquels j'ai particulièrement porté mon attention que par l'idée que je me formais de leur importance réelle, d'après la liaison qu'ils avaient avec l'état actuel de la philosophie en Europe. J'ai passé sur quelques-uns sans en parler, parce qu'il m'était impossible même de les effleurer sans le secours des bibliothèques publiques, dont je suis presque entièrement privé dans ma retraite. La même circonstance me justifiera, je l'espère, auprès des lecteurs bienveillants, de diverses autres omissions.

Le temps qu'il m'a fallu absolument consacrer à consulter, avec une attention critique, les nombreux auteurs cités dans cet ouvrage, a pris d'une manière si pénible pour moi sur le loisir que je voulais consacrer à un autre travail, que je ne puis, à mon âge, concevoir qu'une bien faible espérance de terminer entièrement cette *Histoire abrégee des progrès des sciences morales et politiques pendant le dix-huitième siècle.* Je ne renonce toutefois pas entièrement à cet espoir. Mais une entreprise commencée long-temps avant avait des droits plus puissants à mon attention.

Quoi qu'il arrive, il sera facile à un autre de suppléer à ce qui manque au complément de mon plan. On ne doit songer à faire qu'une esquisse rapide; et le champ qu'on doit parcourir offre un intérêt incomparablement plus grand à la plupart des lecteurs que celui dont j'ai présenté l'aperçu.

HISTOIRE ABRÉGÉE

DE

LA PHILOSOPHIE,

DEPUIS

LA RENAISSANCE DES LETTRES

EN EUROPE.

TROISIÈME PARTIE.

SECTION PREMIÈRE.

Condillac et autres métaphysiciens plus modernes.

Tandis que Hartley et Bonnet donnaient l'essor à leur imagination dans la formation de théories sur la nature de l'union entre l'âme et le corps, Condillac cherchait à appeler l'attention de ses compatriotes sur la méthode convenable dans l'étude des phénomènes de l'esprit, telle qu'elle était recommandée par Locke, qui en avait lui-même donné l'exemple (1). Aucun philosophe ne

---

(1) Il peut sembler extraordinaire que je n'aie parlé d'aucun métaphysicien français pendant le long intervalle de temps qui

semble avoir mieux que lui compris la vanité stérile qu'il y a à vouloir expliquer par des conjectures physiologiques, la manière dont s'opère la liaison entre le principe pensant et le monde extérieur; aussi, dans les recherches qu'il fait sur cette liaison, se borne-t-il toujours à l'examen des lois générales par lesquelles elle est déterminée. Il y a en même temps une coïncidence remarquable entre quelques-unes de ses

---

sépare Malebranche de Condillac; pour me justifier de cette omission apparente, je rapporterai les propres paroles d'un auteur parfaitement versé dans l'histoire de la littérature et de la philosophie française, et tout-à-fait en état d'apprécier le mérite respectif de ceux qui ont concouru à leurs progrès.

« A en excepter les *Méditations* de Descartes, dit Adam Smith dans un mémoire publié en 1755, je ne connais rien dans les ouvrages des écrivains français qui offre quelque originalité soit dans la morale, soit dans la métaphysique: car la philosophie de Régius et celle de Malebranche ne sont rien autre chose que les méditations de Descartes développées avec plus d'art et de raffinement; tandis que Hobbes, Locke, le docteur Mandeville, lord Shaftesbury, le docteur Butler, le docteur Clarke et M. Hutcheson, tous différents et incompatibles, chacun dans son système, ont visé à l'originalité, du moins à quelques égards. Ils ont cherché à ajouter quelque chose au fonds d'observations recueillies par leurs prédécesseurs et formant déjà un trésor commun à tous les hommes. Cette branche de la science, négligée à présent par les Anglais eux-mêmes, paraît avoir été transportée tout récemment en France. J'en découvre quelques vestiges non-seulement dans l'*Ency-*

vues et celles des deux autres écrivains. Tous trois, sans cesser de professer le plus haut respect pour Locke, abandonnèrent son système sur l'origine de nos idées pour adopter celui de Gassendi, et ont ainsi, avec la meilleure intention du monde, fourni des armes pour combattre un principe que le but commun de leurs efforts était d'établir (1). Il est fort à regretter que la très-grande partie des écrivains français qui ont fait depuis

---

clopédie, mais aussi dans la *Théorie des sensations agréables* de M. de Pouilly, et bien plus encore dans le dernier discours de Rousseau sur *l'origine et les fondements de l'inégalité parmi les hommes.* »

Quoique je convienne parfaitement avec M. Smith de la stérilité générale d'invention des métaphysiciens français depuis Descartes, quand on les compare surtout aux métaphysiciens anglais, je ne puis m'empêcher d'exprimer ma surprise en lisant dans ce passage le nom de Malebranche, l'un des noms les plus distingués de la philosophie moderne, rabaissé jusqu'au niveau de Régius, et en voyant M. Smith passer sous silence les noms de Buffier et de Condillac, tandis qu'il cite l'auteur de la *Théorie des sensations agréables* comme un métaphysicien d'un génie très-original. Je vais discuter dans le texte de mon ouvrage le mérite de Condillac, dont les ouvrages les plus importants avaient été publiés avant ce mémoire de M. Smith; quant à Buffier, j'aurai occasion d'en parler plus tard. En attendant, je dois dire que je le regarde comme un des philosophes les plus originaux et les plus exacts dont le dix-huitième siècle puisse s'enorgueillir.

(1) Le premier ouvrage de Condillac parut trois ans avant

des recherches sur l'esprit humain, n'aient tiré toute leur connaissance de la philosophie de Locke que de ce commentaire erroné sur son principe fondamental. J'ai déjà épuisé tout ce que j'avais à dire relativement à l'effet des écrits de Condillac, et je me flatte d'avoir suffisamment prouvé combien son commentaire diffère du texte de son auteur. C'est cependant ce commentaire qui est aujourd'hui presque universellement adopté sur le continent, comme la substance de la doctrine de Locke, et qu'on peut justement regarder comme la maîtresse ancre des systèmes communément repoussés en Angleterre, sous le titre de philosophie française. Si Condillac eût bien compris les conséquences qu'on tirerait, et qu'on tirerait *logiquement*, de son explication de l'origine de nos idées, je suis convaincu, d'après sa bonne foi connue et son amour pour la vérité, qu'il aurait mis un vif empressement à reconnaître et à rétracter son erreur.

Il faut bien avouer qu'il y a dans cette simplification apparente, et dans cette généralisation de

---

la publication de la théorie d'Hartley. Il est intitulé : *Essai sur l'origine des connaissances humaines, ouvrage où l'on réduit à un seul principe tout ce qui concerne l'entendement humain.* Ce *seul principe* est l'association des idées. L'explication donnée par ces deux auteurs de la transformation des sensations et des idées, est tout-à-fait identique dans sa substance.

la doctrine de Locke, quelque chose d'extrêmement séduisant à la première vue. Elle soulage l'esprit de l'exercice pénible des réflexions abstraites, et l'amuse par des analogies et des métaphores, lorsqu'il ne s'attend qu'à l'austérité d'une discussion logique. La clarté et la simplicité du style de Condillac ajoutent encore à l'illusion ; et en conduisant si aisément le lecteur à travers les plus obscurs labyrinthes de la métaphysique, elles le flattent de l'agréable sentiment de sa force intellectuelle. Voilà à quoi il faut particulièrement attribuer la grande popularité de ses ouvrages. On a aussi peu de peine à les lire qu'on en aurait à lire une histoire ou un roman; et ce n'est que quand on a fermé le livre et qu'on cherche à se rendre raison, à sa manière, de ce qu'on en a tiré, qu'on a la mortification de voir s'évanouir toute la science qu'on croyait avoir acquise.

La philosophie de Condillac était surtout parfaitement adaptée au goût de son pays, où, selon madame de Staël, « on ne lit guère un ouvrage que pour en parler (1). » Chez un tel peuple, des recherches qui ne sont que du domaine de la réflexion ne sauraient jamais acquérir la même vogue que des théories exprimées dans un style

---

(1) *Allemagne*, t. I, p. 292. Cette remarque devient malheureusement de jour en jour plus applicable à l'Angleterre elle-même.

métaphysique, mais qui rappellent constamment à l'imagination les impressions des sens extérieurs. L'état de la société en France est donc très-défavorable à l'étude de la philosophie inductive de l'esprit humain; et la preuve la plus décisive qu'on puisse offrir de cette vérité, c'est l'admiration qu'ont excitée si long-temps les écrits métaphysiques de Condillac.

On ne peut nier, d'ailleurs, que Condillac n'ait été souvent fort heureux dans ses observations et dans ses descriptions des phénomènes intellectuels; mais alors il prend communément Locke pour guide, et toutes les fois qu'il s'en fie à son propre jugement, il est rare qu'il ne s'égare pas un peu en route. La meilleure partie de ses ouvrages se rapporte à l'action et à la réaction de la pensée et du langage l'un sur l'autre, sujet déjà traité avec beaucoup de profondeur par Locke, mais que Condillac a eu le mérite de représenter d'une manière aussi heureuse que nouvelle. Quelquefois il étend, il est vrai, beaucoup trop loin ses conséquences; d'autres fois il ne les exprime pas avec assez de précision: mais ses remarques forment, à tout prendre, une addition très-précieuse à cette branche de la logique; et ce qui ajoute encore à leur valeur, c'est qu'elles ont contribué à recommander ce sujet à l'attention de philosophes plus en état que lui-même de le traiter d'une manière satisfaisante.

Condillac a été aussi un des premiers qui aient apporté un perfectionnement réel et rapide dans les recherches sur l'origine et l'histoire théorique du langage; et s'il n'a qu'imparfaitement éclairci quelques-unes des principales difficultés de cette question, cela ne peut rien ôter à l'habileté dont il a fait preuve. M. Adam Smith s'empara du même sujet après Condillac, et il faut avouer qu'il a plutôt éludé les difficultés qu'il n'a cherché à en triompher; omission d'autant plus remarquable de sa part, que J.-J. Rousseau venait de présenter non-seulement contre la théorie de Condillac, mais encore contre toutes les recherches qui avaient pour objet la solution de ce problème, une objection aussi spécieuse qu'embarrassante. « Si le langage, dit Rousseau, est le résultat des conventions humaines, et si les hommes ont besoin de la parole pour apprendre à penser, il s'ensuivrait que les langues ont été nécessaires pour l'invention des langues (1).

(1) Le docteur Reid avait remarqué déjà que les hommes n'auraient jamais pu inventer un langage artificiel s'ils n'avaient pas eu d'avance un langage naturel. C'est là une vérité palpable et incontestable, qui donne à la remarque de Rousseau cette apparence si prononcée d'authenticité, qui embarrasse d'abord et met hors d'état de répondre. Je ne prétends pas dire que la première proposition donne la clef de toutes les difficultés suggérées par la dernière, mais elle contribue du moins beaucoup à leur solution.

» Mais lorsque, continue Rousseau, *par des moyens que je ne conçois pas*, nos nouveaux grammairiens commencèrent à étendre leurs idées et à généraliser leurs mots, l'ignorance des inventeurs dut assujettir cette méthode à des bornes fort étroites. Comment, par exemple, auraient-ils imaginé ou entendu les mots de *matière*, d'*esprit*, de *substance*, de *mode*, de *figure*, de *mouvement*, puisque nos philosophes, qui s'en servent depuis si long-temps, ont bien de la peine à les entendre eux-mêmes, et que les idées qu'on attache à ces mots étant purement métaphysiques, ils n'en trouvaient aucun modèle dans la nature (1)?

» Je m'arrête à ces premiers pas, continue Rousseau, et je supplie mes juges de suspendre ici leur lecture pour considérer sur l'invention des seuls substantifs physiques, c'est-à-dire sur la partie de la langue la plus facile à trouver, le chemin qui lui reste à faire pour exprimer toutes les pensées des hommes, pour prendre une forme constante, pour pouvoir être parlée en public et influer sur la société; je les supplie de réfléchir à ce qu'il a fallu de temps et de connaissances pour trouver les nombres, les mots abstraits, les aoristes et tous les temps des

(1) *Discours sur l'origine et les fondements de l'inégalité parmi les hommes*, p. 253, 259.

verbes, les particules, la syntaxe, lier les propositions, les raisonnements, et former toute la logique du discours. Quant à moi, effrayé des difficultés qui se multiplient, et convaincu de l'impossibilité presque démontrée que les langues aient pu naître et s'établir par des moyens purement humains, je laisse à qui voudra l'entreprendre la discussion de ce difficile problème : *Lequel a été le plus nécessaire, de la société, déjà liée, à l'institution des langues, ou des langues, déjà inventées, à l'établissement de la société ?* »

Des diverses difficultés énumérées ici, celle que Rousseau mentionne dans sa dernière phrase, est celle qu'il regardait évidemment comme la plus grande, ou plutôt comme embrassant en soi toutes les autres. Mais cette difficulté vient surtout de la théorie paradoxale qui lui est propre sur l'origine artificielle de la société, théorie qui n'a pas besoin d'autre réfutation que l'aphorisme court et lumineux de Montesquieu : *L'homme est né en société, et il y reste*.. Les autres difficultés indiquées, en passant, par Rousseau dans la première partie de cette citation, sont beaucoup plus sérieuses, et on n'y a jamais répondu d'une manière tout-à-fait satisfaisante ; de là quelques écrivains fort ingénieux ont été amenés à conclure qu'il était impossible que les langues fussent d'invention humaine. Cet argument a été depuis peu soutenu avec beaucoup de talent et une certaine apparence de vérité par le docteur Magee de Dublin et M. de Bonald de Paris (1). Il est cependant probable que ces philosophes eussent raisonné plus logiquement en se contentant purement d'affirmer que le problème n'avait pas été résolu, sans prétendre qu'il était insoluble. Pour moi, quand je considère sa difficulté extrême et le court espace de temps depuis lequel il a occupé l'attention des savants, je suis beaucoup plus étonné de voir qu'on ait déjà tant fait dans cette recherche, que du grand nombre de choses qui restent à faire. Le docteur Ferguson remarque que quand le langage a atteint la perfection qu'il reçoit avec les progrès de la société, ceux dont l'esprit investigateur cherche à comparer son point de départ avec le but auquel il est arrivé dans sa carrière de perfectionnement, se sentent frappés du même étonnement que l'est un voyageur qui, après s'être élevé insensiblement au sommet d'une colline, regarde à ses pieds, et aperçoit comme un précipice au-dessus duquel il conçoit à peine com-

(1) On a étendu la même théorie à l'art de l'écriture : mais si cet art a été communiqué aux hommes par une révélation expresse du ciel, comment peut-on expliquer son état actuel dans le vaste empire de la Chine ? Le genre d'écriture adopté dans ce pays est-il d'origine humaine ou divine ?

ment il peut être parvenu sans une assistance surnaturelle (1).

---

(1) Voyez *Principes de la morale et de la politique*, t. I, p. 43, Edinburgh, 1792. On peut à cette observation ajouter, en forme de commentaire, les réflexions suivantes de l'un des plus savants prélats de l'église d'Angleterre.

« L'homme, nous dit-on, a eu un langage dès son origine, puisqu'il conversait alors avec la divinité, et qu'il a donné à chaque animal son nom particulier. Mais comment l'homme obtint-il ce langage ? Il ne peut l'avoir reçu que par inspiration et tout formé d'avance par le Créateur, ou l'avoir tiré, en mettant en activité les facultés intellectuelles dont il est doué comme créature raisonnable, de la contemplation des objets naturels et extérieurs dont il est environné. La sainte Bible se tait sur les moyens par lesquels on y est arrivé. Nous n'avons donc aucune autorité pour affirmer qu'il nous a été communiqué *par inspiration*, et le langage n'offre en lui-même aucune preuve de cette supposition. Nous n'avons donc que des incertitudes sur cette question. Mais dans un sujet dont les causes premières sont si éloignées de nous, il est bien plus facile sans doute de rapporter tout à l'*inspiration*, et d'avoir recours à ce facile et large argument,

Διὸς δὲ τελείετο βουλή.

» Cela se réduit à dire que l'homme a joui de ce grand privilége de la parole, qui le distingua d'abord si éminemment au-dessus des créatures brutes, et continue encore à le distinguer comme créature *raisonnable*, sans qu'il ait eu besoin de faire usage des facultés *rationnelles* qui, à tant d'autres égards, le mettaient en état de s'élever au-dessus d'elles. L'inspiration semble donc avoir été un argument adopté par la difficulté d'en trouver un autre, et parce que ce mot porte en soi un

A l'égard de quelques-unes des difficultés présentées par Rousseau et par ses commentateurs, on peut dire en passant que cette remarque s'applique d'ailleurs également à divers passages de la dissertation de M. Smith sur le même objet ; que la difficulté d'expliquer la théorie de toutes nos opérations intellectuelles ne conclut rien pour l'application à faire de cette faculté à un but pratique. La difficulté d'expliquer la nature métaphysique d'une des parties du discours ne prouve pas davantage que dans son origine on ait eu besoin, pour s'en servir, d'aucun effort bien extraordinaire de capacité intellectuelle. Combien de difficultés métaphysiques aurait pu faire naître la notion mathématique de *ligne ?*

---

caractère de majesté sainte qui repousse l'approche profane de toute recherche et de toute discussion. »(*Essai sur l'étude des antiquités*, par le docteur Burgess, deuxième édition, Oxford, 1782, p. 85, 86.)

Le même auteur ajoute de plus, avec beaucoup de sagacité, et de manière, je crois, à trancher la question : « La supposition que le langage a été donné à l'homme tout formé d'avance par le Créateur, est de fait incompatible avec la preuve de l'origine de nos idées qu'on retrouve dans l'examen du langage. Car, comme l'origine de nos idées peut être ramenée aux mots avec lesquels ces idées sont communiquées, ainsi l'origine du langage peut être ramenée à la source d'où découlent nos premières idées, c'est-à-dire aux objets *naturels* et *extérieurs*. » (*Ibid.*, pag. 83, 84.)

Et cependant cette notion est parfaitement comprise par le plus simple paysan, quand il parle de la distance entre deux endroits, ou de la longueur, de la largeur et de la hauteur de sa cabane. C'est ainsi que, bien qu'il puisse être difficile de rendre un compte satisfaisant de l'origine et de la signification de mots tels que *de* ou *par*, nous ne devons pas en conclure que l'invention de mots semblables ait exigé de vastes connaissances métaphysiques dans celui qui s'en est servi le premier (1). Nous voyons que des enfants de trois et quatre ans en comprennent parfaitement toute la signification.

---

(1) Dans cette remarque j'avais en vue le passage suivant de la dissertation de M. A. Smith.

« Il est peut-être bon d'observer que les prépositions qui, dans les langues modernes, tiennent lieu des anciens cas, sont plus générales, plus abstraites, plus métaphysiques que toutes les autres, et qu'*elles ont*, *par conséquent*, *dû être inventées les dernières*. Demandez à un homme d'une sagacité ordinaire quel rapport exprime la préposition *above* (au-dessus)? il vous répondra aussitôt, celui de *supériorité* : quel rapport exprime la préposition *below* (au-dessous)? il répondra aussi promptement, celui d'*infériorité*. Mais si vous lui demandez quel rapport exprime la préposition *of* (de), et qu'il ne soit pas accoutumé à porter sa pensée sur de pareils sujets, vous aurez besoin de lui donner du temps pour qu'il puisse vous répondre. » (A. Smith, *Considérations sur les langues*, t. II, p. 322, *de la théorie des sentiments moraux*. Traduction de madame Condorcet.)

J'ai été devancé dans ces idées sur l'histoire du langage par le docteur Ferguson.

« Les parties du discours, nous dit ce profond et original écrivain, dont la théorie coûte tant d'études au grammairien, sont de l'usage le plus facile dans la pratique. Les peuplades les plus grossières, les idiots, les aliénés eux-mêmes, savent s'en servir. On les apprend avec beaucoup plus de facilité dans l'enfance; l'intelligence humaine dans son état le plus faible étant parfaitement en état de s'en servir, l'homme n'a eu aucun besoin de l'intervention d'un génie surnaturel pour pouvoir, après une succession de siècles, terminer en détail cet édifice extraordinaire du langage, qui, lorsqu'il est arrivé à son point naturel de perfectionnement, paraît tout-à-fait hors de proportion avec ce que peuvent atteindre les esprits les plus sublimes et les plus étendus (1). »

(1) Les judicieuses réflexions qui terminent les *Recherches sur l'origine et la formation de la langue romane*, par M. Raynouard, viennent encore à l'appui des observations qui précèdent. Il est bien vrai que la modification d'un langage existant, est une chose bien moins merveilleuse que la formation d'un langage entièrement nouveau; mais il est raisonnable de croire que, dans les deux cas, la marche des idées est de la même espèce, et on doit, en réfléchissant sur l'une, avancer de quelques pas dans l'étude de l'autre.

« La langue romane est peut-être la seule à la formation de

C'est toutefois moins dans le tableau qu'il présente des premiers éléments du langage, que dans quelques recherches collatérales sur le génie des différentes langues, que le talent de Condillac se fait surtout remarquer. Quelques-unes de ses

---

laquelle il soit permis de remonter ainsi pour découvrir et expliquer le secret de son industrieux mécanisme... J'ose dire que l'esprit philosophique, consulté sur le choix des moyens qui devraient épargner à l'ignorance beaucoup d'études pénibles et fastidieuses, n'eût pas été aussi heureux que l'ignorance ellemême; il est vrai qu'elle avait deux grands maîtres, la NÉCESSITÉ et le TEMPS.

» En considérant à quelle époque d'ignorance et de barbarie s'est formé et perfectionné ce nouvel idiome, d'après des principes indiqués seulement par l'analogie et l'euphonie, on se dira peut-être, comme je me le suis dit: L'homme porte en soi-même les principes d'une logique naturelle, d'un instinct régulateur que nous admirons quelquefois dans les enfants. Oui, la providence nous a dotés de la faculté indestructible et des moyens ingénieux d'exprimer, de communiquer, d'éterniser par la parole et par les signes permanents où elle se reproduit, cette pensée qui est l'un de nos plus beaux attributs, et qui nous distingue si éminemment et si avantageusement dans l'ordre de la création. » (*Choix des poésies originales des Troubadours*, t. I, p. 104 et 105.)

Il restera toujours dans l'histoire théorique du langage des points ignorés pour exercer la sagacité de nos derniers neveux. Cette assertion ne paraît pas surprenante, quand on considère combien il nous est impossible, par notre propre expérience, de juger des procédés intellectuels qui se passent dans l'esprit des sauvages. Nous savons que quelques instincts, tels que

observations sur la liaison entre les signes naturels et la formation d'un système prosodique et sur les arts d'imitation chez les Grecs et les Romains, par distinction des mêmes arts chez les modernes, sont aussi nouvelles que curieuses,

---

celui de l'imitation par exemple, et de l'usage des signes naturels qu'ils possèdent en commun, disparaissent presque entièrement avec le développement de la raison dans la plus grande partie des hommes. Il ne serait pas impossible non plus que d'autres instincts en rapport avec l'invention du langage ne se rencontrassent dans l'homme qu'au moment où les facultés intellectuelles ont besoin de leur appui, et que la nécessité ne mît elle-même en jeu quelques facultés dormantes de l'entendement. La promptitude avec laquelle les enfants surmontent tant de difficultés grammaticales et métaphysiques, me semble ajouter encore beaucoup de force à ces conjectures.

Quand on donne le tableau des premiers progrès du langage, on ne devrait jamais oublier qu'on entreprend une tâche plus semblable qu'on ne le croirait d'abord à celle de rechercher les premières opérations de l'intelligence dans son enfance. Dans les deux cas, on cherche souvent dans la raison seule l'explication d'un fait qui a besoin de la coopération de principes très-différents. On sait d'une manière certaine que dans la géométrie toutes les transitions ont été découvertes par le raisonnement seul, et cependant l'histoire théorique de la géométrie est un problème qui n'a pu être encore complétement résolu. On n'a pu même, jusqu'à ce jour, rendre aucun compte satisfaisant des premières expériences par lesquelles les hommes ont été graduellement amenés à l'usage du fer. Que de simplicité toutefois dans ces problèmes, quand on les compare à ceux qui se rapportent à l'origine et aux progrès du langage !

et sont relevées encore par un lumineux mélange d'éclaircissements historiques et de discussions critiques qu'on ne rencontre que bien rarement parmi les métaphysiciens.

Mais dans toutes ses recherches, Condillac porte toujours plus ou moins l'erreur radicale qui est à la base de son système (1); et de là vient

---

(1) On en voit un exemple remarquable dans la partie de son *Cours d'études* où il traite de l'*art d'écrire*.

« Vous savez, monseigneur, comment les mêmes noms ont été transportés des objets qui tombent sous les sens à ceux qui leur échappent. Vous avez remarqué qu'il y en a qui sont encore en usage dans l'une et l'autre acception, et qu'il y en a qui sont devenus les noms propres des choses dont ils avaient d'abord été les signes figurés.

» Les premiers, tels que le *mouvement* de l'âme, son *penchant*, sa *réflexion*, donnent un corps à des choses qui n'en ont pas. Les seconds, tels que la *pensée*, la *volonté*, le *désir*, ne peignent plus rien, et laissent aux idées abstraites cette spiritualité qui les dérobe aux sens. Mais si le langage doit être l'image de nos pensées, on a perdu beaucoup lorsque, oubliant la première signification des mots, on a effacé jusqu'aux traits qu'ils donnaient aux idées. Toutes les langues sont en cela plus ou moins défectueuses; toutes aussi ont des tableaux plus ou moins conservés. » (*De l'art d'écrire*, ch. 8, *Considérations sur les tropes.*)

Condillac s'étend très au long sur ce point, et cherche à montrer que si l'on ne saisit pas l'analogie qui fait passer les mots par différentes acceptions figurées, la plupart des beautés du langage échappent nécessairement, et qu'on ne voit plus dans les termes figurés que des mots choisis arbitrairement pour

que, malgré tout le mérite qu'il possède comme écrivain, il ne saurait jamais ni élever l'imagination, ni toucher le cœur. On est bien convaincu qu'il a écrit dans les meilleures intentions possibles, et cependant on aurait peine à nommer un philosophe dont les théories aient plus contribué à égarer les opinions de ses contemporains (1). Il obtint bientôt en France le rang élevé

---

exprimer certaines idées. « Ainsi, continue-t-il, dans *examen*, par exemple, un Français n'aperçoit que le nom propre d'une opération de l'âme; un Latin y attachait la même idée, et voyait de plus une image, comme nous dans *peser* et *balancer*. Il en est de même des mots *âme* et *anima*, *pensée* et *cogitatio*. » (Id.)

Dans cette manière de considérer le sujet, Condillac procédait évidemment d'après son principe favori, que toutes nos notions sur nos opérations intellectuelles sont composées d'images sensibles, tandis que le fait est que les seules justes notions que nous puissions concevoir sur les facultés intellectuelles, nous viennent par abstraction des qualités et des lois du monde matériel. De sorte que, plus l'analogie d'un mot figuré disparaît, plus il devient propre à représenter les pensées et les raisonnements métaphysiques. (Voyez *Essais philosophiques*, partie 1, Essai 5, chapitre 3.)

(1) Un écrivain moderne, dont les opinions philosophiques ont en général beaucoup d'identité avec celles de La Harpe, M. de Bonald, a apprécié d'une manière bien différente, et avec beaucoup plus de sagacité, selon moi, le mérite de Condillac.

« Condillac, dit-il, a eu sur l'esprit philosophique du dernier siècle, l'influence que Voltaire a prise sur l'esprit religieux et J.-J. Rousseau sur les opinions politiques. Condillac a mis de la sécheresse et de la minutie dans les esprits; Voltaire du

et l'autorité dont Locke avait si long-temps et avec tant de raison joui dans son pays. Même en Angleterre, ses ouvrages ont été plus généra-

---

penchant à la raillerie et à la frivolité; Rousseau les a rendus chagrins et mécontents..... Condillac a encore plus faussé l'esprit de la nation, parce que sa doctrine était enseignée dans les premières études à des jeunes gens qui n'avaient encore lu ni Rousseau ni Voltaire, et que la manière de raisonner et la direction de l'esprit s'étendent à tout. » (*Recherches philosophiques*, t. I, p. 187, 188.)

Les remarques suivantes sur la clarté supposée du style de Condillac sont si justes et si philosophiques, que je ne puis me dispenser de les rapporter ici.

« Condillac est ou paraît être clair et méthodique; mais il faut prendre garde que la clarté des pensées, comme la transparence des objets physiques, peut tenir d'un défaut de profondeur, et que la méthode dans les écrits, qui suppose la patience de l'esprit, n'en prouve pas toujours la justesse, et moins encore la fécondité. Il y a aussi une clarté de style, en quelque sorte toute matérielle, qui n'est pas incompatible avec l'obscurité dans les idées. Rien de plus facile à entendre que les mots de *sensations transformées*, dont Condillac s'est servi, parce que ces mots ne parlent qu'à l'imagination, qui se figure à volonté des transformations et des changements. Mais cette transformation, appliquée aux opérations de l'esprit, n'est qu'un mot vide de sens; et Condillac lui-même aurait été bien embarrassé d'en donner une explication satisfaisante. Ce philosophe me paraît plus heureux dans ses aperçus que dans ses démonstrations. La route de la vérité semble quelquefois s'ouvrir devant lui; mais, retenu par la circonspection naturelle à un esprit sans chaleur, et intimidé par la faiblesse de son propre système, il n'ose s'y engager. » (*Ibid.*, tome I, p. 33, 34.)

lement lus et admirés que ceux d'aucun autre métaphysicien de son temps.

Forcé comme je le suis par mon plan de me borner à des aperçus très-généraux, il m'est impossible de faire mention de diverses découvertes métaphysiques qu'on peut rencontrer dans les ouvrages d'écrivains qui se sont occupés de sujets différents. Je ne puis toutefois passer sous silence le nom de Buffon, qui souvent, au milieu de ces vues magnifiques de la nature extérieure, qu'il retrace avec une si admirable éloquence, s'est complu dans d'ingénieuses discussions sur les facultés de l'homme et de la brute. La nature du sujet qu'il traitait appelait sans doute surtout son attention sur l'homme considéré comme animal; mais les particularités de la race humaine, dans sa condition physique, et le rapport évident qui existe entre ces particularités physiques et le rang supérieur que l'homme occupe dans l'échelle de la création, devaient nécessairement le jeter dans des recherches d'une plus haute portée et d'un plus profond intérêt. On l'a accusé, et peut-être avec quelque raison, d'avoir trop donné à l'influence de l'organisation physique sur les facultés intellectuelles; mais il mène ses lecteurs avec tant de charme de la matière à l'esprit, que je ne doute pas qu'il n'ait attiré sur les questions métaphysiques l'attention de beaucoup de gens qui sans cela n'y auraient jamais pensé. Dans ses théories sur la nature des brutes, on l'a regardé communément comme penchant vers l'opinion de Descartes ; mais on me semble s'être trompé à cet égard. Quelques-unes de ses idées sur les opérations compliquées des insectes me paraissent aussi justes que satisfaisantes ; et tout en expliquant les phénomènes sans attribuer à l'animal des notions profondes ou étendues, il est bien loin de le dégrader jusqu'à en faire une machine privée de sentiment et de conscience intime.

Buffon a en général suivi les principes de Berkeley, en rendant compte des degrés par lesquels nous arrivons à l'usage de nos sens extérieurs, et particulièrement de la vue ; et malgré quelques erreurs essentielles qui lui sont échappées dans les applications de ces principes, je n'ai trouvé nulle part une exposition de la théorie de la vision si claire et si facile à entendre. Rien certainement ne pouvait être plus heureusement imaginé que de faire raconter par notre premier parent comment il apprend peu à peu et par degrés à connaître l'usage de ses sens; et quoique plusieurs parties de ce récit ne puissent pas résister à l'épreuve d'un rigoureux examen, il est impossible de le lire sans partager l'admiration avec laquelle on rapporte que l'auteur lui-même envisageait toujours cette effusion favorite de son éloquence.

Ce ne sont pas encore là les seules occasions

dans lesquelles Buffon a déployé tout son talent comme métaphysicien. Ses idées sur les probabilités, sujet si éloigné de ses études favorites, prouvent avec quelle force quelques opérations métaphysiques s'étaient emparées de sa curiosité, et quel nouveau jour il aurait pu jeter sur elles s'il s'en fût occupé avec une attention plus soutenue (1). Dans ses observations sur la nature particulière des preuves mathématiques, il a adopté une manière plus rigoureuse de raisonner dans laquelle il a été généralement suivi par nos logiciens modernes (2). On pourrait relever sans doute quelques omissions particulières dans le passage dont je veux parler; mais les remarques sur ce qu'il appelle *vérités de définition* sont aussi justes qu'importantes; je ne me rappelle pas qu'aucun écrivain moderne avant lui ait touché cet argument. Platon, il est vrai, et après lui Proclus, avaient donné le nom d'*hypothèses* aux définitions géométriques, et cette expression peut-être regardée comme renfermant le germe de la doctrine présentée ensuite dans tous ses développements par Buffon et ses successeurs.

Quant aux opinions de Buffon sur les questions essentielles, alors en discussion parmi les philo-

---

(1) Voyez son *Essai d'arithmétique morale.*

(2) Voyez son premier discours préliminaire dans son *Histoire naturelle*, vers la fin.

sophes français, ses écrits ne nous offrent pas les moyens d'en juger avec certitude. On l'a accusé d'avoir, dans sa théorie des *molécules organiques* et des moules intérieurs, émis des idées peu différentes de celles des anciens atomistes; et il ne serait peut-être pas aisé de le justifier complétement de cette accusation, s'il n'avait laissé, pour opposer à une hypothèse aussi extravagante et aussi inintelligible, ces élans nobles et élevés qui caractérisent d'une manière si particulière ses descriptions de la nature. L'éloquence de quelques-uns de ses plus beaux morceaux lui a été évidemment inspirée par le même sentiment qui a dicté à un de ses auteurs favoris la réflexion suivante si juste et si pathétique : « Le spectacle de la nature, si vivant, si animé pour ceux qui reconnaissent un Dieu, est mort aux yeux de l'athée; et dans cette grande harmonie des êtres où tout parle de Dieu d'une voix si douce, il n'aperçoit qu'un silence éternel (1). »

(1) J.-J. Rousseau. — Dans un ouvrage d'Hérault de Séchelles, intitulé *Voyage à Montbar, contenant des détails très-intéressants sur le caractère, la personne et les écrits de Buffon* (Paris, 1801), on donne de sa croyance religieuse une idée bien différente de celle que je lui ai attribuée; mais les fait avancés dans cet ouvrage sont contredits par une lettre dictée par Buffon sur son lit de mort et adressée à madame Necker, pour la remercier de l'envoi qu'elle lui faisait de l'ouvrage de son mari, intitulé, *De l'importance des opinions*

J'ai déjà dit quelques mots du fort penchant vers le matérialisme que les auteurs de *l'Encyclopédie* avaient puisé dans les commentaires de Condillac sur Locke. Ils paraissent avoir adopté ces commentaires entièrement sur parole, et sans jamais se donner la peine de les comparer à l'original. Si d'Alembert eût voulu faire usage de son jugement avec liberté, personne ne pouvait apercevoir plus aisément leur complète futilité, et il a en effet émis diverses observations qui les attaquent jusque dans leur base. Cependant, malgré ces éclairs passagers, il revient constamment à la même erreur, et la répète sans cesse

---

religieuses. Cette lettre, nous assure-t-on, est de la main du fils de Buffon, qui représente son père comme trop faible pour tenir la plume. (*Mélanges extraits des manuscrits de madame Necker*, 3 vol. Paris, 1788.)

La sublime adresse à l'Être suprême par laquelle Buffon termine ses réflexions sur les calamités de la guerre semble dictée par Fénélon lui-même :

« Grand Dieu ! dont la seule présence soutient la nature et maintient l'harmonie des lois de l'univers ; vous qui, du trône immobile de l'empirée, voyez rouler sous vos pieds toutes les sphères célestes sans choc et sans confusion ; qui, du sein du repos, reproduisez à chaque instant leurs mouvements immenses, et seul régissez dans une paix profonde ce nombre infini de cieux et de mondes, rendez, rendez enfin le calme à la terre agitée ! qu'elle soit dans le silence ! qu'à votre voix la discorde et la guerre cessent de faire retentir leurs clameurs orgueilleuses !

en termes plus forts même que ceux employés par Condillac ou Gassendi.

Celui qui poussa jusqu'aux conséquences les plus extraordinaires et les plus dangereuses ce système sur l'origine de nos idées fut Helvétius. Son livre de l'*Esprit* est, dit-on, composé des matériaux qu'il avait recueillis dans la société où il avait l'habitude de vivre; aussi a-t-il été cité comme un tableau authentique des idées alors en vogue parmi les beaux esprits de Paris. Le défaut d'ensemble et de liaison dans le plan de l'ouvrage est déjà presque une preuve de la vérité de cette anecdote.

Suivant Helvétius, toutes nos idées nous venant

» Dieu de bonté, auteur de tous les êtres, vos regards paternels embrassent tous les objets de la création; mais l'homme est vôtre être de choix. Vous avez éclairé son âme d'un rayon de votre lumière immortelle; comblez vos bienfaits, en pénétrant son cœur d'un trait de votre amour: ce sentiment divin, se répandant partout, réunira les nations ennemies; l'homme, ne craindra plus l'aspect de l'homme, le fer homicide n'armera plus sa main, le feu dévorant de la guerre ne fera plus tarir la source des générations; l'espèce humaine, maintenant affaiblie, mutilée, moissonnée dans sa fleur, germera de nouveau et se multipliera sans nombre; la nature, accablée sous le poids des fléaux, stérile, abandonnée, reprendra bientôt avec une nouvelle vie son ancienne fécondité; et nous, Dieu bienfaiteur, nous la seconderons, nous la cultiverons, nous l'observerons sans cesse, pour vous offrir à chaque instant un nouveau tribut de reconnaissance et d'admiration.» (Buffon, *première vue de la nature.*)

par les sens (1), on doit chercher la cause de l'infériorité de l'âme des bêtes à celle des hommes dans la différence de l'organisation physique. Il cherche à prouver cette opinion ainsi qu'il suit :

« 1°. Toutes les pattes des animaux sont terminées ou par de la corne, comme dans le bœuf et le cerf ; ou par des ongles, comme dans le chien et le loup ; ou par des griffes, comme dans le lion et le chat. Or, cette différence d'organisation entre nos mains et les pattes des animaux les

---

(1) En combattant la philosophie d'Helvétius, La Harpe, dont les opinions philosophiques semblent avoir été fréquemment influencées par ses affections et ses haines particulières, déclame hautement contre les mêmes principes auxquels il avait tacitement donné son approbation formelle en parlant de Condillac. Il cherche, à cette occasion, à établir une distinction entre les doctrines de ces deux écrivains, et assure que Condillac considérait nos sens uniquement comme la cause *occasionelle* de nos idées, tandis qu'Helvétius les représentait comme des causes *productives*. (*Cours de littérature*, t. XV, p. 348, 349.) Mais cette distinction ne coïncide nullement avec l'esprit général des œuvres de Condillac, quoiqu'il soit peut-être possible d'en détacher quelques expressions qui puissent admettre cette interprétation. Les passages que j'ai déjà cités en doivent offrir une preuve suffisante. Pour éclaircir tous les doutes, j'y ajouterai le passage suivant :

« Dans le système que toutes nos connaissances viennent des sens, rien n'est plus aisé que de se faire une notion exacte des idées, car elles ne sont que des sensations ou des portions extraites de quelque sensation, pour être considérées à part ; ce

prive non-seulement, comme le dit Buffon, presque en entier du sens du tact, mais encore de l'adresse nécessaire pour manier aucun outil et pour faire aucune des découvertes qui supposent des mains.

» 2°. La vie des animaux, en général plus courte que la nôtre, ne leur permet ni de faire autant d'observations, ni, par conséquent, d'avoir autant d'idées que l'homme.

---

qui produit deux sortes d'idées, les sensibles et les abstraites.» (*Traité des systèmes*, ch. 6.)

» Puisque nous avons vu que le souvenir n'est qu'une manière de sentir, c'est une conséquence que les idées intellectuelles ne diffèrent pas essentiellement des sensations mêmes.» (*Traité des sensations*, l. 8, § 32.)

N'est-ce pas là précisément la doctrine et même le langage d'Helvétius?

Dans le même passage du Lycée où a été puisée cette citation, on rencontre un jugement tranchant sur le mérite de Locke, qui prouve combien peu La Harpe était capable de prononcer sur des questions métaphysiques.

« Locke a prouvé autant qu'il est possible à l'homme, que l'âme est une substance simple et indivisible, et par conséquent immatérielle. Cependant il ajoute qu'il n'oserait affirmer que Dieu ne puisse douer la matière de pensée. Condillac est de son avis sur le premier article, et le combat sur le second. Je suis entièrement de l'avis de Condillac, et *tous les bons métaphysiciens conviennent que c'est la seule inexactitude qu'on puisse relever dans l'ouvrage de Locke.* » (*Cours de littérature*, t. XV, p. 149.)

» 3°. Les animaux, mieux armés, mieux vêtus que nous par la nature, ont moins de besoins, et doivent, par conséquent, avoir moins d'invention : si les animaux voraces ont en général plus d'esprit que les autres animaux, c'est que la faim, toujours inventive, a dû leur faire imaginer des ruses pour surprendre leur proie.

» 4°. Les animaux ne forment qu'une société fugitive devant l'homme, qui, par le secours des armes qu'il s'est forgées, s'est rendu redoutable aux plus forts d'entre eux.

» L'homme est d'ailleurs l'animal le plus multiplié sur la terre. Il naît, il vit dans tous les climats, lorsqu'une partie des autres animaux, tels que les lions, les éléphants et les rhinocéros, ne se trouvent que sous certaine latitude.

» Or, plus l'espèce d'un animal susceptible d'observations est multipliée, plus cette espèce d'animal a d'idées et d'esprit.

» Mais, dira-t-on, pourquoi les singes, dont les pattes sont à peu près aussi adroites que nos mains, ne font-ils pas des progrès égaux aux progrès de l'homme ? C'est qu'ils lui restent inférieurs à beaucoup d'égards ; c'est que les hommes sont plus multipliés sur la terre ; c'est que parmi les différentes espèces de singes il en est peu dont la force soit comparable à celle de l'homme ; c'est que les singes sont frugivores, qu'ils ont moins de besoins et par conséquent moins d'invention que les hommes ; c'est que d'ailleurs leur vie est plus courte, qu'ils ne forment qu'une société fugitive devant les hommes et les animaux, tels que les tigres, les lions, etc. ; c'est qu'enfin la disposition organique de leur corps les tenant, comme les enfants, dans un mouvement perpétuel, même après que leurs besoins sont satisfaits, les singes ne sont pas susceptibles de l'*ennui*, qu'on doit regarder, ainsi que je le prouverai dans le troisième discours, comme un des principes de la perfectibilité de l'esprit humain.

»C'est en combinant toutes ces différences dans le physique de l'homme et de la bête qu'on peut expliquer pourquoi la sensibilité et la mémoire, facultés communes aux hommes et aux animaux, ne sont, pour ainsi dire, dans ces derniers que des facultés stériles (1). »

Ce passage est tiré d'une note de l'une des

---

(1) Voyez *de l'Esprit*, discours 1, chap. 1. Il n'est pas peu surprenant de voir qu'Helvétius, dans cette énumération des facultés des animaux inférieurs, ne fasse pas mention du langage sans lequel les individus pourraient se multiplier indéfiniment sans que l'espèce s'améliorât. Le défaut de langage dans les brutes n'est nullement dû au défaut des organes de la parole, ainsi qu'on peut s'en convaincre par l'examen des espèces qui possèdent à un assez haut degré le don d'articuler ; mais il indique évidemment une privation de ces nobles facultés liées avec l'usage des signes artificiels.

premières pages du livre de l'*Esprit;* et dans le texte auquel la note se rapporte, l'auteur dit d'un air de triomphe :

« Si la nature, au lieu de mains et de doigts flexibles, eût terminé nos poignets par un pied de cheval, qui doute que les hommes, sans arts, sans habitations, sans défense contre les animaux, tout occupés des soins de pourvoir à leur nourriture et d'éviter les bêtes féroces, ne fussent encore errants dans les forêts comme des troupeaux fugitifs ? »

Sans vouloir entrer dans l'examen de cette superficielle et vaine théorie, je me contenterai de remarquer qu'elle n'est point particulière aux philosophes de la France moderne. On peut voir dans les *Choses mémorables* de Xénophon, que cette doctrine était admise par les sophistes de la Grèce; et la réfutation qu'en fit alors Socrate est aussi philosophique et aussi satisfaisante que toutes celles qu'on en pourrait faire dans l'état actuel des sciences.

« Et peux-tu douter, Aristodème, que les dieux prennent soin de l'homme ? n'ont-ils pas réservé à lui seul le privilége de se tenir droit ? Ils ont donné aux autres animaux des pieds pour se transporter d'un lieu à un autre ; ils ont réservé à l'homme l'usage de la main ; les autres animaux ont reçu une langue, mais quel autre animal que l'homme a été doué du don de rendre ses pensées intelligibles aux autres ?

» Mais ce n'est pas dans ce qui regarde le corps seul que les dieux ont fait preuve de munificence envers l'homme : qui ne voit pas qu'il est en quelque sorte un dieu au milieu de cette création visible, tant il surpasse tous les animaux dans les facultés du corps et de l'esprit ! car, si à l'esprit de l'homme se fût trouvé uni le corps du bœuf, l'esprit inventif de l'homme serait devenu presque inutile par l'impossibilité dans laquelle se serait trouvé le corps d'exécuter ses desseins avec facilité. Les formes de l'homme n'auraient pas plus été utiles à la brute tant qu'elle restait privée de l'entendement. Mais toi, Aristodème, à une âme admirablement organisée tu réunis un corps non moins admirablement constitué ; et tu dirais après cela que les dieux ne prennent pas soin de l'homme ? Que voudrais-tu donc de plus pour te convaincre de leur sollicitude ? »

On trouve un passage fort remarquable dans le même sens, dans le Traité de Gallien sur l'usage des diverses parties du corps.

« Comme de tous les animaux l'homme est le plus sage, aussi les mains sont-elles adaptées aux besoins d'un animal sage. Car ce n'est pas parce qu'il a des mains qu'il est plus sage que les autres animaux, ainsi que le prétendait Anaxagore, mais c'est au contraire parce qu'il est plus sage que les autres qu'il a reçu des mains, ainsi que le pensait judicieusement Aristote. Et ce ne sont pas ses mains mais sa raison qui l'a formé à l'étude des beaux-arts. Les mains ne sont que l'organe avec lequel on met cette étude en pratique (1). »

Il y a bien long-temps qu'Addison a remarqué le contraste qui existe entre l'élévation des meilleurs moralistes de l'antiquité et le ton de la philosophie française, et il serait difficile d'en citer une preuve plus claire que les morceaux que je viens de citer.

La disposition des hommes d'esprit à passer tout à coup d'une extrémité à l'autre dans des affaires de controverse, ne s'est jamais manifestée d'une manière plus frappante que dans les théories sur la nature des brutes, qui ont successivement été en vogue en France pendant le siècle dernier. La croyance dominante des matérialistes leur fait rejeter aujourd'hui tout ce qui tend à établir une distinction entre le principe rationnel d'action et le principe animal, tandis que quelques années auparavant les disciples de Descartes niaient formellement qu'il y eût aucun principe commun à l'homme et aux brutes, et allaient même jusqu'à considérer les dernières comme de pures machines. Descartes avait probablement été amené à ce paradoxe, en partie par son désir de détruire l'objection qu'on a

(1) Liv. 1, ch. 3.

cru que les facultés des animaux inférieurs présentaient contre la doctrine de l'immortalité de l'âme, et en partie aussi par la difficulté de concilier leurs souffrances avec la bonté de Dieu.

Quelque absurde que paraisse maintenant cette idée, aucune des doctrines de Descartes ne fut reçue avec plus de confiance par quelques-uns des plus profonds penseurs de l'Europe. Le grand Pascal l'admirait comme un des articles les plus beaux et les plus précieux du système cartésien ; et Malebranche a donné lui-même, en présence de Fontenelle, une preuve décisive de l'impression profonde que ce système avait produite sur son esprit.

« M. de Fontenelle contait, dit un de ses amis intimes (1), qu'un jour étant allé voir Malebranche aux PP. de l'Oratoire de la rue Saint-Honoré, une grosse chienne de la maison, et qui était pleine, entra dans la salle où ils se promenaient, vint caresser le P. Malebranche et se rouler à ses pieds. Après quelques mouvements inutiles pour la chasser, le philosophe lui donna un grand coup de pied qui fit jeter à la chienne un cri de douleur, et à M. de Fontenelle un cri de compassion. *Eh quoi!* lui dit froidement le P. Ma-

(1) L'abbé Trublet, dans le *Mercure* de juillet 1757. Voyez *Œuvres de Fontenelle*, tome II, page 137. Amsterdam, 1764.

lebranche, *ne savez-vous pas bien que cela ne sent point?* »

Quoique Fontenelle fût un zélé cartésien, il eut le bon sens de différer ouvertement de son maître, et même de déclarer qu'il adoptait à cet égard la remarque pleine de sarcasme de Lamotte, *que cette opinion sur les animaux était une débauche de raisonnement.* La même expression n'est-elle pas applicable également à la théorie opposée, soutenue par Helvétius (1)?

---

(1) On ne saurait trop admirer le bon sens avec lequel La Fontaine, dans son discours à madame La Sablière (l. 10, f. 1), montre l'extravagance de ces deux systèmes opposés. Malgré les entraves de la rime, son argument est développé non-seulement avec sa grâce ordinaire, mais avec autant de clarté que de précision. Quand on considère l'époque à laquelle il écrivait, on admire plus encore sa sagacité philosophique.

. . . . Ils disent donc
Que la bête est une machine,
Qu'en elle tout se fait sans choix et par ressorts:
Nul sentiment, point d'âme; en elle tout est corps.
Telle est la montre qui chemine
A pas toujours égaux, aveugle et sans dessein.
Ouvrez-la, lisez dans son sein:
Mainte roue y tient lieu de tout l'esprit du monde;
La première y meut la seconde;
Une troisième suit; elle sonne à la fin.
Au dire de ces gens, la bête est toute telle;
L'objet la frappe en un endroit,
Ce lieu frappé s'en va tout droit,
Selon nous, au voisin en porter la nouvelle:
Le sens de proche en proche aussitôt la reçoit.

Il n'y a pas loin de ces systèmes qui tendent à assimiler les facultés de l'homme et de la brute,

---

L'impression se fait. Mais comment se fait-elle?
Selon eux, par nécessité,
Sans passion, sans volonté:
L'animal se sent agité
De mouvements que le vulgaire appelle
Tristesse, joie, amour, plaisir, douleur cruelle,
Ou quelque autre de ces états.
Mais ce n'est point cela: ne vous y trompez pas.
Qu'est-ce donc? Une montre. Et nous? C'est autre chose.
Voici de la façon que Descartes l'expose:
Descartes, ce mortel dont on eût fait un dieu
Chez les païens, et qui tient le milieu
Entre l'homme et l'esprit, comme entre l'huître et l'homme
Le tient tel de nos gens, franche bête de somme;
Voici, dis-je, comment raisonne cet auteur:
Sur tous les animaux, enfants du Créateur,
J'ai le don de penser, et je sais que je pense.
Or vous savez, Iris, de certaine science,
Que quand la bête penserait,
La bête ne réfléchirait
Sur l'objet ni sur sa pensée.
Descartes va plus loin, et soutient nettement
Qu'elle ne pense nullement.
Vous n'êtes point embarrassée
De le croire; ni moi. Cependant, quand au bois
Le bruit des cors, celui des voix,
N'a donné nul relâche à la bruyante proie;
Qu'en vain elle a mis ses efforts
A confondre et brouiller la voie,
L'animal chargé d'ans, vieux cerf, et de dix cors,
En suppose un plus jeune, et l'oblige, par force,
A présenter aux chiens une nouvelle amorce.
Que de raisonnements pour conserver ses jours!
Le retour sur ses pas, les malices, les tours,
Et le change, et cent stratagèmes

pour arriver à l'athéisme. Dans cet exemple les deux conclusions paraissent les corollaires nécessaires de la même maxime fondamentale. Car

---

Dignes des plus grands chefs, dignes d'un meilleur sort!
On le déchire après sa mort:
Ce sont tous ses honneurs suprêmes.

Quand la perdrix
Voit ses petits
En danger, et n'ayant qu'une plume nouvelle
Qui ne peut fuir encor par les airs le trépas
Elle fait la blessée, et va traînant de l'aile,
Attirant le chasseur et le chien sur ses pas,
Détourne le danger, sauve ainsi sa famille;
Et puis, quand le chasseur croit que son chien la pille
Elle lui dit adieu, prend sa volée, et rit
De l'homme qui, confus, des yeux en vain la suit.

Non loin du Nord il est un monde
Où l'on sait que les habitants
Vivent, ainsi qu'aux premiers temps,
Dans une ignorance profonde:
Je parle des humains; car quant aux animaux,
Ils y construisent des travaux
Qui des torrents grossis arrêtent le ravage,
Et font communiquer l'un et l'autre rivage.
L'édifice résiste et dure en son entier:
Après un lit de bois est un lit de mortier.
Chaque castor agit; commune en est la tâche:
Le vieux y fait marcher le jeune sans relâche;
Maint maître d'œuvre y court et tient haut le bâton.
La république de Platon
Ne serait rien que l'apprentie
De cette famille amphibie.
Ils savent en hiver élever leurs maisons,
Passent les étangs sur des ponts,
Fruit de leur art, savant ouvrage;
Et nos pareils ont beau le voir,

si c'est dans les sens extérieurs qu'on trouve la source de toutes nos connaissances, comment l'esprit humain peut-il jamais s'élever à l'idée de

---

Jusqu'à présent tout leur savoir
Est de passer l'onde à la nage.

Que ces castors ne soient qu'un corps vide d'esprit,
Jamais on ne pourra m'obliger à le croire.
Mais voici beaucoup plus; écoutez ce récit,
Que je tiens d'un roi plein de gloire.
Le défenseur du Nord vous sera mon garant:
Je vais citer un prince aimé de la Victoire;
Son nom seul est un mur à l'empire ottoman:
C'est le roi polonais. Jamais un roi ne ment.
Il dit donc que sur sa frontière
Des animaux entre eux ont guerre de tout temps;
Le sang qui se transmet des pères aux enfants
En renouvelle la matière.
Ces animaux, dit-il, sont germains du renard.
Jamais la guerre avec tant d'art
Ne s'est faite parmi les hommes,
Non pas même au siècle où nous sommes.
Corps de garde avancé, vedettes, espions,
Embuscades, partis, et mille inventions
D'une pernicieuse et maudite science,
Fille du Styx et mère des héros,
Exercent de ces animaux
Le bon sens et l'expérience.
Pour chanter leurs combats, l'Achéron nous devrait
Rendre Homère. Ah! s'il le rendait,
Et qu'il rendît aussi le rival d'Épicure,
Que dirait ce dernier sur ces exemples-ci?
Ce que j'ai déjà dit: qu'aux bêtes la nature
Peut par les seuls ressorts opérer tout ceci;
Que la mémoire est corporelle,
Et que pour en venir aux exemples divers
Que j'ai mis en jour dans ces vers,

l'Être suprême, ou à celle de toute autre idée de la religion naturelle ou révélée?

Il n'est pas douteux que Gassendi et Condillac ne fussent en état de répondre à cette question d'une

---

L'animal n'a besoin que d'elle.
L'objet, lorsqu'il revient, va dans son magasin
Chercher par le même chemin
L'image auparavant tracée,
Qui sur les mêmes pas revient pareillement,
Sans le secours de la pensée,
Causer un même événement.
Nous agissons tout autrement:
La volonté nous détermine,
Non l'objet ni l'instinct. Je parle, je chemine,
Je sens en moi certain agent;
Tout obéit dans ma machine
A ce principe intelligent.
Il est distinct du corps, se conçoit nettement,
Se conçoit mieux que le corps même:
De tous nos mouvements c'est l'arbitre suprême.
Mais comment le corps l'entend-il?
C'est là le point. Je vois l'outil
Obéir à la main: mais la main, qui la guide?
Eh! qui guide les cieux en leur course rapide?
Quelque ange est attaché peut-être à ces grands corps.
Un esprit vit en nous et meut tous nos ressorts;
L'impression se fait: le moyen, je l'ignore,
On ne l'apprend qu'au sein de la Divinité;
Et, s'il faut en parler avec sincérité,
Descartes l'ignorait encore.
Nous et lui, là-dessus, nous sommes tous égaux.
Ce que je sais, Iris, c'est qu'en ces animaux
Dont je viens de citer l'exemple,
Cet esprit n'agit pas: l'homme seul est son temple.
Aussi faut-il donner à l'animal un point
Que la plante après tout n'a point:

manière qui leur parût à eux-mêmes tout-à-fait satisfaisante. Mais qu'il y a peu de gens capables d'entrer dans ces explications si raffinées! Et combien n'est-il pas plus à craindre que la majorité des hom-

---

Cependant la plante respire.
Mais que répondra-t-on à ce que je vais dire?

Deux rats cherchaient leur vie; ils trouvèrent un œuf.
Le dîner suffisait à gens de cette espèce :
Il n'était pas besoin qu'ils trouvassent un bœuf.
Pleins d'appétit et d'allégresse,
Ils allaient de leur œuf manger chacun sa part,
Quand un quidam parut; c'était maître renard :
Rencontre incommode et fâcheuse;
Car comment sauver l'œuf? Le bien empaqueter,
Puis des pieds de devant ensemble le porter,
Ou le rouler, ou le traîner,
C'était chose impossible autant que hasardeuse.
Nécessité l'ingénieuse
Leur fournit une invention.
Comme ils pouvaient gagner leur habitation,
L'écornifleur étant à demi-quart de lieue,
L'un se mit sur le dos, prit l'œuf entre ses bras,
Puis, malgré quelques heurts et quelques mauvais pas,
L'autre le traîna par la queue.

Qu'on m'aille soutenir, après un tel récit,
Que les bêtes n'ont point d'esprit.

Pour moi, si j'en étais le maître,
Je leur en donnerais aussi-bien qu'aux enfants.
Ceux-ci pensent-ils pas dès leurs plus jeunes ans?
Quelqu'un peut donc penser ne se pouvant connaître.
Par un exemple tout égal,
J'attribuerais à l'animal
Non point une raison selon notre manière,
Mais beaucoup plus aussi qu'un aveugle ressort;

mes, en adoptant le principe général, n'embrasse les conséquences les plus immédiates que leur grossière intelligence leur présentera nécessairement. On peut faire la même remarque sur la discussion relative au libre arbitre. Parmi tous ceux que Leibnitz et Edwards ont ramenés au système

---

Je subtiliserais un morceau de matière,
Que l'on ne pourrait plus concevoir sans effort,
Quintessence d'atome, extrait de la lumière,
Je ne sais quoi plus vif et plus mobile encor
Que le feu; car enfin, si le bois fait la flamme,
La flamme, en s'épurant, peut-elle pas de l'âme
Nous donner quelque idée? Ne sort-il pas de l'or
Des entrailles du plomb? Je rendrais mon ouvrage
Capable de sentir, juger, rien davantage,
Et juger imparfaitement,
Sans qu'un singe jamais fît le moindre argument.
A l'égard de nous autres hommes,
Je ferais notre lot infiniment plus fort;
Nous aurions un double trésor:
L'un, cette âme pareille en tous tant que nous sommes,
Sages, fous, enfants, idiots,
Hôtes de l'univers sous le nom d'animaux;
L'autre, encore une autre âme, entre nous et les anges
Commune en un certain degré;
Et ce trésor à part créé
Suivrait parmi les airs les célestes phalanges,
Entrerait dans un point sans en être pressé,
Ne finirait jamais quoique ayant commencé:
Choses réelles, quoique étranges.
Tant que l'enfance durerait,
Cette fille du ciel en nous ne paraîtrait
Qu'une tendre et faible lumière:
L'organe étant plus fort, la raison percerait
Les ténèbres de la matière,

de la nécessité, il n'en est que fort peu qui aient adopté leurs subtiles et ingénieuses théories, pour concilier ce système avec la responsabilité morale et le libre arbitre de l'homme.

Les *Mémoires* et la *Correspondance* du baron de Grimm (1) offrent la preuve la plus incon-

---

Qui toujours envelopperait
L'autre âme imparfaite et grossière.

(1) Le *Système de la nature*, sinon le plus spirituel au moins le plus hardi des ouvrages publiés par les athées parisiens, parut en 1770. On lisait sur le titre le nom de Mirabaud, écrivain respectable, mais sans talents bien éminents, principalement connu par d'assez médiocres traductions du Tasse et de l'Arioste, et qui, après avoir long-temps rempli les fonctions de secrétaire perpétuel de l'académie française, mourut en 1760, à un âge fort avancé. Il est cependant universellement reconnu aujourd'hui que Mirabaud n'eut aucune part à la composition du *Système de la nature*. On l'a attribué à différents auteurs, et je ne vois pas encore qu'il y ait une parfaite unanimité parmi ceux qui sont le plus en état d'énoncer leur opinion à cet égard. Dans la correspondance inédite de l'abbé Galiani (Paris, 1818), les éditeurs regardent comme un fait connu que cet ouvrage sortait de la plume du baron d'Holbach. L'abbé Galiani ayant remarqué, dans une de ses lettres à madame d'Épinay, que cet ouvrage lui semblait venir de la même main que le *Christianisme dévoilé* et le *Militaire philosophe*, l'éditeur ajoute en note :

« On peut rendre hommage à la sagacité de l'abbé Galiani; le *Christianisme dévoilé* est en effet le premier ouvrage philosophique du baron d'Holbach. C'est en vain que la *Biographie*

testable de la vogue de l'athéisme à Paris dans les hautes classes, à l'époque dont nous parlons. Son ami Diderot paraît avoir été un des plus zélés appuis de cette doctrine. D'après tout ce que nous pouvons recueillir de divers écrits, ce fut lui qui contribua en grande partie à la mettre à la mode, plus encore par le charme extraordinaire de sa conversation que par l'étrange combinaison d'éloquence et d'obscurité qui distingue toutes ses productions métaphysiques (1).

---

universelle nous assure, d'après le témoignage de Voltaire, que cet ouvrage est de Damilaville. »

Puisque j'ai mentionné le nom de Damilaville, j'ajouterai que, quoiqu'on ait taxé ici d'inexactitude l'article écrit sur lui dans la *Biographie universelle*, cet article n'est cependant pas indigne d'attention, parce qu'il contient plusieurs notes fort remarquables sur le *Christianisme dévoilé*, écrites à la marge de cet ouvrage de la propre main de Voltaire.

Depuis que j'ai écrit cette note, j'ai lu les mémoires de Suard par M. Garat. (Paris, 1820.) Ce biographe, dont l'autorité est tout-à-fait décisive sur ce point, attribue avec confiance au baron d'Holbach le *Système de la nature*, aussi-bien qu'un ouvrage intitulé *La morale et la législation universelles.* (t. I, p. 210, 211.)

D'après ce même auteur, le baron d'Holbach était un des prosélytes de Diderot. (*Ibid.*, p. 208.) Ses premières opinions avaient, à ce qu'on suppose, été très-opposées.

(1) Et cependant, dans ses intervalles lucides, Diderot semble avoir eu des opinions bien différentes. Voyez la note A à la fin de ce volume.

Je suis bien loin toutefois de supposer que tous les philosophes français les plus distingués de cette époque aient été de l'école de Grimm et de Diderot. La plupart de nos écrivains anglais ont commis une grave erreur à cet égard, en s'imaginant que c'était assez de parler avec légèreté des causes finales pour être convaincu d'athéisme. Cette conséquence est aussi hasardée que peu charitable, et il n'est pas besoin d'en alléguer d'autre preuve que la manière avec laquelle Descartes lui-même, dont le grand objet dans tous ses écrits métaphysiques était évidemment d'établir la démonstration de l'existence de Dieu, parle des causes finales. Un théologien français a depuis peu justifié cette partie de la philosophie cartésienne, et cette justification peut s'étendre avec une égale justice à Buffon et à bien d'autres des successeurs de Descartes.

« Quelques auteurs, et particulièrement Leibnitz, dit ce théologien (1), ont critiqué cette partie de la doctrine de Descartes ; mais nous la croyons irréprochable, si on veut bien l'entendre et remarquer que Descartes ne parle que des *fins totales* de Dieu. Sans doute le soleil, par exemple, et les étoiles, ont été faits pour l'homme dans le sens que Dieu, en les créant, a eu en

---

(1) M. l'abbé Emery, éditeur des *Pensées de Descartes sur la religion et la morale*. Paris, 1811, p. 79.

vue l'utilité de l'homme, et l'obligation où il est de louer et de bénir Dieu dans toutes ses œuvres. Les auteurs de la vie spirituelle les plus mystiques même et les plus accrédités ne l'ont pas cru. »

Quant à l'accusation illimitée d'athéisme portée par quelques ecclésiastiques français contre tous ceux de leurs compatriotes qui ont osé s'écarter des doctrines de l'église catholique, tout raisonnable presbytérien l'examinera et la pèsera avant de l'admettre, surtout s'il se rappelle que la même illibéralité existait autrefois dans une église comparativement très-éclairée, l'église d'Angleterre. L'anecdote suivante paraîtrait aujourd'hui incroyable, si elle n'était appuyée du témoignage irrécusable du D. Jortin.

« J'ai entendu, dit Jortin (1), le D. B*** dire dans un sermon : *Si quelqu'un ose nier la succession non interrompue des évêques, je n'hésiterai pas à le qualifier d'athée.* Dans ma jeunesse, ajoute Jortin, c'était là la seule doctrine saine et orthodoxe qui fût en vogue (2). »

Il n'est pas aisé de déterminer jusqu'à quel point les effets de cette fausse philosophie, dont la correspondance de Grimm offre un tableau si sombre et si authentique, ont été liés avec la

---

(1) *Traités*, t. I, p. 436.

(2) Voyez note B à la fin du volume.

terrible révolution qui arriva bientôt après. On ne peut nier qu'elle n'ait contribué puissamment à rendre ses atrocités plus hideuses, et à révolter la sensibilité de tout le monde chrétien. C'était en effet une terrible expérience que de laisser les passions des hommes de toutes les classes libres du frein imposé par les opinions religieuses; et le résultat a dépassé, s'il est possible, tout ce qu'on en aurait pu augurer en théorie. La leçon qu'on en a recueillie a été payée bien cher; mais espérons qu'elle ne sera pas perdue pour les générations à venir.

Long-temps avant cette époque l'évêque Butler avait hasardé une prédiction qui fait autant d'honneur à sa sagacité politique qu'à sa connaissance de la nature humaine. Il pensait que l'esprit d'irréligion pourrait un jour ou l'autre amener des désordres politiques semblables à ceux qui furent occasionés, dans le dix-septième siècle, par le fanatisme religieux (1).

A peu près à l'époque où l'*Encyclopédie* fut entreprise, une autre secte de philosophes, connus depuis sous le nom d'*économistes*, se forma

(1) Les funestes effets de ces deux extrêmes se sont manifestés, dans le cours de deux siècles, d'une manière si gigantesque dans les deux pays les plus civilisés du monde qu'il est à espérer que l'humanité pourra profiter un jour de l'expérience des âges passés. Cependant, d'après la disposition des hautes et des basses classes à passer tout à coup d'une extré-

en association dans le but d'éclairer le public sur les questions d'économie politique. L'objet de leurs études semblait tout-à-fait étranger aux discussions abstraites; mais ils avaient néanmoins un système métaphysique qui leur était propre, et qui, s'il eût été présenté avec moins d'enthousiasme et d'exagération, aurait pu servir de contre-poids aux sombres idées, alors si généralement répandues, sur l'ordre de l'univers. Toute leur théorie repose sur la supposition que les arrangements de la nature sont sages et bienveillants, et que le devoir du législateur est d'étudier et de seconder ses plans dans tous leurs développements. A ce principe s'en joignait un autre, celui de la perfectibilité indéfinie dont l'esprit et le caractère de l'homme sont susceptibles, perfectibilité qui était représentée comme la conséquence naturelle et nécessaire de sages lois, et qui était indiquée aux législateurs comme l'avantage le plus important qu'on dût retirer de leurs institutions.

Quelque opinion que l'on ait de la solidité de ces recherches, on ne peut cependant les accuser de pencher vers l'athéisme. Elles participent

mité à l'autre, il est au moins possible que la forte réaction produite par l'esprit d'impiété durant la révolution française puisse pousser la multitude à des actes qui aient quelque ressemblance avec le fanatisme et la frénésie puritaine de la république de Cromwell.

bien moins encore à l'esprit de cette philosophie qui tend à mettre l'homme de niveau avec la brute. Nous n'avons pas à examiner maintenant leur tendance sous le point de vue *politique* : mais après ce que nous venons de dire des théories métaphysiques de la même époque, ce serait une omission impardonnable que de ne pas déclarer que les principes abstraits qui se lient au système des économistes forment une exception remarquable à l'observation générale. Il serait possible aussi qu'en incorporant leurs opinions sur la morale, avec leurs recherches sur la politique, les auteurs de ce système aient plus fait pour décréditer les opinions auxquelles ils étaient opposés, que s'ils avaient voulu les attaquer par des arguments directs (1).

Je crois m'être assez étendu dans mes premiers ouvrages sur les théories métaphysiques publiées en France pendant la dernière moitié du siècle passé, pour être dispensé d'y revenir ici. Il serait superflu d'entrer dans des détails sur chaque ouvrage en particulier, car les remarques qu'on peut faire sur l'un sont à peu près applicables à tous. Les excellents écrits de M. Prévôt et de M. de

---

(1) Voyez dans les *Éléments de la philosophie de l'esprit humain*, quelques observations sur les principes moraux adoptés dans le système des économistes. (Tom. I de la trad. de Prévôt, ch. 4, sect. 8, et tom. II, ch. 4, sect. 6, de l'original anglais, et note C à la fin du volume.)

Gerando introduiront peu à peu, je l'espère, en France un goût plus vrai dans cette branche de la philosophie (1). Quant à ce qui s'y publie maintenant ce que je connais de ce qu'on appelle l'*idéologie* dans ce pays ne me semble pas fournir des matériaux bien nombreux soit pour l'instruction, soit pour l'amusement de mes lecteurs.

Les ouvrages de J.-J. Rousseau ont en général une liaison trop peu intime avec la métaphysique pour rentrer dans le plan de cette esquisse. Son *Émile* seul, qui a été regardé comme un supplément au *Traité d'éducation* de Locke, a droit à plus d'attention, à cause de diverses vues aussi neuves que vraies sur les ménagements à prendre avec l'esprit de l'enfance, qu'un homme d'un goût sévère peut rencontrer au milieu de tant

---

(1) Un auteur décidément opposé à tous les systèmes philosophiques, admet toutefois l'existence actuelle de quelques symptômes de réforme.

« Bacon, Locke, Condillac, cherchaient dans nos sens l'origine de nos idées; Helvétius y a trouvé nos idées elles-mêmes. *Juger*, selon ce philosophe, *n'est autre chose que sentir* *. »

* En parcourant très-récemment les *Principes* de Descartes, j'ai été un peu étonné d'y trouver une chose qui m'avait échappé auparavant, c'est que l'expression combattue par M. de Bonald dans ce paragraphe, est appuyée de l'autorité de Descartes.

« *Cogitationis nomine, intelligo illa omnia, quæ nobis consciis in nobis fiunt, quatenus eorum in nobis conscientia est : atque ita non modo intelligere, velle, imaginari, sed etiam sentire, idem est hic quod cogitare.* (Princip. phil., p. 2.)

Le docteur Reid a dit aussi que «la sensation de la couleur était une

d'extravagances qui portent souvent le caractère d'une aliénation intellectuelle et morale. Les réflexions de Gray sur le mérite de cet ouvrage, me paraissent si justes et si impartiales que je les adopte dans leur entier et sans restriction.

« Je m'imagine, dit-il dans une lettre à un ami, que vous n'avez pas encore lu l'*Émile* de J.-J. Rousseau ; tout père de famille devrait le lire et le relire. Car quoiqu'on y rencontre fréquemment ses superbes absurdités ordinaires, quoique son plan général d'éducation soit une chimère impraticable, il fait cependant jaillir par intervalles mille importantes vérités, mieux exprimées qu'elles ne l'ont jamais été, et qui peuvent être utiles aux hommes les plus sages. Je

---

Aujourd'hui les bons esprits, éclairés par les événements sur la secrète tendance de toutes ces opinions, les ont soumises à un examen plus sévère. La *transformation* des sensations en idées ne paraît plus qu'un mot vide de sens. On trouve que l'*homme statue* ressemble un peu trop à l'*homme machine*, et Condillac est modifié ou même combattu sur quelques points par tous ceux qui s'en servent encore dans l'enseignement philosophique. » (*Recherches philosophiques*, par M. de Bonald, t. I, p. 34, 35.)

sorte de pensée. » (*Recherches*, ch. 6, § 4.) Mais aucune autorité, quelque imposante qu'elle soit, ne saurait sanctionner un abus si étrange du langage.

Après tout, il y a pourtant quelque différence entre les expressions : la sensation est une sorte de pensée, et la pensée est une sorte de sensation.

crois qu'il a surtout observé les enfants, et apprécié leurs idées et le développement de leurs petites passions, avec plus de sagacité qu'aucun autre écrivain. Quant à ses discussions religieuses, qui ont alarmé le monde et attiré l'attention de préférence à tout le reste de l'ouvrage, je les compte pour rien, et je voudrais même qu'il les eût tout-à-fait omises. » (*Œuvres de Gray*, par Mason, lettre 49.)

Si l'on veut connaître ce que les Français ont ajouté de plus précieux à la philosophie de l'esprit humain, ce n'est pas dans leurs traités systématiques sur la métaphysique qu'il faut le chercher, mais dans des compositions d'une forme moins sévère, et qui, en paraissant ne vouloir que décrire les mœurs générales de leur temps, présentent par intervalle des aperçus sur la variété du caractère intellectuel. Il faut avouer que dans cette étude, aussi intéressante qu'essentielle, et entièrement négligée jusqu'ici dans la Grande-Bretagne (1), la France a non-seulement ouvert la carrière, mais qu'elle n'a même pas encore rencontré de rivale. On pourrait faire un nombreux

(1) On rencontre çà et là dans les écrits de lord Bacon, un grand nombre de précieuses réflexions du même genre. Les écrits de Locke en offrent aussi quelques-unes. Hume ne paraît pas s'en être occupé avec l'attention qu'on aurait pu attendre de ses habitudes d'observation et de l'étendue de ses liaisons so-

catalogue de tous ceux qui se sont distingués en ce genre. Je me contenterai de citer Vauvenargues(1)

---

ciales. Les recherches du docteur Reid le menaient dans une route tout-à-fait différente.

Parmi les écrivains allemands, Leibnitz a de temps à autre présenté des aperçus pleins de finesse sur les variétés du génie, et il serait à désirer qu'il l'eût fait plus souvent. Mon ignorance de la langue allemande ne me permet pas de prononcer jusqu'à quel point son exemple a été suivi par ses compatriotes dans les temps modernes.

Un médecin espagnol, Huarte, a publié dans le dix-septième siècle, un ouvrage entier sur cette seule matière. J'ai sous les yeux une traduction française de ce livre imprimée à Amsterdam en 1672; elle a pour titre : *Examen des esprits pour les sciences où se montrent les différences des esprits qui se trouvent parmi les hommes, et à quel genre de science un chacun est propre en particulier.* L'exécution de cet ouvrage est sans doute bien loin de répondre aux promesses faites dans le titre, mais, eu égard au temps où il a été écrit, il n'est pas sans mérite et n'est nullement indigne de l'attention de ceux qui font des recherches sur l'éducation. Voyez, pour quelques détails sur le contenu de cet ouvrage et pour la vie de l'auteur, le *Dictionnaire* de Bayle, article *Huarte*, et le *Spectateur*, n. 30.

(1) Le marquis de Vauvenargues, auteur d'un petit volume intitulé, *Introduction à la connaissance de l'esprit humain.* Il entra au service à l'âge de dix-huit ans et y resta neuf ans; voyant sa santé détruite sans ressources par suite des fatigues qu'il avait éprouvées à la mémorable retraite de Prague, au mois de décembre 1742, il résolut de quitter les armes, dans l'espoir d'obtenir quelque emploi diplomatique, qui se conciliât mieux avec le dérangement de sa santé. Il fut bientôt après attaqué de la petite vérole, qui prit malheureusement un

et Duclos (1). Je ne puis me dispenser aussi de dire, à l'honneur d'un auteur que j'ai librement critiqué sous d'autres rapports, que les écrits d'Helvétius offrent une grande variété d'obser-

---

tel caractère de malignité qu'il en fut défiguré et perdit presque entièrement la vue. Il mourut en 1747, à l'âge de trente-deux ans. Le petit volume dont je parle fut publié l'année d'avant sa mort; il porte tous les caractères d'un esprit puissant, original et élevé; et l'éducation imparfaite que paraît avoir reçue l'auteur, lui donne un charme de plus en montrant que c'est le résultat naturel de ses propres réflexions.

Marmontel a donné un tableau fort intéressant de son caractère social : « En le lisant, je crois encore l'entendre, et je ne sais si sa conversation n'a pas même quelque chose de plus animé, de plus délicat que ses divins écrits. »

Dans une autre occasion il s'exprime ainsi sur son compte : « Doux, sensible, compatissant, il tenait nos âmes dans ses mains. Une sérénité inaltérable dérobait ses douleurs aux yeux de l'amitié. Pour soutenir l'adversité on n'avait besoin que de son exemple; et, témoin de l'égalité de son âme, on n'osait être malheureux avec lui. »

Si on trouvait que l'espace que je lui accorde dans cette note est hors de proportion avec son rang dans la littérature, j'alléguerais pour excuse que les accidents singuliers de sa vie, aussi courte que malheureuse, et l'impression profonde que ses vertus aussi-bien que ses talents paraissent avoir produite sur tous ceux qui l'ont connu, m'ont fait désirer d'ajouter quelque chose à la célébrité d'un nom fort peu connu, je pense, jusqu'ici en Angleterre.

(1) L'ouvrage de Duclos dont on veut parler ici est intitulé *Considérations sur les mœurs de ce siècle*. L'opinion expri-

vations fines et ingénieuses sur les diverses modifications du génie.

Il est certainement possible de mettre en doute quelques-unes de ses distinctions ; mais ses essais seuls, pour établir une classification, seront d'un grand secours aux observateurs à venir, et leur fourniront une nomenclature convenable pour laquelle il n'est pas toujours facile de trouver des expressions équivalentes dans d'autres langues. Telles sont les expressions, *esprit juste*, *esprit borné*, *esprit étendu*, *esprit fin*, *esprit delié*, *esprit lumineux*. Cette richesse particulière à la langue française dans des termes de ce genre, richesse qui, pour le dire en passant, fait que les étrangers estiment au-delà de sa juste valeur la profondeur des idées d'un Français qui parle avec aisance, est en elle-même une preuve du degré d'attention donnée dans ce pays par les

---

mée par Gibbon, sur ce livre, n'est pas, je pense, au-delà de son mérite réel. « L'ouvrage en général est bon ; quelques chapitres, les rapports de l'esprit et du caractère, me paraissent excellents. » (*Extrait du journal.*)

Je n'ai rien dit de La Rochefoucauld ni de La Bruyère, parce qu'ils ont borné principalement leur attention aux mœurs et aux qualités morales. Toutefois plusieurs de leurs remarques prouvent qu'ils avaient apprécié aussi la diversité qui existe dans les intelligences des hommes. Un observateur doué de leur sagacité trouverait, ce me semble, une carrière aussi vaste à exploiter dans cette partie de la nature humaine que dans l'autre.

classes les plus cultivées aux idées exprimées par ces mots.

L'influence de l'esprit philosophique sur les habitudes générales de penser parmi les hommes de lettres en France, ne s'est jamais montrée avec plus d'avantages que dans les nombreuses histoires *théoriques* ou *conjecturales* publiées au milieu du siècle dernier. J'ai déjà parlé des essais de Condillac et d'autres écrivains pour tracer d'après ce plan les premiers pas de l'esprit humain dans l'invention du langage. Les mêmes sortes de recherches ont été appliquées avec plus de succès aux arts mécaniques et aux autres arts nécessaires à la civilisation, et avec plus de talent et de bonheur encore aux différentes branches des mathématiques pures et mixtes. Aucune étude n'est certainement plus agréable pour un esprit philosophique que cette espèce d'histoire; mais je suis bien loin d'estimer si haut que d'Alembert son utilité pratique comme moyen d'instruction. Elle ne me semble pas du tout faite pour intéresser la curiosité des commençants, et elle n'est pas aussi bien adaptée à ceux qui veulent ajouter à leurs connaissances scientifiques qu'aux personnes accoutumées à réfléchir sur les phénomènes et les lois du monde intellectuel.

J'aurai plus tard occasion de parler de l'application de cette histoire théorique, pour rendre compte des diversités des lois et des formes de gouvernement. Je me contente de remarquer maintenant la liaison qui existe entre toutes ces recherches et la philosophie de l'esprit humain, et leur tendance commune à donner plus d'étendue et de libéralité aux vues de ceux qui s'occupent de recherches plus restreintes dans les sciences subordonnées.

Après tout ce qui vient d'être dit du ton général de la philosophie française, il ne paraîtra pas surprenant qu'un système aussi mystique et aussi spiritualisé que celui de Leibnitz, n'ait jamais jeté de profondes racines dans ce pays. Madame du Chatelet, au moment de son admiration pleine d'enthousiasme pour l'auteur, publia une esquisse de ses principes tracée de main de maître. Un ouvrage sur un sujet semblable, sortant de la plume d'une femme de son rang et de son génie, ne pouvait manquer de produire une très-vive sensation à Paris; mais, peu de temps après, elle abandonna elle-même la philosophie allemande et devint un disciple ardent de l'école de Newton. Elle traduisit même en français et enrichit d'un commentaire les *Principes* de Newton; et en renonçant ainsi à sa première croyance, elle contribua plus à la décréditer qu'elle n'avait contribué auparavant à la mettre en vogue. Depuis cette époque Leibnitz n'a eu que bien peu de disciples en France, et même on peut dire qu'il n'en a eu véritablement aucun, bien que quelques-unes de ses doctrines particulières aient trouvé de temps à autre des partisans parmi ceux qui ont rejeté les grands points qui caractérisent surtout son système. Depuis long-temps, par exemple, ses opinions et ses raisonnements sur l'enchaînement nécessaire des événements physiques et moraux, raisonnements qui ne s'accordent que trop bien avec la philosophie professée par Grimm et Diderot, sont incorporés aux doctrines des matérialistes français, et ils ont été depuis peu adoptés et sanctionnés dans toute leur étendue par un auteur vivant, qui, par la splendeur sans égale de son génie mathématique, doit empêcher quelques-uns de ses admirateurs d'apercevoir le faux lustre qui couvre les ombres épaisses de sa croyance philosophique (1).

(1) « Les événements actuels ont avec les précédents une liaison fondée sur le principe évident qu'une chose ne peut pas commencer d'être sans une cause qui la produise. Cet axiome, connu sous le nom de *principe de la raison suffisante*, s'étend aux actions mêmes que l'on juge indifférentes. La volonté la plus libre ne peut, sans un motif déterminant, leur donner naissance; car si, toutes les circonstances de deux positions étant exactement semblables, elle agissait dans l'une et s'abstenait d'agir dans l'autre, son choix serait un effet sans cause * : elle serait alors, dit Leibnitz, le hasard aveugle des épicuriens. L'opinion contraire est une illusion de l'esprit, qui,

* M. Hume a fait remarquer, il y a long-temps, l'impossibilité de cette expression. « Il y a encore plus de frivolité, dit-il, à prétendre que tout doit avoir une cause, parce que cette idée est contenue dans l'idée même d'effet. Tout effet suppose nécessairement une cause. Le

Toutefois, malgré cette importante et malheureuse coïncidence il n'est pas possible d'imaginer deux systèmes plus en opposition dans l'ensemble que la haute métaphysique de Leibnitz et

---

perdant de vue les raisons fugitives du choix de la volonté dans les choses indifférentes, se persuade qu'elle est déterminée d'elle-même et sans motifs.

» Nous devons donc envisager l'état présent de l'univers comme l'effet de son état antérieur et comme la cause de celui qui va suivre. Une intelligence qui, pour un instant donné, connaîtrait toutes les forces dont la nature est animée et la situation respective des êtres qui la composent, si d'ailleurs elle était assez vaste pour soumettre ces données à l'analyse, embrasserait dans la même formule les mouvements des plus grands corps de l'univers et ceux du plus léger atome. Rien ne serait incertain pour elle, et l'avenir comme le passé serait présent à ses yeux. » (*Essai philosophique sur les probabilités*, par Laplace.)

N'est-ce pas là l'esprit de la *Théodicée* de Leibnitz? et quand on rapproche ce langage de plusieurs autres raisonnements de l'*Essai sur les probabilités*, n'est-ce pas là toute l'essence du spinosisme?

L'auteur a soin d'éloigner cette idée de son lecteur; et de là vient la facilité avec laquelle quelques-unes de ses propositions ont été admises par plusieurs de ses disciples en mathématiques, sans que probablement ils se soient aperçus des conséquences qui en résultaient.

Je ne puis terminer cette note sans rappeler une observation

mot effet est un terme relatif, dont le terme relatif est cause. Le véritable état de la question est de décider si tout objet qui commence à exister doit de toute nécessité son existence à une cause. » (*Traité de la nature humaine*, t. I, p. 147.)

la dégradante théorie sur l'origine de nos idées, qui est à la mode en France depuis l'époque de Condillac. Je m'en rapporte à ce qui a déjà été dit ici sur les deux systèmes.

---

attribuée par Laplace à Leibnitz, dans cette citation, que le *hasard aveugle* des épicuriens suppose un effet sans cause. Cette exposition de la philosophie de Lucrèce ne me semble nullement exacte, et je ne vois pas qu'on trouve rien dans ses écrits qui puisse la justifier. La doctrine caractéristique de cette secte était que l'ordre de l'univers ne nécessite pas l'existence d'une cause *intelligente*, mais qu'on peut l'expliquer par la puissance active des atomes de la matière, lesquels pouvoirs actifs *peuvent* et *doivent* même produire, à force de s'agiter durant un temps indéfini, la combinaison exacte des choses telles que celles dont nous sommes entourés. Il est évident que ce système ne rejette pas la nécessité d'une cause pour chaque effet, mais qu'elle admet au contraire la vérité de cet axiome. Elle exclut seulement de cette cause l'attribut d'intelligence. C'est dans le même sens que, quand j'applique les mots *hasard aveugle* au jeu de dés, je ne prétends pas dire que je ne sois pas la cause de l'événement qui va en résulter, mais uniquement qu'il n'y a en moi aucun *dessein* réel d'amener un nombre plutôt qu'un autre, à cause de mon ignorance des divers accidents auxquels le dé est sujet tandis qu'on l'agite dans le cornet. Si je ne me trompe, la *théorie épicurienne* se rapproche beaucoup du système que l'objet principal de l'*Essai sur les probabilités* est d'établir. Il n'y a donc pas de bonne foi à Laplace de combattre la supposition du libre arbitre de l'homme, sous le prétexte que c'était favoriser des principes qu'il s'efforçait lui-même adroitement d'insinuer.

D'après un passage du *Sophiste* de Platon, Gray conclut avec assez de justesse que, suivant l'opinion communément adoptée

La même opposition continue, à ce qu'il paraît, à exister entre les doctrines favorites des écoles allemande et française : voici comment s'exprime à cet égard un juge impartial et fort en état de prononcer sur de semblables matières, M. Ancillon.

« Dans l'empirisme français, la faculté de sentir est la seule faculté de connaître; dans la nouvelle philosophie allemande, la seule faculté de connaître est la raison. Dans la première, en partant de ce qu'il y a de plus individuel, on s'élève par degrés aux idées, aux notions générales, aux principes; dans la seconde on commence par ce qu'il y a de plus général, par l'universel même, et l'on descend aux êtres individuels et aux cas particuliers. Là tout ce qu'on voit, ce qu'on touche, ce qu'on sent, est seul réel; ici, il n'y a de réel que ce qui est invisible et purement intellectuel. Dans l'un de ces systèmes, la science ne consiste que dans la connaissance des êtres finis, et l'on conclut du fini à l'infini; dans l'autre, il n'y a de science que la science de l'infini, et les êtres finis ne sont que des

---

alors, la création des choses était l'ouvrage d'une matière aveugle et dénuée d'intelligence, tandis que l'opinion contraire résultait des réflexions philosophiques et des recherches auxquelles un petit nombre d'hommes seul ajoutait foi. (*Œuvres de Gray*, par Mathias, t. II, p. 414.) Voyez, sur le même sujet, les *Essais posthumes* de Smith, p. 106.

limitations de l'infini qui dérivent et naissent de son sein, et que l'on ne saurait comprendre qu'après l'avoir compris lui-même. Pour les philosophes empiriques, l'univers n'est qu'un ensemble de rapports; et toutes les idées sont relatives : pour les philosophes qui n'invoquent et ne consultent que la raison, l'univers n'est qu'un reflet de l'absolu ; l'idée de l'absolu est la seule qui ait de la réalité.

» Les deux systèmes, continue M. Ancillon, résultent tous deux de l'exagération d'une idée vraie. Comme ils procèdent par voie d'exclusion, ils ne sont vrais qu'à moitié : ils sont vrais dans ce qu'ils admettent, et faux dans ce qu'ils rejettent. Tout commence par la sensation, ou tout paraît commencer par elle ; mais de là il ne s'ensuit pas que tout résulte d'elle, ou que même tout consiste en elle. L'activité propre et intérieure de l'âme entre pour beaucoup dans le travail qui produit nos représentations, nos sentiments, nos idées : la raison résulte des principes qu'elle n'emprunte pas du dehors, qu'elle ne doit qu'à elle-même, que les impressions des sens sollicitent à sortir de leur obscurité, et qui, bien loin de devoir aux sensations leur origine, servent à les apprécier, à les juger, à les employer. Mais on aurait tort d'en conclure qu'il n'y a de certitude que dans la raison, que la raison peut seule saisir le mystère des existences et la nature intime des êtres, et que l'expérience n'est qu'une vaine apparence, dénuée de toute espèce de réalité (1). »

Je serais peut-être excusable si, après avoir rapporté cet aperçu vaste et rapide de la nouvelle philosophie allemande, tracé par la main d'un des membres les plus distingués de l'académie de Berlin, je laissais de côté un sujet que j'ai déjà avoué, dans mes premiers écrits, ne connaître que fort imparfaitement à cause de mon ignorance de la langue allemande; mais l'impression produite pendant quelques années en Angleterre par cette philosophie, surtout à l'époque de l'interruption de nos relations avec le continent, me fait un devoir de lui donner un peu plus de place dans cette esquisse que je n'aurais jugé nécessaire et utile de le faire sans cela.

(1) *Mélanges de littérature et de philosophie*, par F. Ancillon, préface, p. xij et suiv.

Les relations intimes de M. Ancillon avec les philosophes de France et d'Allemagne donnent un très-grand poids à son opinion sur le mérite relatif de leurs systèmes philosophiques. S'il était possible de découvrir en lui quelque partialité en faveur de l'un des deux systèmes, la modestie avec laquelle il parle de sa propre situation, nous porterait à croire qu'il est peut-être un peu plus favorable à ses compatriotes. « Placé, dit-il, entre la France et l'Allemagne, appartenant à la première par la langue dans laquelle je hasarde d'écrire, à la seconde par ma naissance, mes études, mes principes, mes affections, et, j'ose le dire, par la couleur de mes pensées, je désirerais pouvoir servir de médiateur littéraire ou d'interprète philosophique entre les deux nations. » (*Préface*, p. xix.)

SECTION II.

Kant, et autres métaphysiciens de la nouvelle école allemande (1).

Le long règne de la philosophie de Leibnitz en Allemagne était dû en grande partie au zèle et à l'habileté que déploya pendant près d'un siècle, dans l'enseignement de cette étude en Allemagne,

(1) Mon ignorance de la langue allemande m'aurait fait garder le silence sur la philosophie de Kant, si les prétentions extraordinaires avec lesquelles on l'a annoncée en Angleterre, et l'oubli total dans lequel elle est tombée tout-à-coup peu de temps après, n'appelaient particulièrement l'attention sur ce phénomène dans l'histoire littéraire du dix-huitième siècle. Nos lecteurs verront bien que je me suis donné beaucoup de peine pour compenser l'impossibilité où j'étais de lire les ouvrages de Kant dans l'original, non-seulement en profitant de la traduction latine de Born, mais en consultant les divers commentaires qui ont paru sur ce sujet en anglais, en français et en latin. Cependant, comme il ne faut pas toujours se fier aux commentateurs et même aux traducteurs pour la représentation parfaite des opinions de leurs auteurs, je me suis appuyé surtout sur l'un des ouvrages latins originaux de Kant, sa dissertation *De mundi sensibilis atque intelligibilis formâ et principiis*, imprimée à l'occasion d'une thèse publique, lors-

son disciple Wolf (1), homme doué de peu de génie, d'originalité et de goût, mais que l'étendue et la diversité de ses connaissances, son esprit méthodique (2), son activité et sa persévé-

qu'il était candidat à la chaire de professeur dans l'université de Kœnisberg. Il est fort possible après tout que je puisse en certains cas avoir mal compris ses intentions, mais je me flatte qu'on ne me reprochera jamais de le défigurer à dessein. Lorsque j'ai emprunté mes remarques à d'autres écrivains, j'ai eu le soin de renvoyer à mes autorités, afin que le lecteur pût juger par lui-même de la fidélité de mes assertions. Si cette partie de mon ouvrage est très-imparfaite, elle aura peut-être du moins l'utilité d'engager quelques autres écrivains plus compétents, à corriger les erreurs dans lesquelles j'aurais pu tomber involontairement, et pourra servir en même temps à faire connaître à ceux qui sont étrangers à la littérature allemande quelques-uns des commentaires publiés sur cette philosophie dans les langues plus généralement comprises en Angleterre.

(1) Né en 1679, mort en 1754.

(2) La grande ostentation de méthode qui se fait remarquer dans les ouvrages de Wolf n'est guère autre chose en effet qu'une maladroite affectation de la phraséologie et des formes des mathématiques dans des sciences où les mathématiques ne contribuent en rien à la clarté des idées et à l'exactitude des raisonnements. Cette affectation, qui semble avoir été parfaitement adaptée au goût de l'Allemagne, à l'époque où il écrivait, est maintenant une des causes principales de l'oubli dans lequel sont tombés ses écrits. On peut en consulter quelques-uns avec fruit comme on ferait un dictionnaire, mais il est impossible de les lire; ils forment environ quarante volumes in-quarto, dont vingt-trois en latin, et le reste en allemand.

La réputation de Wolf dans son pays est loin d'avoir perdu

rance incroyables, devaient recommander particulièrement à l'admiration de ses compatriotes. Wolf ne déclarait pas, il est vrai, suivre implicitement les opinions de son maître, et il prétendait à la propriété de quelques-unes de ses idées; mais l'esprit de sa philosophie est absolument le même que celui de la philosophie de Leibnitz (1), et les particularités dans lesquelles ils

---

sa force. Dans la préface de la *Critique de la raison pure*, par Kant, on l'appelle *summus omnium dogmaticorum philosophus.* (Kantii opera *ad philosophiam criticam*, t. I, præf. auctoris posterior, p. xxxvj, latinè vertit Fred. Born. Lipsiæ, 1796.) Un des meilleurs commentateurs de Kant met son nom en opposition avec celui de David Hume, qu'il semble ranger beaucoup au-dessous de lui. « *Est autem scientifica methodus aut dogmatica, aut sceptica. Primi generis auctorem celeberrimum Wolfium, alterius Davidem Humium, nominasse sat est.* (Expositio philos. criticæ, auctore Conrado Frederico et Schmidt Phiseldeck. Hafniæ, 1796.)

(1) Wolf adopta entièrement les principes de la *Théodicée*, sur la grande question du libre arbitre. Il considérait l'homme purement comme une *machine;* mais avec l'auteur de la Théodicée il couvrait ce nom de l'épithète de *spirituelle*. Cette manière de s'exprimer, qui est encore très en vogue parmi les philosophes allemands, peut être regardée comme un reste des doctrines de Leibnitz et de Wolf, et offre une preuve de plus de la difficulté de déraciner des erreurs sanctionnées par des noms illustres et populaires.

Lorsque le système de l'harmonie préétablie fut introduit pour la première fois par Wolf dans l'université de Halle,

différaient entre eux, sont trop légères pour mériter d'être mentionnées dans une histoire littéraire (1).

La haute réputation dont jouissait depuis si long-temps Wolf en Allemagne fit concevoir à

---

il excita une alarme qui fut bien près d'être très fatale au professeur. Euler raconte à ce sujet l'anecdote suivante :

« Lorsque, du temps du feu roi de Prusse, M. Wolf enseignait à Halle le système de l'harmonie préétablie, le roi s'informa de cette doctrine qui faisait grand bruit alors; et un courtisan répondit à sa majesté que tous les soldats, selon cette doctrine, n'étaient que des machines; que quand il en désertait, c'était une suite nécessaire de leur structure, et qu'on avait tort par conséquent de les punir, comme on l'aurait si on punissait une machine pour avoir produit tel ou tel mouvement. Le roi se fâcha si fort sur ce rapport, qu'il donna ordre de chasser M. Wolf de Halle, sous peine d'être pendu, s'il s'y trouvait au bout de vingt-quatre heures. Le philosophe se retira alors à Marbourg, où je lui ai parlé peu de temps après.» (*Lettres à une princesse d'Allemagne*, lettre 84.)

Condorcet nous apprend que Frédéric-le-Grand répara un peu dans la suite cette injustice de son père. « Le roi de Prusse, dit-il, qui ne croit pas pourtant à l'harmonie préétablie, s'est empressé de rendre justice à Wolf, dès le premier jour de son règne. »

(1) Parmi les nouvelles opinions que Wolf affectait de professer, se trouve une modification de la Théorie des mondes. Euler, dans sa quatre-vingt-cinquième lettre à une princesse d'Allemagne, en a donné un léger aperçu qui me semble tout-à-fait suffisant pour satisfaire la curiosité de la plupart des lecteurs. Voyez note D à la fin du volume.

quelques faiseurs de livres à Paris, le projet d'introduire en France la philosophie qu'il professait; de là la multitude d'abrégés de ses écrits logiques et métaphysiques publiés en français. Mais une entreprise qui avait échoué entre les mains de madame du Châtelet, ne pouvait guère réussir entre celles des admirateurs et abréviateurs de Wolf (1).

---

(1) Aux remarques ci-dessus sur l'opposition en matière de philosophie entre le goût des Français et celui des Allemands, j'ajouterai un court fragment tiré des écrits d'un homme parfaitement versé dans la littérature des deux nations.

« L'école allemande reconnaît Leibnitz pour chef: son fameux disciple Wolf régna dans les universités pendant près d'un demi-siècle avec une autorité non contestée. On connait en France cette philosophie par un grand nombre d'abrégés, dont quelques uns sont faits par des auteurs qui seuls auraient suffi pour lui donner de la célébrité.

« Malgré l'appui de tous ces noms, *jamais en France cette philosophie ne s'est soutenue même quelques instants.* La profondeur apparente des idées, l'air d'ensemble et de système, n'ont jamais pu y suppléer à ce qui a paru lui manquer pour en faire une doctrine solide et digne d'être accueillie. Outre quelque défaut de clarté, qui probablement en a écarté des esprits pour qui cette qualité du style et de la pensée est devenue un heureux besoin, la forme sous laquelle elle se présente a rebuté bien des lecteurs. Quoi qu'aient pu faire les interprètes, il a toujours percé quelque chose de l'appareil incommode qui l'entoure à son origine. Condillac tourne plus d'une fois en ridicule ces formes et ce jargon scientifique, et il s'applique à montrer qu'ils ne sont pas plus propres à satisfaire la raison que le goût. *Il est*

Depuis l'époque de Wolf jusqu'au moment où la philosophie de Kant commença à attirer l'attention générale, je ne connais aucun métaphysicien allemand dont les travaux aient obtenu une grande célébrité dans le monde savant (1). Lambert (2) est peut-être celui qui a eu le plus de réputation pendant cet intervalle de temps : comme mathématicien et naturaliste, tout le monde rend justice à ses grands talents ; mais le style dans lequel ses ouvrages de métaphysique et de logique sont écrits a considérablement restreint les limites de sa réputation. Je suis fâché de ne pouvoir en parler avec connaissance de cause, mais je les ai entendu citer avec les plus grands éloges par quelques hommes très en état de les appré-

---

au moins certain que le lecteur français les repousse par instinct, et qu'il y trouve un obstacle très difficile à surmonter. (Prévôt de Genève, *Réflexions sur les œuvres posthumes d'Adam Smith*, Paris, 1794.)

(1) Madame de Staël cite Lessing, Hemsterhuis et Jacobi, comme les précurseurs de Kant dans la carrière philosophique. (*Allemagne*, t. II des œuvres complètes, p. 255. Voyez note E, à la fin du volume.) Je ne connais les ouvrages d'aucun de ces trois métaphysiciens. Ceux d'Hemsterhuis, qui n'a écrit qu'en français, ont été, je crois, recueillis et publiés pour la première fois à Paris, en 1792. Il était fils du célèbre helléniste et critique Tiberius Hemsterhuis, professeur de littérature latine à Leyde.

(2) Né à Mulhouse en Alsace en 1728, mort à Berlin en 1777.

cier, et au témoignage desquels je suis disposé à avoir d'autant plus de confiance, que ses ouvrages physiques et mathématiques sont conçus d'un bout à l'autre avec une originalité tout-à-fait remarquable (1).

La *Critique de la raison pure*, qui est le plus célèbre des écrits de métaphysique de Kant, fut

---

(1) Les particularités suivantes sur l'histoire littéraire de Lambert sont extraites d'un *mémoire* que M. Prévôt a annexé à sa traduction des œuvres posthumes d'Adam Smith.

« Cet ingénieux et puissant Lambert, dont les mathématiques, qui lui devaient beaucoup, ne purent épuiser les forces, ne toucha aucun sujet de physique ou de philosophie rationnelle, sans le couvrir de lumière. Ses *lettres cosmologiques*, qu'il écrivit par forme de délassement, sont pleines d'idées sublimes, entées sur la philosophie la plus saine et la plus savante tout à la fois. Il avait aussi dressé, sous le titre d'architectonique un tableau des principes sur lesquels se fondent les connaissances humaines. Cet ouvrage, au jugement des hommes les plus versés dans l'étude de leur langue, n'est pas exempt d'obscurité ; elle peut tenir en partie à la nature du sujet. Il est à regretter que sa logique, intitulée *Organon*, ne soit traduite ni en latin, ni en français, ni je pense en aucune autre langue. Un extrait bien fait de cet ouvrage, duquel on écarterait ce qui répugne au goût national, exciterait l'attention des philosophes et la porterait sur une multitude d'objets qu'ils se sont accoutumés à regarder avec indifférence. » (Prévôt, t. 2, p. 267, 268.)

Dans l'article *Lambert*, inséré dans le vingt-troisième volume de la Biographie universelle (Paris, 1819), on trace l'aperçu suivant de la logique de Lambert :

« Wolf, d'après quelques indications de Leibnitz, avait retiré

publiée en 1781 (1). L'auteur explique ainsi lui-même l'idée attachée au titre : *Criticam rationis puræ non dico censuram librorum et systematum; sed facultatis rationalis in universum, respectu cognitionum omnium, ad quas, ab omni experientiâ liberâ, possit anniti, proindè dejudicationem possibilitatis aut impossibilitatis metaphysices in genere, constitutionemque tùm fontium, tùm ambitus atque compagis, tùm vero terminorum illius, sed cuncta hæc ex principiis.* (Kantii opera ad philosophiam criticam, v. 1. Præfatio auctoris

---

de l'oubli la Syllogistique d'Aristote, science que les scolastiques avaient tellement avilie que ni Bacon ni Locke n'avaient dû lui accorder un regard d'intérêt. Il était réservé à Lambert de la montrer sous le plus beau jour et dans la plus riche parure. C'est ce qu'il a fait dans son *Novum organon*, ouvrage qui est un des principaux titres de gloire de son auteur. »

L'auteur de cet article, M. Servois, nous apprend de plus que le nouvel Organon fut traduit en latin d'après l'original allemand par un nommé Pfleiderer, et que cette traduction était encore entre les mains d'un pair anglais, le feu comte de Stanhope, en 1782. Je cite ces mots de M. Servois dans l'espoir d'attirer l'attention sur ce manuscrit, s'il existe encore.

« D'après le conseil de Le Sage, de Genève, l'ouvrage fut traduit en latin par Pfleiderer, aux frais d'un savant italien. Cette traduction passa, on ne sait comment, entre les mains de lord Mahon, qui la possédait encore en 1782. On ignore quel est son sort ultérieur. »

(1) Kant était né à Kœnigsberg en Prusse, en 1724; il mourut en 1804.

prior, p. xj et xij.) Pour rendre cette définition plus intelligible, j'y ajouterai le commentaire de l'un de ses amis intimes (1), dont l'ouvrage, comme nous l'apprend le docteur Willich, a reçu la sanction de Kant lui-même : « Le but de la *Critique* de Kant, dit-il, n'est rien autre que de guider la raison à la connaissance véritable d'elle-même; d'examiner les titres sur lesquels se fondent les connaissances métaphysiques dont on la suppose investie, et de déterminer, par le moyen de cet examen, les limites au-delà desquelles elle ne saurait s'étendre, sans s'égarer dans les régions vides de l'imagination. » Le même auteur ajoute que « *la Critique de la raison pure* est fondée tout entière sur le principe qu'*il existe une raison libre et indépendante de toute expérience et de toute sensation.* »

Lorsque la Critique de la raison pure parut, elle n'excita pas d'abord vivement l'attention (2); mais son succès a été tel depuis que, suivant ma-

---

(1) M. J. Schulze, théologien distingué de Kœnigsberg, auteur du *Synopsis de la philosophie critique*, traduit par le docteur Willich, et inséré dans ses *Aperçus élémentaires sur les ouvrages de Kant.* (p. 42, 43.)

(2) « Il se passa quelque temps après la première publication de la *Critique de la pure raison*, sans qu'on fît beaucoup d'attention à ce livre, et sans que la plupart des philosophes, passionnés pour l'éclectisme, soupçonnassent seulement la grande révolution que cet ouvrage et les productions suivantes de son

dame de Staël, « presque tout ce qui s'est fait depuis, en littérature comme en philosophie, vient

---

auteur devaient opérer dans la science. » (Buhle, *Hist. de la phil. mod.*, t. 6, p. 573.)

Cependant dès l'année 1783 la philosophie de Kant paraît avoir été adoptée dans quelques unes des universités allemandes. L'ingénieux M. Trembley, dans un mémoire lu à cette époque à l'académie de Berlin, en parle en ces termes : « La philosophie de Kant, qui, *à la honte de l'esprit humain*, paraît avoir acquis tant de faveur dans certaines écoles, etc. » (*Essai sur les préjugés*, réimprimé à Neuchatel en 1790.)

Buhle nous dit de plus que l'attention du public fut attirée sur la *Critique de la raison pure* de Kant par une analyse excellente qui en fut faite dans la *Gazette générale de la littérature*, et par les *Lettres sur la philosophie de Kant*, insérées par Reynhold dans le *Mercure allemand*. (Buhle, t. 6, p. 573.) J'aurai plus tard occasion de parler de ce dernier, qui paraît avoir d'abord adopté avec enthousiasme les idées de Kant, et qui contribua beaucoup ensuite à ouvrir les yeux de ses compatriotes sur les erreurs fondamentales de ce système. M. Degérando aussi-bien que Buhle donne les plus grands éloges non-seulement à sa clarté, mais encore à son éloquence comme écrivain allemand. « Il a traduit les oracles Kantiens dans une langue élégante, harmonieuse et pure... Il a su exprimer avec un langage éloquent des idées jusqu'alors inintelligibles, etc. (*Histoire comparée*, t. 2, p. 271.)

Je suis très-disposé à croire que Reinhold mérite cet éloge, ayant eu depuis peu l'occasion, grâce à la complaisance de mon savant et respectable ami le docteur Parr, de lire dans la version latine de Frédéric Gottlob Born, le principal ouvrage de Reinhold intitulé *Periculum novæ theoriæ facultatis repræsentativæ humanæ*. Il me paraît bien supérieur à Kant en clarté, et je

de l'impulsion donnée par cet ouvrage. » (1) (*De l'Allemagne*, œuvres complètes, t. II, p. 227.)

---

me crois en état de prononcer sur cette matière, puisque les versions latines des deux auteurs sont de la même main.

(1) La citation suivante, tirée de l'avertissement mis en tête d'un ouvrage posthume de madame de Staël (*Considérations sur la révolution française*), expliquera à mes lecteurs la confiance avec laquelle j'invoque son témoignage, quant à ce qui concerne la philosophie allemande. Sa connaissance de la langue n'était probablement pas assez profonde pour la mettre en état d'entrer dans les détails les plus délicats des différents systèmes qu'elle a décrits; mais sa pénétration extraordinaire, jointe à la facilité qu'elle avait de converser avec tout ce qu'il y avait alors de gens éclairés en Allemagne, lui donnaient tous les avantages possibles pour saisir les traits principaux, et en tracer de larges esquisses; et si en exécutant cette tâche, on pouvait supposer que quelque erreur lui eût échappé, on peut être bien convaincu que l'homme distingué à la révision duquel on sait qu'ont été soumis ses travaux littéraires, durant cette époque de sa vie, aurait dérobé ces erreurs à l'œil du public. Je n'entends pas parler des erreurs dans lesquelles elle peut être entraînée par son admiration pour l'école allemande. Je crois devoir, à mesure qu'elles se présenteront, combattre ces dernières, attendu que c'est dans son livre que la plupart des lecteurs anglais ont puisé leurs idées sur la nouvelle philosophie allemande, et que son nom et ses talents ont donné à ce système une importance momentanée qu'il n'aurait pu acquérir sans cela en Angleterre.

« Le travail des éditeurs, dit-on dans cet avertissement, s'est borné uniquement à la révision des épreuves et à la correction de ces légères inexactitudes de style qui échappent à la vue dans le manuscrit le plus soigné. Ce travail s'est fait sous les yeux de *M. A. W. de Schlegel, dont la rare supériorité*

« A l'époque où cet ouvrage fut publié, continue le même auteur, il n'existait que deux systèmes sur l'entendement humain parmi les penseurs : l'un, celui de Locke, attribuait toutes nos idées à nos sensations (1) ; l'autre, celui de Des-

---

d'esprit et de savoir justifie la confiance avec laquelle madame de Staël le consultait dans tous ses travaux littéraires, autant que son honorable caractère mérite l'estime et l'amitié qu'elle n'a pas cessé d'avoir pour lui *pendant une liaison de treize années*. »

S'il y avait encore besoin de quelque excuse pour citer une femme française comme autorité sur la métaphysique allemande, on en trouvera une nouvelle dans la vogue extraordinaire et si bien méritée dont jouit en Angleterre son ouvrage sur l'*Allemagne*. Je ne connais aucun ouvrage où elle ait déployé d'une manière plus admirable ses facultés extraordinaires. On n'en peut donner de meilleure preuve que l'intérêt qu'elle donne même à la discussion de systèmes tels que ceux de Kant et de Fichte.

(1) J'ai déjà démontré avec beaucoup de détails que c'est là une très inexacte représentation de la philosophie de Locke ; mais madame de Staël n'a fait que suivre en cela Leibnitz et la majeure partie des philosophes allemands de nos jours.

« La philosophie de la sensation, dit F. Schlegel, que Bacon a léguée au monde à son insu, et que Locke a réduite à une forme méthodique, n'a déployé pour la première fois qu'en France sa véritable immoralité et l'esprit de destruction dont elle est la mère, et a présenté l'apparence d'un système parfait d'athéisme. » (*Lectures sur l'histoire de la littérature ancienne et moderne*, par F. Schlegel.)

Il est évident que F. Schlegel confond ici le système de Locke

cartes et de Leibnitz, s'attachait à démontrer la spiritualité et l'activité de l'âme, le libre arbitre (1), enfin toute la doctrine idéaliste. La réflexion errait entre ces deux extrémités dans une

---

avec celui de Condillac. Ne pourrait-on pas donner au premier le nom de philosophie de la *réflexion*, bien plutôt que celui de philosophie de la *sensation*?

(1) En considérant Leibnitz comme le partisan du libre arbitre, madame de Staël s'est aussi conformée aux opinions de plusieurs écrivains allemands qui ne font aucune distinction entre les matérialistes et les nécessitairiens, s'imaginant que démontrer la spiritualité de l'âme c'est démontrer sa liberté. Après ce qu'on a déjà dit en traitant des opinions métaphysiques de Leibnitz, il serait superflu de s'étendre davantage sur l'inexactitude de ces assertions.

En conséquence de cette erreur, madame de Staël et plusieurs autres écrivains modernes sur le continent ont été amenés à employer le mot *idéaliste* dans une signification beaucoup trop étendue, et de manière à comprendre non seulement les partisans de l'immatérialité de l'esprit, mais encore ceux qui croient à la liberté de la volonté humaine. Il n'y a certainement aucune liaison nécessaire entre ces deux opinions, car Leibnitz et bien d'autres métaphysiciens allemands ne mettent pas moins d'assurance à nier la dernière qu'à soutenir la première de ces propositions.

En Angleterre, le mot *idéaliste* est communément restreint à ceux qui, tels que Berkeley, rejettent l'existence du monde matériel. Depuis peu, et particulièrement depuis la publication des ouvrages de Reid, on a étendu cette désignation à tous ceux qui ont adopté la théorie de Descartes et de Locke sur l'objet immédiat de nos perceptions et de nos pensées, soit qu'ils admettent ou rejettent les conséquences tirées de cette théorie

incertitude immense, lorsque Kant essaya de tracer les limites des deux empires, des sens et de l'âme,

---

par les Berkeléiens. Dans l'état actuel de la science, on contribuerait beaucoup à éclaircir les raisonnements, si on l'employait exclusivement dans ce dernier sens.

Il est encore un autre mot auquel madame de Staël et les autres écrivains de l'école allemande attachent un sens qui leur est particulier; je veux parler du mot *expérimental* ou *empirique*. Ils emploient souvent cette épithète pour distinguer ce qu'ils appellent la philosophie des sensations, de celle de Platon et de Leibnitz. Ils lui donnent donc généralement, si ce n'est toujours, un sens défavorable. En Angleterre au contraire la philosophie expérimentale ou inductive de l'esprit humain désigne les spéculations sur l'esprit humain, qui, rejetant toute théorie hypothétique, ne prennent pour base que les phénomènes dont la conscience intime nous atteste l'évidence. Cette désignation convient à la philosophie de Reid et à tout ce qu'il y a de vraiment excellent dans les écrits métaphysiques de Descartes, de Locke, de Berkeley et de Hume.

Le mot *expérimental* et le mot *empirique* ne sont d'ailleurs nullement synonymes, ni en français, ni en anglais. Ce dernier mot s'applique presque exclusivement à la pratique de la médecine, et indique toujours un emploi hasardé et peu philosophique de l'expérience. « Le mot empirique, dit le feu docteur Grégory, s'applique généralement à ceux qui, après avoir observé les effets d'un remède dans un certain cas d'une maladie, l'appliquent à tous les différents cas de la même maladie. » En français le mot *empirique* est à peu de chose près l'équivalent de *charlatan*. En conséquence de cet abus de mots, les écrivains étrangers n'appliquent guère les épithètes *expérimentale* et *empirique* à la philosophie de Locke que dans le dessein d'en faire la censure.

de la nature extérieure et de la nature intellectuelle. La puissance de méditation et la sagesse avec laquelle il marqua ces limites, n'avaient peut-être point eu d'exemple avant lui. » (*Allemagne*, éd. 6, t. II, p. 229 et 230.)

L'éloge que fait un des disciples de Kant de cette partie de la philosophie de son maître, n'est pas moins vif que celui qu'en fait madame de Staël. Je cite ce morceau parce qu'on y trouve quelques détails omis par madame de Staël et une description plus explicite des progrès les plus importants que les disciples de Kant supposent qu'il a faits au-delà de ses prédécesseurs. En lisant ce morceau, il faut passer quelque chose à la phraséologie particulière de l'école allemande.

« Kant *découvrit* que la faculté intuitive de l'homme est un composé d'éléments très divers, ou, en d'autres mots, qu'elle consiste de parties très différentes de leur nature et dont chacune remplit un rôle qui lui est particulier, c'est-à-dire la *faculté sensitive*, et l'*entendement*... Leibnitz avait bien déjà remarqué aussi la distinction qui subsiste entre la faculté sensitive et l'entendement; mais il avait entièrement négligé la différence essentielle qui existe entre leurs fonctions, et il voyait que les facultés ne différaient entre elles que de degrés... Les philosophes anglais et français parlent à peine de cette distinction essentielle entre les facultés sensitive et intellectuelle, et de leur combinaison pour produire une intuition synthétique. Locke fait seulement allusion aux bornes accidentelles de ces deux facultés, mais il ne s'occupe nullement de rechercher la différence essentielle qui les caractérise... Cette distinction entre les facultés sensitive et intellectuelle forme donc un des traits caractéristiques de la philosophie de Kant, et est en effet la base sur laquelle sont établies la plupart de ses recherches subséquentes.» (*Éléments de philosophie critique*, par A. F. M. Willich, docteur en médecine, p. 68, 69, 70.)

Il est bien difficile d'expliquer comment le nom de Cudworth ne se trouve pas même cité dans l'essai historique du docteur Willich, et cependant son traité sur la *Moralité éternelle et immuable* ne pouvait guère manquer d'être connu de tous les savants allemands, avant l'époque en question, par l'admirable traduction latine qu'en avait publiée le docteur Mosheim (1). Cudworth, dans ce

(1) La première édition de cette traduction parut en 1732. Buhle, dans son *Histoire de la philosophie moderne*, qui ne m'est tombée entre les mains que long-temps après avoir écrit ce chapitre, affirme que le traité de Cudworth *sur la Moralité immuable* est non-seulement très-connu maintenant des savants allemands, mais que plusieurs ont remarqué l'identité des doctrines qu'il contient avec celles de Kant.

« Meiners, dans son *Histoire générale de l'éthique*, nie que le système moral de Cudworth soit identique avec celui de

traité, se donne beaucoup de peine pour éclaircir la doctrine platonique sur la différence entre la sensation et l'intelligence, et il assure « qu'il y a dans l'esprit certaines idées qui ne lui viennent

---

Platon, et prétend au contraire que les principes considérés comme appartenants de la manière la plus spéciale à la morale de Kant étaient enseignés il y a déjà plusieurs générations par l'école du philosophe anglais. (*Hist. de la phil. mod.*, t. 3, p. 577.)

En opposition à cette assertion, Buhle cite sa propre conviction, et déclare qu'aucune des idées de Cudworth ne se rapproche de celles de Kant (*ibid.*). Le passage de Cudworth que j'ai cité dans le texte montrera combien cette conviction est peu fondée.

Il n'est pas douteux que Cudworth n'ait fondu avec ses principes une teinte de mysticisme platonique, qu'on ne trouve pas dans Kant ; mais il ne s'ensuit pas qu'aucunes des idées fondamentales de Kant ne soient empruntées aux écrits de Cudworth.

L'assertion de Buhle mentionnée ici est d'autant plus surprenante que lui-même reconnaît que la philosophie morale de Price présente en effet une analogie frappante avec celle de Kant, et que dans une autre partie de son ouvrage il s'exprime ainsi sur le même sujet :

« Le plus remarquable de tous les moralistes modernes de l'Angleterre est sans contredit Richard Price..... On remarque l'analogie la plus frappante entre ses idées sur les bases de la moralité, et celles que la philosophie critique a fait naître en Allemagne, quoiqu'il ne soit cependant pas possible d'élever le plus petit doute sur l'entière originalité de ces dernières. » (T. 5, p. 303.)

Y a-t-il rien d'important dans le système de Price qui ne soit emprunté du *Traité sur la moralité immuable?* Le mérite

pas des objets sensibles extérieurs, mais qui procèdent de l'activité intérieure de l'esprit; que même les choses corporelles simples perçues passivement par les sens, ne sont communément comprises que par le pouvoir actif de l'esprit et qu'outre les αἰσθήματα et les φαντάσματα il doit y avoir des νοήματα, ou idées intelligibles, dont on ne peut faire remonter la source qu'à l'entendement (1). »

Dans le cours de ses recherches sur ces sujets, Cudworth, au milieu de discussions profondes et excellentes, a entremêlé diverses opinions que je ne saurais adopter et un certain nombre de propositions que je suis hors d'état de comprendre; mais il paraît être allé au moins aussi loin que Kant, pour tirer une ligne de démarcation entre le domaine

---

distinctif de ce savant et respectable écrivain, est le bon sens avec lequel il a appliqué les doctrines de Cudworth aux théories sceptiques de son temps.

Dans le cours de ses réflexions sur la philosophie de Cudworth, Buhle nous dit que chez Cudworth la volonté même en Dieu n'est qu'un simple pouvoir aveugle, agissant mécaniquement ou accidentellement. Si cela était vrai, il faudrait ranger Cudworth parmi les disciples de Spinosa, et non parmi ceux de Platon.

(1) Dans cet exemple on remarque une ressemblance frappante entre les expressions de Cudworth et celles de Kant, tous les deux ayant suivi les distinctions de l'école socratique telles qu'elles sont expliquées dans le *Théétète* de Platon. Ceux qui connaissent la *Critique* de Kant reconnaîtront de suite son langage dans le passage ci-dessus.

des sens et celui de l'entendement; et bien qu'il ne soit pas un des écrivains anglais les plus clairs, il faut avouer qu'il est encore très supérieur au métaphysicien allemand aussi-bien en clarté qu'en précision. Un écrivain anglais plus moderne encore, le docteur Price, zélé sectateur de Platon et de Cudworth, reprit ensuite le même argument dans un ouvrage publié long-temps avant la *Critique de la raison pure* (1), et le fit valoir avec beaucoup de force contre ces métaphysiciens modernes qui considèrent les sens comme la seule source de nos connaissances. Quelque temps auparavant le savant M. Harris avait cité sur le même sujet plusieurs morceaux importants tirés des derniers commentateurs de l'école d'Alexandrie, à l'occasion de la philosophie d'Aristote, et les avait fait ressortir en les mettant en opposition avec les opinions sur l'origine de nos idées, exprimées non seulement par Hobbes et Gassendi, mais encore par un grand nombre des disciples avoués de Locke. Si donc cette partie du système de Kant est nouvelle en Allemagne, elle ne peut du moins conserver aucune prétention à la gloire de l'originalité, auprès de ceux qui sont un peu versés dans la littérature anglaise (2).

(1) Voyez la *Revue des principales questions et difficultés relatives à la morale*, par Richard Price, docteur en théologie, Londres, 1758.

(2) Je n'ai parlé ici que des ouvrages récents qu'on peut rai-

Afin d'attaquer dans sa base ce que les Allemands appellent la *philosophie de la sensation*, il était nécessaire de tracer avec quelque système dans les détails l'origine de nos *notions simples*

---

sonnablement supposer en circulation générale parmi les savants. Mais on peut trouver dans les écrivains anglais du dix-septième siècle plusieurs éclaircissements très-précieux sur la distinction platonique entre les sens et l'entendement. Il suffit pour le moment de rappeler les noms de John Smith et de Henry More de Cambridge, et de Joseph Glanville, auteur du *Scepsis scientifica.*

Quoiqu'il paraisse, d'après certains passages du livre même, que le traité de Cudworth *sur la moralité éternelle et immuable*, ait été composé durant la vie de Hobbes, il ne fut publié qu'en 1731, lorsque son manuscrit tomba entre les mains de son petit-fils Francis Cudworth Masham. Cet ouvrage ne pouvait donc être connu de Leibnitz, mort dix-sept ans auparavant. Cette circonstance sert à expliquer pourquoi il a été moins connu en Allemagne* que son *Système intellectuel*, cité à diverses reprises et avec les plus pompeux éloges par Leibnitz.

Nous apprenons par un article de la Revue d'Édimbourg (v. XXVII, p. 191) qu'on trouve encore dans le Musée britannique de nombreux manuscrits du docteur Cudworth. Il est bien à regretter qu'ils aient été si long-temps dérobés à la connaissance du public. Les presses des deux universités, comme le dit justement l'auteur de l'article, devraient être employées à la publication d'ouvrages de cette nature, qu'un libraire prudent ne saurait entreprendre. Espérons que cet avis produira tôt ou tard quelque fruit.

Dans la préface mise par Mosheim à sa version du *Système intellectuel*, on trouve un catalogue de morceaux non publiés

les plus importantes ; et, à cet effet, il semblait raisonnable de commencer par un aperçu analytique des facultés dont l'exercice précède nécessairement le développement de ces idées. C'est ainsi que les notions simples de *temps* et de *mouvement* présupposent la faculté de la mémoire, et que les notions simples de *vérité*, *croyance*, *doute*, et autres de la même espèce, présupposent nécessairement l'exercice de la faculté de raisonner. Je ne vois pas que jusqu'ici les métaphysiciens allemands aient fait beaucoup de progrès dans cette anatomie de l'esprit. Le docteur Reid avait certainement obtenu de grands résultats dans cette branche, et les travaux de ses successeurs ont peut-être ajouté quelque chose à ses observations.

Suivant Kant lui-même, c'est en méditant la *Théorie de la causation* de Hume qu'il conçut ses doctrines métaphysiques*. Ses propres expres-

---

de Cudworth, qui avaient été communiqués à Mosheim par le docteur Chandler, alors évêque de Durham. On y remarque deux traités distincts sur la question de la *liberté* et de la *nécessité*; et Mosheim donne même l'aperçu général de ce que contiennent ces deux traités. Un des chapitres est intitulé *Réponse à l'objection contre la liberté*, μηδὲν ἀναίτιον. » Il n'est guère probable que ce chapitre contienne rien de bien neuf et de bien important, mais on aimerait à connaître comment Cudworth peut répondre à une objection que Leibnitz et Laplace ont regardée comme décisive sur le point en litige.

sions feront mieux connaître par quelle série d'idées il y fut conduit. En le citant j'espère du moins que ses disciples ne m'accuseront pas de le défigurer. Quelques-uns de ces détails seraient peut-être plus intelligibles si mon plan m'eût permis de les faire précéder d'une légère esquisse de la philosophie de Hume, mais l'arrangement général de cet essai m'en ôtait les moyens. Il ne peut d'ailleurs résulter en cette circonstance aucun inconvénient matériel de l'ordre que j'ai adopté, d'autant mieux que la *Théorie de la causation* de Hume, quelque nouvelle qu'elle ait pu paraître à Kant, n'en est pas moins tout-à-fait identique dans sa base avec la doctrine de Malebranche et d'une quantité d'autres anciens écrivains, français aussi-bien qu'anglais.

« Depuis les *Essais* de Locke et de Leibnitz, dit Kant (1), ou plutôt depuis l'origine de la métaphysique jusqu'à nos jours, aucune circonstance ne s'est présentée qui fût plus décisive pour le destin de cette science que l'attaque qui lui fut portée par David Hume (2). Il procède d'après

---

(1) Voyez la préface de Kant dans l'un de ses traités intitulé *Prolegomena ad metaphysicam quamque futuram quæ qua scientia poterit prodire.* J'ai cru devoir citer au bas de la page quelques phrases du texte latin omises dans cette traduction. M. Willich a cité ce morceau dans ses *Éléments de philosophie critique*, p. 10 et 11, Londres, 1798.

(2) Humius. — *Qui quidem nullam huic cognitionis parti*

une idée métaphysique unique, mais fort importante, celle de la liaison entre la cause et l'effet, et d'après les notions concomitantes de pouvoir et d'action. Il défie la *raison* de lui répondre quel titre elle a pour imaginer qu'aucune chose fût constituée de manière à ce que cette chose étant donnée on en dût inférer une autre; car c'est là ce que désigne l'idée de cause. Il prouve au-delà de tout doute qu'il est impossible à la raison de penser *à priori* à une telle connexité, qui contient une *nécessité;* et qu'on ne saurait apercevoir comment, parce que quelque chose existe, quelque autre chose doit nécessairement exister, ni comment l'idée d'une telle connexité peut être introduite *à priori.*

» De là il concluait que la raison se trompe complétement elle-même relativement à cette idée, et qu'elle la considère à tort comme émanée d'elle, tandis qu'elle n'est que le fruit illégitime de l'imagination et de l'expérience réunies, et n'est rien autre chose qu'une nécessité *subjective* née de l'habitude et de l'association des idées, et qu'on substitue ainsi à une nécessité *objective* tirée de la perception.... Quelque hasardée et précipitée

---

lucem adfudit, sed tamen excitavit scintillam, de quâ sanè lumen potuisset accendi, si ea incidisset in fomitem, facilè accipientem, cujusque scintillatio diligenter alia fuerit et aucta.

que soit la conclusion de Hume, elle est cependant fondée sur une investigation attentive, et cette investigation méritait bien que quelques-uns des philosophes de son temps se fussent réunis pour résoudre, s'il était possible, ce problème dans le sens où il l'avait proposé. Il serait peut-être résulté de cette solution une réforme complète de la science. Mais il est bien fâcheux que ses adversaires, Reid, Beattie, Oswald, et en dernier lieu Priestley lui-même, aient vu tout-à-fait à faux la tendance de ce problème (1). Il n'était pas question de savoir si l'idée de cause était en elle-même propre et indispensable à l'éclaircissement des connaissances naturelles, car Hume n'en avait jamais douté; mais bien si c'était là un objet de ces pensées suggéré par un raisonnement *à priori*, et si de cette manière il possédait une évidence intérieure, indépendamment de toute expérience, et conséquemment si son utilité n'était pas bornée aux objets seuls soumis aux sens;

(1) *Non potest sine certo quodam molestiæ sensu percipi quantoperè ejus adversarii, Reidius, Oswaldus, Beattius et tandem Priestleius, à scopo questionis aberrarent, et proptereà quod ea semper acciperent pro concessis, quæ ipse in dubium vocaret, contrà verò cum vehementiâ, et maximam partem cum ingenti immodestiâ ea probare gestirent, quia illi nunquàm in mentem venisset dubitare*, nutum *ejus ad emendationem ita negligerent, ut omnia in statu pristino manerent, quasi nihil quidquam factum videretur.*

c'est sur ce point que Hume attendait une explication (1).

» J'avoue franchement que ce sont les idées de Hume qui m'éveillèrent, il y a bien des années, de mon sommeil dogmatique, et donnèrent à mes recherches une direction toute différente dans le champ de la philosophie spéculative. J'étais bien loin de me laisser aller aux conclusions qu'il en tire, et dont l'erreur provient surtout de ce qu'il ne se forme pas une idée de l'ensemble de son problème, mais qu'il n'étend ses recherches que sur une partie dont la solution est impossible si on n'embrasse le tout sous le même point de vue. Lorsque nous procédons sur une pensée bien fondée dans sa base, quoiqu'elle ne soit pas très-mûrie, on peut s'attendre, à l'aide d'une réflexion patiente et continue, à la pousser plus loin que ne l'a fait l'homme de génie qui a fait le premier jaillir cette étincelle de lumière. La première chose que je fis fut donc d'examiner si l'objection de M. Hume n'était pas une objection générale, et je découvris bientôt que l'idée de cause et d'effet est bien loin d'être la seule par laquelle l'entendement pense *à priori* à la liaison entre les

(1) Quoique rien ne puisse être plus injuste que ces remarques sous les formes acerbes que Kant leur donne, on doit reconnaître que quelques passages échappés à la plume des adversaires écossais de Hume donnent assez lieu à ces reproches.

choses, mais que la métaphysique entière était fondée sur de telles liaisons. Je cherchai à en découvrir le nombre, et, voyant que j'avais réussi dans cet essai, je procédai à l'examen de ces idées générales, qui, j'en étais convaincu, n'étaient pas, comme Hume le pensait, tirées de l'expérience, mais bien de l'entendement. Cette déduction, qui paraissait impossible à mon ingénieux prédécesseur, et que personne, excepté lui, n'avait jamais conçue, quoique chacun fasse usage de ces idées sans se demander sur quoi leur validité objective est fondée, était la plus difficile qu'on eût à résoudre sur la métaphysique ; et ce qu'il y avait de plus embarrassant c'est que la métaphysique ne pouvait m'offrir le moindre secours pour cette solution, puisque le premier fait à tirer de cette déduction était la possibilité d'un système de métaphysique. Après avoir réussi à expliquer ce problème de Hume, non pas seulement dans un cas particulier, mais pour l'ensemble entier de la raison pure, je pus alors marcher d'un pas sûr, quoique lent et fatigant, afin d'arriver à déterminer complétement et sur des principes généraux, l'étendue de la raison pure aussi-bien dans la sphère de son activité que dans ses vraies limites. Et c'était là tout ce qu'il fallait pour bâtir un système de métaphysique sur une base convenable et solide. »

Il est difficile de rien découvrir dans ce passage

qui donne à Kant le droit de prétendre à l'originalité. Long-temps avant son ouvrage un grand nombre d'écrivains anglais avaient répliqué à M. Hume, en démontrant que l'entendement lui-même est une source d'idées nouvelles, et que c'est à cette source que remontent nos notions de cause et d'effet. « La certitude qui est en nous, dit le docteur Price, que tout événement nouveau est produit par quelque cause, ne dépend pas plus de l'expérience que la certitude de tout autre objet de notre imitation. Dans l'idée de *changement* est toujours renfermée l'idée d'*effet* (1). » On trouve dans les écrits du docteur Reid un grand nombre de remarques de la même nature; mais, au lieu de les citer, je vais rapporter un passage d'un auteur bien plus ancien, et dont la manière de penser et d'écrire sera peut-être plus conforme au goût des compatriotes de Kant que la simplicité et la précision à laquelle visent les disciples de Locke.

« Il est évident, dit le docteur Cudworth, qu'il y a quelques idées de l'esprit qui ne proviennent pas de l'impression faite par les objets sensibles extérieurs, mais de la vigueur naturelle et de l'activité de l'esprit lui-même. Telles sont, 1° les idées

---

(1) *Revue des principales questions et difficultés de la morale*, ch. 1, sect. 2. La première édition de cet ouvrage fut imprimée en 1758.

des choses qui ne sont pas des affections du corps, et ne peuvent être imprimées et communiquées par aucune motion locale, et ne peuvent être décrites à l'imagination sous des couleurs sensibles ; comme, par exemple, les idées de sagesse, folie, prudence, imprudence, connaissance, ignorance, vérité, mensonge, vertu, vice, honnêteté, malhonnêteté, justice, injustice, volition, cogitation, et même de jugement, qui est une espèce de cogitation et n'est pas perceptible aux sens, et bien d'autres notions semblables qui renferment quelque chose de la cogitation ou ne se rapportent qu'aux objets sur lesquels s'exerce notre méditation, et qui toutes proviennent des facultés actives et de la fécondité innée de l'esprit lui-même (1), parce que les objets sensibles ne sauraient produire de telles impressions. 2° Telles sont encore quelques idées et notions relatives, attribuées à des choses corporelles et incorporelles, mais qui procèdent entièrement de l'activité de l'esprit qui compare une chose avec une autre; comme sont par exemple les idées de CAUSE et d'EFFET, de moyens, de fin, d'ordre, de proportion, de similitude, de différence, d'é-

(1) C'est là précisément le langage de l'école allemande. « Les vérités nécessaires, dit Leibnitz, sont le produit de l'activité intérieure. » (T. I, p. 686; t. II, p. 42, 324. *Voyez* Dégérando, *Hist. comp.*, t. II, p. 96.)

galité, d'inégalité, d'aptitude, d'inaptitude, de symétrie, de non-symétrie, d'ensemble et de partie, de genre et d'espèce, et tant d'autres. » (*Moralité immuable*, p. 148, 149.)

Je n'ai point à examiner maintenant la solidité de la doctrine exprimée ici. Je désirerais seulement savoir ce que Kant a ajouté à la réponse faite à Hume par les philosophes anglais, et faire remarquer à mes lecteurs l'exacte ressemblance qui existe entre cette partie du système de Kant et l'argument opposé par Cudworth, il y a bien plus d'un siècle, à Hobbes et à Gassendi (1).

Le passage suivant, tiré de l'écrivain que je viens de citer, se rapproche de si près de ce que Kant et d'autres Allemands ont dit fréquemment sur la distinction entre la vérité *subjective* et *objective*, que je crois devoir le citer immédiatement après l'extrait qui précède, comme une preuve nouvelle qu'il y a au moins quelques points métaphysiques sur lesquels les Anglais n'ont pas besoin d'aller chercher la lumière hors de leur propre pays.

« S'il n'existait aucune faculté de perception distincte des sens extérieurs, toutes nos percep-

(1) Kant a en effet le mérite de l'originalité dans les essais qu'il a faits pour énumérer toutes les idées générales qui ne nous viennent pas de l'expérience, mais qui ont leur source dans l'entendement. Je renvoie à cet égard mes lecteurs à la note F à la fin du volume.

tions ne seraient que relatives, apparentes et fantastiques, et n'arriveraient pas à la vérité certaine et absolue des choses. Chaque homme, comme le dit Protagoras, prendrait alors pour des vérités ses idées particulières et relatives ; et toutes nos pensées n'étant que des apparences elles seraient véritablement semblables à des fantômes qui ne diffèrent pas les uns des autres.

» Mais, depuis, nous avons démontré aussi qu'il existe une autre faculté de perception de l'âme supérieure aux sens extérieurs, et qui en est distincte par sa nature : c'est la faculté de connaître, ou l'entendement ; développement actif sorti de l'esprit même, et qui a ce grand avantage sur les sens, que ce n'est ni une idiopathie, ni une chose particulière, relative, apparente et fantastique, mais l'intelligence de ce qui est absolument et de ce qui n'est pas (1). »

Après s'être étendu sur la distinction entre la faculté sensitive et l'entendement, Kant continue à examiner certaines conditions essentielles sans lesquelles on ne peut concevoir ni la faculté sensitive ni son objet. Ces conditions sont l'*espace* et le *temps*, qui, selon le langage de Kant, sont les *formes* de tous les phénomènes. Je rapporterai dans les notes à la fin du volume (2) un extrait

---

(1) *Moralité immuable*, p. 264 et suiv.

(2) Voyez note G à la fin du volume.

d'un de ses écrits en latin qui mettra le lecteur en état de connaître au juste, et d'après les propres expressions de l'auteur, quelles sont ses idées sur la nature et l'attribut de ces formes. Je ne promets pas beaucoup d'instruction de ce morceau, mais il fera du moins connaître le caractère particulier de la phraséologie métaphysique de Kant. Il suffira de rappeler ici, pour la liaison des faits, qu'il nie la réalité *objective* du temps et de l'espace. Il considère le premier comme une condition *subjective* inséparablement rattachée à l'esprit humain, et en conséquence de laquelle l'esprit arrange les phénomènes sensibles, suivant une certaine loi, dans l'ordre de succession. Quant au dernier il déclare qu'il n'a rien d'*objectif* ni de réel, attendu que ce n'est ni une substance, ni un accident, ni une relation, et que son existence n'est par conséquent que *subjective* et idéale, et dépend d'une loi fixe, inséparable de la constitution de l'esprit humain. En conséquence de cette loi nous sommes amenés à concevoir que toutes les choses extérieures sont placées dans l'espace, ou, selon l'expression de Kant, à considérer l'espace *comme la forme fondamentale de toute sensation extérieure*.

En choisissant les spéculations de Kant sur le *temps* et l'*espace* pour donner une idée de sa manière d'écrire, j'ai pensé que le lecteur y trouverait en même temps un exemple remarquable de la liaison qui existe entre les parties de son système les plus éloignées en apparence et les plus séparées. Qui aurait pu croire qu'en discutant ces sujets, qui sont les plus abstraits et les plus contestés que puisse offrir la métaphysique, il eût basé son opinion sur la grande question pratique de la liberté de la volonté humaine ? Cette combinaison paraît au premier coup d'œil si extraordinaire, que mes lecteurs seront sans doute curieux de connaître quelques-uns des degrés intermédiaires qui, dans son argument, conduisent des principes à la conséquence.

Ainsi, Kant pensait que le libre arbitre de l'homme était une partie nécessaire de sa nature morale. Il paraît, du moins d'après ses déclarations formelles dans différentes parties de ses ouvrages, qu'il ne voulait pas s'écarter à cet égard du langage communément adopté. *Voluntas libera*, dit-il quelque part, *eadem est cum voluntate legibus moralibus obnoxia* (1).

Dans tout ce qui a été dit jusqu'ici sur la philosophie de Kant par tous les admirateurs de sa doctrine en Angleterre, on a surtout cherché à faire ressortir la manière ingénieuse avec laquelle il avait dénoué ce nœud qui avait résisté au ta-

(1) Voyez la traduction latine des ouvrages de Kant sur la *philosophie critique*, par Born. Vol. II, pag. 325 et suiv. Voyez aussi la préface du vol. III.

lent de ses prédécesseurs. Je rapporte ici les mots d'un de ses disciples, de celui à qui nous devons le premier et le plus intelligible aperçu qui ait été publié sur ses principes en anglais (1).

« Le professeur Kant, dit Nitsch, est décidément d'avis que bien qu'on ait allégué plusieurs arguments très-puissants et très-ingénieux en faveur de la liberté de la volonté, ils sont bien loin encore d'être décisifs. Il n'a même pu réfuter les arguments présentés par les nécessitairiens, qu'en en appelant au sentiment, qui sur ce point ne peut être compté pour rien. Il devient

---

(1) *Aperçu préparatoire général des principes du professeur Kant sur l'homme, le monde et la vérité*, *soumis à la considération des savants*, par F. A. Nitsch, professeur de langue latine et de mathématiques au collége royal de Frédéric à Kœnigsberg, et élève du professeur Kant. Londres, 1796, pages 172, 173.

Tous les écrivains qui ont cherché à introduire en Angleterre la philosophie de Kant parlent dans les termes les plus favorables de ce petit ouvrage. Le docteur Willich l'appelle *un excellent ouvrage* (Éléments de philosophie critique), et l'auteur des articles consciencieux écrits sur ce sujet dans l'Encyclopédie de Londres, le déclare aussi excellent. « Quoiqu'il soit, dit-il, fort peu connu à présent, j'ose prédire qu'avec le temps, et à mesure que les préjugés disparaîtront, cet *Aperçu* restera, comme les *Éléments d'Euclide*, un monument éternel de la *vérité pure*. » (Voyez note H à la fin du volume.)

donc d'une nécessité indispensable d'appeler à notre aide les principes de Kant.

» En traitant ce sujet, continue Nitsch, Kant commence par montrer que la notion du libre arbitre n'implique pas contradiction. Il allègue et prouve que bien que toute action humaine, comme un événement dans le temps, doive avoir une cause et ainsi de suite jusqu'à l'infini, il est cependant certain que les lois de cause et d'effet ne peuvent se trouver que là où se trouve le temps, car l'effet doit être conséquent à la cause. Mais ni le temps ni l'espace ne sont des propriétés des choses : ce ne sont que les formes générales sous lesquelles l'homme peut voir et lui-même et le monde. Il s'ensuit donc que l'homme n'est ni dans le temps ni dans l'espace, quoique l'espace et le temps soient la forme de ses idées intuitives ; mais si l'homme n'existe ni dans le temps ni dans l'espace, il ne peut être soumis à l'influence des lois du temps et de l'espace, parmi lesquelles les lois de cause et d'effet tiennent un haut rang. Il n'y a donc pas de contradiction à concevoir que, dans un tel ordre de choses, l'homme puisse être libre (1). »

C'est ainsi que Kant établit la possibilité de la liberté de l'homme ; et il ne se croit pas autorisé à faire un pas de plus, d'après les principes de la philosophie critique. La première impression

---

(1) Nitsch, p. 174, 175.

que son argument produise sur l'esprit est qu'il penchait en faveur du système de la nécessité; car, si on admet que les raisonnements des nécessitairiens soient satisfaisants, et si on n'a rien autre chose à leur opposer que la proposition incompréhensible que l'homme n'existe ni dans l'espace ni dans le temps, la conséquence légitime à en tirer doit être que cette proposition a été mise en avant plutôt pour sauver les apparences que comme une objection sérieuse à apporter à l'universalité de cette conclusion.

Kant appelle toutefois à son aide ici les principes de ce qu'il appelle la raison pratique. Profondément pénétré de la conviction que la morale est la plus grande affaire de l'homme, et que la morale ne peut se soutenir sans la liberté de la volonté et tombe nécessairement avec elle, il déploie tout son talent pour montrer que la preuve métaphysique déjà alléguée en faveur de la possibilité du libre arbitre, jointe à la conscience intime que nous avons d'une liberté de choix, est une preuve de fait tout-à-fait suffisante en ce qui concerne la règle pratique de notre conduite, quoiqu'elle ne puisse équivaloir à ce qu'on représentait comme une démonstration dans la critique de la raison pure (1).

Il est impossible de comparer entre elles ces

(1) Le compte rendu par Buhle de cette partie de la doctrine

deux parties du système de Kant, sans être frappé de leur ressemblance avec le sens indéterminé donné au mot liberté par lord Kames, dans la première édition de ses *Essais sur la morale et*

---

de Kant est conforme en substance avec celui donné par Nitsch.

« Toute moralité des actions, dit Buhle, repose uniquement sur la disposition pratique; et tant qu'elle est déterminée par la loi morale seule, si l'on considère cette disposition comme *phénomène* dans la conscience, c'est un événement naturel; elle obéit à la loi de la causalité; elle repose sur ce que l'homme a éprouvé auparavant dans le temps, et elle fait partie du caractère empirique de l'homme. Mais on peut aussi la considérer comme un acte de la liberté raisonnable : alors elle n'est plus soumise à la loi de la causalité; elle est indépendante de la condition du temps : elle se rapporte à une cause intelligible, la liberté, et elle fait partie du caractère intelligent de l'homme. On ne peut, à la vérité, point acquérir la moindre connaissance des objets intelligibles; mais la liberté n'est pas moins un fait de la conscience, dont les actions extérieures sont indifférentes pour la moralité de l'homme. La bonté morale de l'homme consiste uniquement dans sa volonté moralement bonne, et celle-ci consiste en ce que la volonté soit déterminée par la loi morale seule. » (*Hist. de la philos. moderne*, par J. G. Buhle, t. VI, pag. 504, 505.)

L'ingénieux auteur de l'article Leibnitz, dans la *Biographie universelle*, s'exprime à peu près de la même manière.

« Comment accorder le *fatum* et la liberté, l'imputation morale et la dépendance des êtres finis? Kant croit échapper à cet écueil en ne soumettant à la loi de causalité (au *déterminisme* de Leibnitz) que le monde phénoménique, et en affran-

sur la religion naturelle, afin de concilier notre conscience du libre arbitre avec les conclusions des nécessitairiens. Dans ces deux cas le lecteur reste dans un état de scepticisme incommode qui ne se borne pas à cette seule question, mais s'étend à tous les autres sujets sur lesquels peuvent s'exercer les facultés humaines (1).

---

chissant de ce principe l'âme comme *noumène* ou chose en soi, envisageant ainsi chaque action comme appartenant à une double série à la fois : à l'ordre physique, où elle est inclinée à ce qui précède et à ce qui suit par les liens communs de la nature; et à l'ordre moral, où une détermination produit un effet, sans que, pour expliquer cette position et son résultat, on soit renvoyé à un état antécédent. »

L'auteur de cet article est M. Stapfer, qui a aussi écrit l'article *Kant* dans le même ouvrage. Si l'on veut connaître les idées de Kant sur ce sujet, d'après lui-même, il faut consulter sa *Critique de la raison pure*, *passim*, et particulièrement pag. 99 et suiv. de la traduction latine de Born, vol. III.

(1) L'opinion de Kant, d'après le même aveu, était que tout être qui *se conçoit* libre devient par là même un agent moral et raisonnable, soit que cette liberté existe ou non. « Jam equidem dico : quæque natura, quæ non potest, nisi *sub idea libertatis* agere, propter id ipsum, respectu practico, reipsa libera est; hoc est, ad eam valent cunctæ leges, cum libertate arctissimè conjunctæ, perinde ac voluntas ejus etiam per se ipsam, et in philosophiâ theoreticâ probata, libera declaretur. » (Kantii opera, vol. II, p. 326.)

C'est aussi là l'opinion professée par l'abbé Galiani, moraliste bien plus dangereux que Kant, parce qu'il est toujours intelligible et souvent extrêmement rapide et amusant. « L'homme

Les fonctions attribuées par Kant à sa raison *pratique* sont à quelques égards analogues à celles attribuées au sens commun dans les écrits de Beattie et d'Oswald. Mais son opinion offre, à tout prendre, bien plus de prise à la critique que la leur, puisqu'il laisse supposer que les conclusions de la *raison pure* sont, dans un certain cas, en opposition avec cette modification de notre raison que le créateur nous a donnée pour nous guider dans la vie, tandis que le langage constant des autres écrivains est que toutes les différentes parties de notre constitution intellectuelle sont entre elles dans la plus parfaite harmonie. L'épigraphe prise par Beattie,

Nunquam aliud natura, aliud sapientia dicit,

exprime en peu de mots et d'une manière très-nette toute la substance de sa philosophie.

C'est à cette même modification pratique de la raison que Kant en appelle en faveur de l'existence de Dieu et des peines et des récompenses

---

dit-il, est donc libre, puisqu'il est intimement persuadé de l'être, et que cela vaut tout autant que la liberté. *Voilà donc le mécanisme de l'univers expliqué clair comme de l'eau de roche.*» Le même auteur dit ailleurs : « La persuasion de la liberté constitue l'essence de l'homme : on pourrait même définir l'homme *un animal qui se croit libre*, et ce serait une définition complète. » (Correspondance inédite de l'abbé Galiani, tome I, pag. 339, 340. Paris, 1818.)

futures, deux articles de foi qui, selon lui, tirent toute leur force de la nature morale de l'homme. Son système tend donc, autant que je puis le comprendre, plutôt à représenter ces deux articles de foi comme d'utiles *credenda* que comme des vérités certaines ou même probables. Tout l'édifice de son système moral n'a en effet d'autre base que l'amphigouri métaphysique par lequel il prétend que l'esprit humain considéré comme un *noumène* et non pas comme un phénomène, n'existe ni dans l'espace ni dans le temps.

Je suis bien loin de croire que Kant ait songé dans l'origine à établir un système de scepticisme (1) ; il est probable qu'il commença par souhaiter sérieusement de réfuter les doctrines de Hume, et que dans le cours de ses recherches il

---

(1) Il déclare au contraire formellement, et je le crois tout-à-fait sincère, qu'il regardait la *Critique de la raison pure* comme le seul antidote effectif contre deux extrêmes opposés, le scepticisme et la superstition, aussi-bien que contre diverses doctrines hérétiques qui envahissent à présent les écoles de philosophie.

« Hâc igitur solâ (Philosophiâ criticâ) et materialismi, et fatalismi, et atheismi, et diffidentiæ profanæ, et fanatismi, et superstitionis, quorum virus ad universos potest penetrare, tandemque etiam et idealismi, et scepticismi, qui magis scholis sunt pestiferi, radices ipsæ possunt præcidi. » (Kant, *præf. posterior.*, pag. 35.)

trouva des obstacles qu'il n'avait pas prévus. Ce fut pour écarter ces obstacles qu'il eut recours à la raison pratique, opinion qui a tout l'air de ne lui être venue que long-temps après, tant elle est éloignée des vues d'après lesquelles il entreprit son ouvrage. Cette idée, que j'émets ici, semble, à en juger par le passage suivant de M. de Gérando, avoir été aussi celle du plus habile des commentateurs allemands de Kant, de Reinhold.

« La *raison pratique* est donc, comme l'observe ingénieusement Reinhold, une aile que Kant a prudemment ajoutée à son édifice, en remarquant son insuffisance. Elle a un rapport sensible avec l'*opinion* des anciens sceptiques, avec l'acatalepsie des académiciens récents, avec ce que certains philosophes ont appelé des preuves de sentiment. Elle déduit la croyance de la nécessité d'agir. Quelque dédain que le kantisme affecte pour toute philosophie populaire, cette manière de voir ne s'éloigne cependant pas beaucoup de la disposition ordinaire d'un grand nombre d'hommes qui, se croyant dans l'impuissance d'obtenir par la raison seule une conviction directe des premières idées religieuses, s'y rattachent toutefois, par une sorte de besoin, comme à un appui nécessaire à leur moralité. On peut dire en général que cette force prêtée par l'école de Kant à la *raison pratique*, n'est au fond que l'énergie d'un enthousiasme moral très-exalté qui se *déguise sous un appareil méthodique.* » (*Hist. comparée*, t. II, pag. 243, 344.)

Le même écrivain explique avec beaucoup de finesse et beaucoup de vérité, ce me semble, le motif de l'impression extraordinaire que la *Critique de la raison pure* produisit long-temps en Allemagne.

« Il y avait, dit M. de Gérando (1), soit dans la doctrine de Kant, soit dans les formes qui l'enveloppent, une foule de circonstances propres ou à satisfaire les besoins de l'esprit humain, ou à flatter ses faiblesses, qui se trouvaient particulièrement en harmonie avec l'esprit de son temps et les dispositions de ses compatriotes.

» Elle satisfaisait aux besoins de l'esprit humain, en invitant la raison à s'étudier elle-même avec un soin nouveau, à mieux observer la nature, et mesurer l'étendue de ses propres forces; en faisant sentir le besoin de donner à nos connaissances un fondement plus incontestable; à l'expérience des lois plus définies; en dévoilant le secret de plusieurs antiques illusions; en nous armant de précautions contre les illusions nouvelles; en présentant l'exemple d'analyses méthodiques et de classifications liées entre elles, et en faisant espérer, en un mot, l'approche de l'âge

(1) *Hist. comparée*, t. II, pag. 248 et suiv.

d'or de la philosophie, et l'époque de paix entre toutes les sectes.

» Elle flattait aussi, elle flattait davantage encore les faiblesses de l'esprit humain. La curiosité était excitée, en croyant voir s'ouvrir des routes non encore parcourues; l'amour des mystères trouvait un charme secret dans cette obscurité même dont la doctrine était entourée ; ces difficiles épreuves, cette longue et sensible initiation avaient quelque chose de piquant pour les censeurs intrépides ; les esprits contemplatifs s'arrêtaient avec plaisir devant ces types idéaux de la raison pure; l'enthousiasme se nourrissait d'une morale platonique par essence, qui se donne des lois à elle-même ; l'amour de la singularité applaudissait au néologisme, sa vanité souriait à l'idée d'être transportée par le criticisme dans une secte privilégiée entre les esprits humains, d'être investie par elle du pouvoir législatif ou de la censure suprême en philosophie ; les esprits les plus ordinaires, en se voyant appelés à de si hautes fonctions, étaient arrachés au sentiment pénible de leur propre médiocrité, et se croyaient transformés en autant de génies destinés à fonder une ère nouvelle dans l'histoire de la raison....

» D'ailleurs il devait résulter un effet inévitable de ce changement universel opéré par Kant dans les termes, dans les classifications, dans les méthodes, dans l'énoncé des problèmes. La plupart des initiés devaient épuiser tellement toutes leurs forces intellectuelles dans le travail d'une si longue et si difficile introduction, qu'il ne devait plus leur rester beaucoup d'énergie pour juger la doctrine elle-même. Ils se trouvaient en quelque sorte repoussés, après tant de circuits, au point de ne pouvoir plus se passer du guide qui les avait conduits jusqu'à ce terme. D'autres, après un si grand sacrifice, n'avaient guère le courage d'avouer au public, de s'avouer à eux-mêmes, un mécompte qu'ils auraient entrevu ; ils s'attachaient à la doctrine en raison de ce sacrifice même; ils évaluaient son mérite par ce qu'elle avait coûté. Les esprits superficiels concluaient de la nouveauté des formes à la nouveauté des choses, et de la nouveauté des choses à leur importance.

» C'est un grand avantage pour une secte d'avoir une forme distinctive, un costume, une livrée qui lui soit propre : tous les signes dont elle s'entoure sont autant de moyens par lesquels elle appelle ou retient les adeptes. C'est ainsi que le péripatéticisme a si fort étendu son empire, et tellement uni ses partisans sous une commune obédience. Kant, d'ailleurs, a eu l'art d'exiger qu'on fût entièrement et exclusivement à lui ; il a expressément annoncé qu'il n'établissait point un éclectisme, mais une théorie neuve, non-seulement indépendante, mais en quelque sorte même hostile; qu'il ne pouvait composer avec aucune secte ; qu'il venait renverser tout ce qui avait existé en philosophie, et élever son édifice sur ces immenses débris. Plus cette annonce était tranchante, audacieuse, mieux elle a dû réussir : l'esprit humain accorde avec d'autant moins de peine, qu'on lui demande davantage ; il obéit plus facilement qu'il n'accède; il se livre tout entier plutôt que de consentir à faire un choix, à admettre une nuance, à s'imposer des restrictions, même pour conserver son indépendance.

« Cependant, en feignant d'exiger cette renonciation absolue à toutes les sectes anciennes et modernes, pour devenir l'*homme nouveau* et purifié qu'exige l'initiation ancienne, la philosophie critique a su conserver, par la diversité de ses aspects, un attrait particulier pour les sectes les plus contraires. Elle a attiré les amis de la philosophie expérimentale, par la nature de ses résultats; ceux de la philosophie nationale, par le caractère de ses méthodes. Elle a dit aux premiers : « Toute connaissance est renfermée dans les limites de l'expérience. » Elle a dit aux seconds : « Toute connaissance procède *à priori* des lois de l'entendement. » Elle a répété avec Locke *qu'il n'y a point d'idées innées;* avec Leibnitz, *que l'expérience ne peut résulter que de l'enchaînement qui est établi entre les phénomènes à l'aide des no-*

tions intérieures ; elle a imité Platon dans *ses idées de la raison pure*, Aristote dans ses formes logiques. Elle a complu à l'idéalisme en répétant avec lui, « Que nous ne pouvons connaître des choses que leurs simples apparences ; » au scepticisme, en étendant sur le principe même de la pensée le voile dont elle a couvert les êtres placés au-dehors ; enfin, elle a semblé ouvrir un port au grand nombre de ceux qui, agités sur l'océan des systèmes, fatigués du choc de toutes les opinions, de l'incertitude de toute métaphysique, désiraient trouver le repos sur un sol étranger à toutes ces disputes.

» Il résulte de ce que nous venons de dire, que la philosophie critique dut avoir des partisans d'espèces très différentes, et se les attacher aussi par des motifs très divers ; qu'elle dut trouver quelques amis zélés parmi les esprits les plus distingués ; qu'elle dut trouver un grand nombre d'adeptes parmi les esprits médiocres : elle ouvrait un échange aux méditations des uns, elle favorisait les prétentions des autres. »

A ces causes du succès de Kant, il faut peut-être en ajouter une autre très-puissante, c'est la liaison et l'enchaînement indissoluble de toutes les différentes parties de sa philosophie. « C'est surtout sur cet enchaînement, dit M. Prévôt, que se fonde l'admiration des sectateurs de Kant. » Qu'on accorde, disent-ils, un seul des principes de la philosophie critique, il faut accorder tout le système. *Ab hinc enim capitibus*, ce sont leurs expressions, *fluere necesse est omnem philosophiæ criticæ rationis puræ vim atque virtutem; namque in eâ contextus rerum prorsùs mirabilis est, itâ ut extrema primis, media utrisque, omnia omnibus respondeant; si prima dederis, danda sunt omnia* (1). On ne peut assurément représenter sous des couleurs plus désavantageuses un ouvrage philosophique sur un semblable sujet; et rien ne pouvait mieux faire ressortir les symptômes caractéristiques de sa réputation éphémère. En supposant cet éloge juste on en doit conclure que ce système, quelque beau et imposant qu'il fût au premier aspect, devenait vulnérable partout et sans ressource aussitôt qu'il avait été découvert vulnérable sur un point. On m'assure qu'à présent on trouverait à peine en Allemagne un seul pur kantien (2). Mais il y a une quantité de semi-kantiens et d'anti-kantiens, et de partisans des autres systèmes bâtis avec les ruines de la phi-

---

(1) Voyez quelques remarques excellentes sur la philosophie de Kant dans le savant et élégant *Aperçu sur l'état actuel de la philosophie*, inséré par M. Prévost dans sa *Traduction des œuvres posthumes de Smith*. Le panégyrique latin de la philosophie critique que j'ai cité ci-dessus est extrait d'un ouvrage qui m'est inconnu, et qui a pour titre: *Fred. Gottlob. Bornii de scientiâ et conjecturâ.*

(2) Voyez sur ce sujet de Gerando, tom. II, pag. 333.

losophie de Kant (1) « Enfin, dit M. de Bonald (voy. *Recherches philosophiques*, t. I, p. 43, 44), la *Critique de la raison pure*, annoncée avec pompe, accueillie avec fanatisme, ou lancée avec fureur, après avoir accompli la chute des doctrines de Leibnitz et de Wolf, ne put se soutenir plus long-temps sur sa base, et ne produisit d'autre fruit que des divisions, des inimitiés, et un dégoût général de toute doctrine. » Si ce dernier résultat eût été réel, et il est permis d'en douter, on pourrait y découvrir un symptôme favorable d'un goût plus sain sur les matières de philosophie abstraite, qu'on ne l'a encore rencontré en Allemagne (2).

(1) Voyez de Gérando et de Bonald.

(2) La passion des Allemands pour les *systèmes* est un des traits caractéristiques de leur goût littéraire, et suffit pour montrer qu'ils ne sont pas sortis du noviciat en philosophie. « Tous ceux, dit M. Maclaurin, qui ont de justes notions sur le grand auteur de l'univers et ses admirables ouvrages, sont naturellement fort scrupuleux sur l'admission de systèmes complets et finis. » A l'époque où il écrivait, ces sortes de systèmes n'avaient pas perdu tous leurs partisans en Angleterre, et le nom de *système* continua à être un titre de recommandation pour un livre, même aux yeux des écrivains de la plus haute réputation. De là le *Système de philosophie morale* de Hutcheson, le *Système complet d'optique* de Smith, titres qui, lorsqu'on les compare aux progrès subséquents faits dans ces deux sciences, jettent nécessairement un peu de ridicule sur leurs auteurs.

Lorsque, par suite du perfectionnement introduit dans les

A ces détails je n'ajouterai plus qu'une remarque de M. de Gérando, remarque dont ma propre expérience m'a confirmé la certitude. Elle pourrait donner matière à d'utiles réflexions, mais je laisserai mes lecteurs en tirer eux-mêmes leurs conclusions.

« Une autre circonstance remarquable, dit-il, c'est que la défense des kantiens s'est appuyée le plus souvent non sur la vérité de quelque principe en lui-même, mais sur l'intelligence du véritable sens de leurs doctrines; que leur réponse à toutes les objections a constamment fini et commencé par ces mots : *Vous ne nous avez pas compris.* (*Hist. comparée*, t. II, p. 23.)

---

vues philosophiques, cette affectation de méthode systématique commença à être remplacée par le style d'aphorismes si fortement recommandé et si heureusement employé par lord Bacon, quelques écrivains de la vieille école se plaignirent à leur tour de cette innovation dans des termes tout-à-fait semblables à ceux employés par les critiques allemands en parlant de la philosophie anglaise.

« Le meilleur moyen, dit le docteur Watts, d'apprendre une science, est de commencer par un système régulier. Maintenant, nous aimons trop les essais, et nous méprisons à tort les connaissances systématiques, tandis que nos pères estimaient comme ils le devaient la régularité et les systèmes. »

Si le docteur Watts eût vécu quelques années de plus, je ne doute pas que le bon sens qui lui est ordinaire ne lui eût fait rétracter ces assertions précipitées et irréfléchies.

Parmi les différentes écoles sorties de l'école de Kant, celles de Fichte et de Schelling semblent avoir été les plus suivies en Allemagne. Il m'est impossible de parler ni de l'un ni de l'autre d'après moi-même; il m'est tout aussi impossible d'attacher aucune idée distincte à l'analyse que d'autres ont donnée de leurs opinions. Je ne puis absolument rien faire des recherches de Fichte sur la question philosophique *qu'est-ce que le moi?* Dans quelques-unes de ses remarques, Fichte se rapproche du langage de ceux des cartésiens qui, en suivant la marche de leurs doutes, arrivèrent à un égoïsme absolu. Mais le *moi* de Fichte a un pouvoir créateur: il crée l'*existence* et il crée la *science*, deux choses qui suivant lui ne sont qu'une seule et même chose. D'après Fichte *ma propre* existence ne commence qu'avec l'*acte réfléchi* par lequel je pense au *moi* pur et primitif. Toute science repose sur l'identité du *moi* intelligent et du *moi* existant, identité que Fichte exprime par la formule moi—moi. Mais il est parfaitement inutile de s'arrêter sur cette partie de sa métaphysique, car l'auteur reconnaît lui-même qu'on ne saurait le comprendre sans l'assistance d'un *certain sens transcendental* au défaut duquel rien ne peut suppléer; aveu assez singulier, comme le remarque de Gérando, de la part de ces philosophes critiques qui ont traité avec tant de mépris l'appel fait au *sens commun* dans les écrits de quelques-uns de leurs prédécesseurs (1).

« Dans cette histoire universelle des êtres, ajoute de Gérando, Fichte a démêlé trois grandes époques : la première appartient au *hasard*, la seconde est le règne de la *nature*, la troisième sera celle de l'*existence de Dieu*. Car Dieu n'existe point encore; il ne peut même exister tant que nos individus existent : cependant il se manifeste, mais comme se préparant à exister. La nature est une sorte de divinité en germe. (*Histoire comparée*, t. II, p. 314.)

L'analyse donnée par madame de Staël de cette partie du système de Fichte diffère du tout au tout de celle-ci. « On lui entendait dire (*de l'Allemagne*, 3e partie, ch. 7) que, dans les leçons suivantes, il allait créer Dieu ; et l'on était, avec raison, scandalisé de cette expression. Ce qu'elle signifiait, c'est qu'il allait montrer comment l'idée de la divinité naissait et se développait dans l'âme de l'homme. » Je ne suis pas en état de juger jusqu'à quel point cette justification est fondée.

Le système de Schelling n'est, suivant de Gérando, qu'une extension de celui de Fichte, en liant à ce dernier système une espèce de spino-

---

(1) *Hist. comparée*, t. II, pag. 300, 301. Voyez aussi l'article FICHTE, dans le supplément à l'*Encyclopédie britannique*.

sisme enté sur l'idéalisme. Tous deux considèrent le *moi* primitif comme la source de toute réalité aussi-bien que de toute science, et transportent ainsi l'esprit dans une région intellectuelle, inaccessible aux hommes qui ne sont pourvus que du nombre ordinaire de sens; et c'est probablement à cet élan du mysticisme transcendental qu'il faut attribuer l'enthousiasme extraordinaire avec lequel leurs doctrines semblent avoir été accueillies par la jeunesse allemande. Depuis la publication de l'ouvrage de M. de Gérando, une révolution nouvelle et inattendue s'est, dit-on, opérée parmi les disciples de Schelling. Plusieurs d'entre eux, élevés dans la foi protestante, ont fini par se jeter dans le sein de l'église catholique (1)... « L'union des fidèles de cette école forme une église invisible qui a adopté la Vierge Marie pour symbole et pour mot de ralliement. Aussi voit-on souvent des rosaires dans les mains de ces mêmes hommes qui rangent Spinosa au nombre des plus grands prophètes. » M. Schweighauser ajoute cependant un peu plus loin, à l'égard de cette église invisible, que « ses membres ont embrassé la religion catholique, non pas parce qu'elle était *vraie*, mais parce qu'elle était plus poétique, » assertion qui n'est nullement im-

(1) Voyez un article de M. G. Schweighauser, dans le *London monthly magazine* de 1804, page 207.

probable chez un peuple qui a une disposition si prononcée à mêler ensemble dans les mêmes compositions la poésie et la métaphysique (1). Mais il est pénible de contempler ces tristes aberrations de la raison, et je ne m'y serais pas arrêté si long-temps, si je n'avais voulu donner à mes lecteurs une idée générale, mais assez fidèle, je le pense, du style et de l'esprit d'une philosophie que nous avons vue, dans un si court intervalle de temps, naître, fleurir et tomber, et qui, durant toutes les époques de son existence, a exercé le talent de quelques-uns de nos plus savants et de nos plus ingénieux contemporains (2).

---

(1) « Aussi les Allemands, dit madame de Staël (*Allemagne*, vol. III), mêlent-ils trop souvent la métaphysique à la poésie. »

« Rien, dit M. Hume (*Traité de la nature humaine*, vol. I, pag. 464), n'est plus funeste à la raison que le rapide essor de l'imagination, et rien n'a occasioné autant d'erreurs parmi les philosophes. On peut, à cet égard, comparer les hommes d'une brillante imagination à ces anges que l'Ecriture nous représente couvrant leurs yeux avec leurs ailes. »

(2) Suivant un écrivain français, qui paraît avoir résidé quelques années en Allemagne (M. Gley), et qui a semé son court *Essai sur les éléments de la philosophie* d'un assez grand nombre de détails historiques fort curieux sur Kant et ses successeurs, il est vrai de dire que Fichte et Schelling ont dû beaucoup de leur réputation à l'éloquence extraordinaire qu'ils déployaient dans leurs leçons académiques. « Cette doctrine, dit M. Gley, sortait de la bouche de Fichte revêtue de ces orne-

L'espace que j'ai consacré à Kant a tellement excédé celui que je me proposais de lui donner, que je crois devoir passer sous silence les noms de plusieurs de ses compatriotes qui méritent beaucoup plus que lui de fixer l'attention publique. En passant en revue les adversaires du système de Kant, M. de Gérando a extrait des ouvrages de plusieurs d'entre eux quelques remarques qui donnent l'idée la plus favorable des ouvrages d'où elles sont empruntées. Il faut mettre en première ligne les observations qu'il cite de Jacobi et de Reinhold. On trouve aussi dans les *Mémoires de l'académie de Berlin*, sanctuaire où,

---

ments qui donnent la jeunesse, la beauté et la force au discours. On ne se lassait point en l'écoutant. »

Le même auteur s'exprime ainsi sur le compte de Schelling :

« Schelling, appelé à l'université de Würzbourg, y attira par sa réputation un concours nombreux d'auditeurs, qu'il enchaînait à ses leçons par la richesse de sa diction et par l'étendue de ses connaissances. De là il est venu à Munich, où je le revis en 1813. On dit qu'il a embrassé la religion catholique *. » (*Essai sur les éléments de la philosophie*, par G. Gley, principal au collége d'Alençon. Paris, 1817, pag. 152, 738.)

* Il n'est pas vrai que Schelling ait embrassé la religion catholique; il a quitté Munich en 1819, pour remplir la chaire de philosophie à Erlang, la seule université protestante de la Bavière. La foule des auditeurs qu'il attire à son cours est telle, qu'on a été obligé de faire abattre les portes et les fenêtres. Dans un voyage que je fis l'année dernière en Bavière, j'ai entendu son nom répété partout comme celui d'un homme de bien et d'un grand philosophe. (*Note du traducteur français.*)

comme le remarque avec justesse M. de Gérando, la philosophie de Locke trouva un asile lorsqu'elle était bannie du reste de l'Allemagne, un très-grand nombre d'articles métaphysiques du plus grand mérite (1).

Je ne dois pas non plus passer sous silence tout ce qui a été fait dans l'université de Gœttingue pour cette science, et surtout sur les questions qui se rattachent à la philosophie du langage. Je me plais à reconnaître également le plaisir et les connaissances que j'ai retirés des précieux travaux de Meiners et de Herder; mais ces utiles recherches ne se rattachent pas d'assez près à l'histoire de la métaphysique pour qu'il me soit permis d'entrer dans des détails particuliers à cet égard. Je suis honteux d'avouer que le nom de Kant (2)

(1) Dans un volume de cette collection de 1797, je trouve trois mémoires aussi profonds qu'importants *sur les probabilités*, par M. Prévôt et par M. l'Huillier. Aucun de ces auteurs n'est, je pense, Allemand d'origine; mais comme l'académie de Berlin a eu le mérite de faire connaître au public les mémoires dont je parle, je ne puis laisser passer cette occasion de les recommander à l'attention de mes lecteurs. Je m'empresse de profiter de cette occasion d'exprimer mon adhésion complète à une observation fort importante de MM. Prévôt et l'Huillier, qui est devenue le sujet de quelques discussions. (Voyez pages 15 et 31 des *Mémoires de la classe de philosophie spéculative*, et note I à la fin du volume.)

(2) (Je crois pouvoir annoncer que nous aurons, avant peu, en France, un ouvrage complet sur la philosophie alle-

est le seul de ces noms dont on ait parlé beaucoup en Angleterre. C'est là ce qui doit me justifier de l'étendue que j'ai donnée aux observations précédentes (1).

---

mande. M. V. Cousin, qui, comme Fichte, a su enchaîner ses élèves à ses leçons, a un travail tout prêt sur cet intéressant sujet, encore neuf aujourd'hui.) (*Note du traducteur français.*)

(1) Voyez note K à la fin du volume.

SECTION III.

Revue de la science dans les autres pays.

L'Italie est le seul autre pays de l'Europe duquel on ait pu raisonnablement attendre, pendant le dix-huitième siècle, quelque addition aux richesses de la philosophie métaphysique. Je ne connais toutefois aucun Italien bien célèbre qui ait, depuis peu, consacré ses talents à cette branche particulière de la science. Quelques écrivains français ont beaucoup vanté les écrits métaphysiques du cardinal Cerdil, natif de Savoie ; mais aucun de ses écrits ne m'est jamais tombé entre les mains (1). Plus récemment Genove-

(1) Les deux premiers ouvrages qui, à en juger par leurs titres, étaient dirigés contre la philosophie de Locke, ne seraient probablement guère propres aujourd'hui à exciter la curiosité publique. Le premier est intitulé : l'*Immatérialité de l'âme démontrée contre l'opinion de M. Locke, d'après les mêmes principes employés par le philosophe pour démontrer l'existence de l'immatérialité de Dieu.* Turin, 1747. Le second : *Défense de l'opinion de Malebranche sur la nature et l'origine de nos idées, en opposition à l'examen qui en a été fait par M. Locke.* Turin, 1748. Les seuls ouvrages de

si (1), philosophe napolitain, plus connu par ses travaux sur l'économie politique, a vivement excité l'attention publique par ses ouvrages métaphysiques, dont le but est, dit-on, de concilier, autant que possible, les opinions de Leibnitz avec celles de Locke. « Pendant que Condillac, dit un écrivain italien moderne (2), donnait inutilement des leçons à un prince d'Italie, Genovesi en donnait avec plus de succès à ses élèves napolitains; il combinait le mieux qu'il lui était possible les

---

Cerdil que j'aie entendu citer sont : une *Dissertation sur l'incompatibilité des principes de Descartes avec ceux de Spinosa*, et une *Réfutation de quelques principes avancés dans l'Emile de Rousseau.*

On rapporte que Rousseau disait de ce dernier ouvrage : « *Voilà l'unique écrit publié contre moi que j'aie trouvé digne d'être lu en entier.* » (*Nouv. Dict. hist.*, article *Cerdil.*) Dans le même article, on parle d'un discours public du célèbre Mairan, de l'académie des sciences, et duquel on cite le jugement suivant sur les talents de Cerdil pour la métaphysique : *Cerdil porte avec lui, dans tous ses discours, un esprit géométrique qui manque très-souvent aux géomètres mêmes.*

(1) Né en 1712, mort en 1769.

(2) *Revue encyclopédique*, tom. I, 3e livraison, pag. 515. Paris, mars 1819.

L'auteur de cet article est un Napolitain (M. Salfi), qui, après s'être fait connaître dans son pays par quelques ouvrages, est venu se fixer à Paris. Il paraît être lui-même de l'école de Condillac, à en juger par la manière favorable avec laquelle il

théories de Leibnitz, pour lequel il eut toujours une préventionfavorable, avec celle de Locke; qu'il accrédita le premier en Italie. »

Divers autres ouvrages plus ou moins célèbres d'auteurs italiens semblent annoncer que l'on

---

parle des idéologues français *. « L'idéologie, dit-il, qui, d'après sa dénomination récente, pourrait être considérée comme spécialement due aux Français, mais qui est aussi ancienne que la philosophie, puisqu'elle a pour objet la génération des idées

* Le plus célèbre de ceux que M. Dugald-Stevard désigne ici sous le nom d'idéologues, le savant et respectable M. Destutt de Tracy, a répondu d'avance à cette accusation, dans un mémoire lu le 7 floréal, an 10, à l'Institut, et imprimé dans le tome IV des *Mémoires de la classe des sciences morales et politiques.*

« Les Allemands (et il aurait pu ajouter les Anglais) nous croient tous en métaphysique disciples de Condillac; ils ne font pas attention que Condillac n'a point dogmatisé, qu'il n'a créé ni prétendu créer un nouveau système philosophique; qu'il ne s'est chargé de décider presque aucune de ces célèbres questions de psychologie, de cosmologie et de théologie, dont les Allemands composent la métaphysique, et qu'il s'est presque absolument borné à examiner nos idées et leurs signes, à en rechercher les propriétés, et à en tirer quelques conséquences. Ils ne savent pas d'ailleurs que parmi ceux de nos Français qui, comme lui, se restreignent aux mêmes spéculations, il n'y en a peut-être pas un seul qui adopte sans restriction les principes de grammaire de Condillac, ou qui soit pleinement satisfait de la manière dont il analyse nos facultés intellectuelles, ou qui ne trouve rien à reprendre à ce qu'il dit sur le raisonnement. En un mot, les étrangers ignorent que ce ne sont pas les décisions de Condillac dont nous tenons grand compte, mais que c'est de sa méthode dont nous faisons le plus grand cas. » *De la métaphysique de Kant, ou Observations sur un ouvrage intitulé Essai d'une exposition succincte de la Critique de la raison pure,* par J. Kinker, traduit du hollandais par J. le F., en 1 vol. in-8°; Amsterdam, 1801, par M. Destutt de Tracy. (*Note du traducteur français.*)

commence dans cette partie de l'Europe à se sentir du goût pour ces recherches métaphysiques. Les noms de Francisco Soave et de Mariano Gigli (1) sont honorablement cités par leurs compatriotes; mais aucun de leurs ouvrages, autant que je puis le croire, n'est encore parvenu en Écosse. A l'exception de Boscovich, je ne me rappelle pas qu'on ait jamais entendu parler dans

---

et l'analyse des facultés qui concourent à leur formation, n'est pas étrangère aux Italiens, comme on pourrait le croire.»

Genovesi est considéré, par un écrivain de grande réputation, comme le réformateur de la philosophie en Italie. Si l'exécution de son Traité sur la logique répond aux vues lumineuses dans lesquelles le plan semble avoir été conçu, cet ouvrage ne peut manquer d'être d'une grande utilité pratique.

« Ma chi può veramente dirsi riformatore dell' italiana filosofia, chi la fece tosto conoscere e rispettare da' più dotti filosofi dell' altre nazioni, chi seppe arrichire di nuovi pregi la logica, la metafisica e la morale, fù il celebre Genovesi, tuttochè molti fossero stati i filosofi che cercarono con sottili riflessioni e giusti precetti d'ajutare la mente a pensare ed a raggionare con esatezza e verità. Bacone, Malebranche, Locke, Wolfio, e molti altri, sembrassero avere esaurito quanto v'era de scrivere sù tale arte; seppe nondimeno il Genovesi trovare nuove osservazioni, e nuovi avvertimenti da preporre, e dare una logica più piena e compiuta, e più utile non solo allo studio della filosofia, e generalmente ad ogni studio scientifico, ma eziandio alla condotta morale ed alla civile società. (*Dell' origine, de' progressi e dello stato attuale d'ogni letteratura*, dall' abbate D. Giovani Andres, tomo XV, pag. 260, 261. Venezia, 1800.)

(1) Voyez note L à la fin du volume.

la Grande-Bretagne des recherches métaphysiques d'aucun écrivain transalpin ; et cependant l'originalité et la justesse de quelques-unes de ses discussions abstraites donnent une idée très favorable des écoles où il fut élevé, et font regretter d'être privé de tout renseignement à cet égard. L'autorité sur laquelle Boscovich s'appuie surtout est celle de Leibnitz ; mais dans toutes les questions importantes il ne consulte que son propre jugement, et combat souvent Leibnitz avec autant de liberté que de succès. On trouve un exemple remarquable de cette indépendance d'esprit, dans ses remarques sur le principe de la *raison suffisante*, et dans les limites qu'il prescrit à la *loi de continuité*.

La vigueur et la variété du talent déployé dans les volumineux ouvrages de cet homme extraordinaire font le plus grand honneur au pays qui lui a donné naissance, et accréditeraient presque le système qui attribue aux brillants climats du midi une influence bienfaisante sur l'intelligence de l'homme. L'Italie est certainement la seule partie de l'Europe où les mathématiciens aient composé des poëmes tels que ceux de Boscovich et de Stay. C'est sans doute dans cette rare balance entre l'imagination et la raison que consiste la perfection de l'intelligence humaine, et depuis Galilée (1) jusqu'à nos jours, l'Italie est le pays

(1) Voyez des détails fort intéressants sur le goût de Galilée

qui présente le plus d'exemples de ce genre de mérite.

La science de la morale et celle de l'économie politique semblent être plus appropriées au goût des modernes Italiens que la logique et la métaphysique proprement dite ; et il faut dire que, dans les deux premières branches de la science, ils ont puissamment contribué à l'instruction et à l'amélioration du dix-huitième siècle. Mais nous ne sommes pas encore préparés à entrer dans ce sujet.

L'état de la société et des mœurs, dans le nouveau monde, n'a pas jusqu'ici été aussi favorable aux sciences abstraites qu'aux recherches qui sont d'un intérêt immédiat pour la vie humaine. L'Amérique peut cependant se glorifier de posséder au moins un métaphysicien qui ne le cède en subtilité et en vivacité de logique à aucun des disputants formés dans les universités de l'Europe. Je n'ai pas besoin de dire que je veux parler de Jonathan Edwards. Mais, à l'époque où il écrivait, la situation de l'Amérique était plus favorable qu'elle ne l'est maintenant, et ne peut l'être de long-temps, à des recherches semblables à celles dont il s'est occupé. Il est vrai d'ajouter encore que son esprit s'était adonné à de telles recher-

---

pour la poésie et la littérature dans Ginguené, *Histoire littéraire d'Italie*, t. V, p. 331 et suiv. Paris, 1812.

ches, moins par l'effet d'une curiosité philosophique, que par son désir de défendre le système théologique dans lequel il avait été élevé, et auquel il était ardemment et consciencieusement attaché. Il est facile de reconnaître à chaque instant, dans ses arguments, combien ce désir contribue à donner de vivacité à ses facultés, et à tenir constamment sur l'alerte sa vigilance polémique (1).

Une mine nouvelle et inattendue de richesses intellectuelles vient d'ailleurs de s'ouvrir en même

---

(1) Pendant que cette esquisse historique était sous presse, j'ai reçu un ouvrage américain publié depuis peu, et intitulé *Transactions du comité historique et littéraire de la société philosophique américaine assemblée à Philadelphie pour perfectionner les connaissances humaines.* (Vol. I, Philadelphie, 1819.) D'après un avertissement mis en tête de ce volume, il paraît que, dans une des réunions de ce corps savant, en 1815, il avait été résolu qu'une nouvelle commission serait ajoutée à celles déjà établies, et qu'elle porterait le nom de commission d'histoire, de morale et de littérature générale. J'ai vu avec le plus grand plaisir qu'un des premiers soins du comité avait été de faire examiner et déterminer avec autant de certitude que possible, la construction et les formes grammaticales des langues des nations aborigènes d'Amérique. Le rapport du secrétaire correspondant, M. Duponceau, daté de janvier 1819, sur les progrès déjà faits dans cette recherche est extrêmement curieux et intéressant, et déploie non-seulement des vues étendues et philosophiques, mais une connaissance parfaite des recherches philologiques d'Adelung, de Vater, de Humboldt, et des autres savants allemands. Tous ces efforts sont autant de preuves d'une curiosité éclairée et d'une grande étendue de

temps pour l'Europe savante dans les régions de l'Orient qui, bien qu'elles aient été fort probablement le berceau de la science et de la civilisation, n'étaient connues, il y a fort peu de temps encore, que dans les annales du commerce plutôt que dans celles de la philosophie. Les restes de la métaphysique et de la morale des sages de l'Inde sont d'autant plus intéressants et instruc-

---

connaissances littéraires, qu'on aurait à peine pu attendre dans ces états naissants avant bien des années encore.

Les progrès rapides que les Américains ont faits depuis peu dans l'art d'écrire ont été remarqués par divers critiques, et c'est certainement un fait très important dans l'histoire de leur littérature. Leurs papiers officiels ont, il est vrai, toujours été remarquables par une éloquence vigoureuse et animée; mais comme la plupart n'étaient composés que pour l'occasion, les auteurs n'avaient guère le temps de s'occuper des délicatesses ou même de la pureté du style. On ne donne une grande attention à ce dernier objet que dans de savants loisirs, et après une étude réfléchie des meilleurs modèles. Telle était sans doute l'idée de Gray lorsqu'il disait que pour bien écrire il fallait non-seulement de grands talents, mais encore tout ce qu'il y a de plus parfait dans les grands talents *. Si cette maxime était vraie, le goût du public pour la beauté du style, chez tous les peuples, serait la meilleure preuve des progrès généraux de leur intelligence; et si on l'applique aux Américains, elle fait concevoir les plus grandes espérances de la génération qui s'élève.

* Note de Mason sur une lettre de Gray au docteur Wharton, à l'occasion de la mort du docteur Middleton.

tifs, qu'ils paraissent avoir été le germe des principaux systèmes enseignés dans les écoles de la Grèce. On trouvera d'ailleurs que toutes les théories favorites des Indous offrent un peu plus ou un peu moins ces habitudes ascétiques de méditations abstraites et mystiques qui, dans tous les siècles, semblent s'être si bien identifiées avec leur organisation. Un idéalisme semblable en partie à celui de Berkeley et de Malebranche est aussi bien le résultat nécessaire d'habitudes semblables, que le matérialisme le serait de ces habitudes de dissipation et de frivolité qui, dans les grandes villes, offrent une distraction continuelle.

Bernier, voyageur intelligent et de bonne foi, le même que j'ai déjà cité comme l'un des élèves favoris de Gassendi, est le premier qui ait appelé l'attention de l'Europe sur les antiques restes de la science dans l'Orient. Mais ce sont particulièrement les Anglais qui ont exploré le champ d'observation qu'il avait découvert; et on ne saurait donner trop d'éloges aux travaux immenses faits par eux dans ce but sous le règne de George III.

On doit toutefois s'attendre à des découvertes bien plus précieuses encore si jamais on voit paraître un homme qui, comme sir W. Jones, unisse d'une manière miraculeuse le don des langues à l'esprit philosophique. La construction du sanscrit est déjà à elle seule, indépendamment des trésors que cette langue renferme, un des objets de recherche les plus embarrassants qui aient jamais été offerts à l'intelligence humaine. Les affinités et les filiations des différentes langues démontrées par la correspondance de leurs radicaux, et par d'autres coïncidences, sont déjà fort curieuses, mais elles sont toutefois beaucoup plus aisées à expliquer que l'analogie systématique qu'on remarque entre le sanscrit et le grec, aussi-bien qu'entre le sanscrit et le latin considéré comme le plus ancien des dialectes grecs, dans les conjugaisons et les terminaisons des verbes, et dans quelques autres particularités de leur mécanisme. Cette analogie est même, dit-on, si parfaite, que quand on traduit d'une langue dans l'autre, le sanscrit est représenté par le grec avec la même fidélité qu'une figure le serait par son image réfléchie dans une glace(1). La régularité

(1) Lettre du rév. David Brown, recteur du collége du fort William, sur l'édition des Évangiles en sanscrit, datée de Calcutta, septembre 1806, et publiée dans un des journaux littéraires.

(M. W. Schlegel, professeur à l'université de Bonn, s'occupe avec une persévérance admirable de tout ce qui peut éclaircir cette question. Il a établi chez lui une imprimerie en caractères sanscrits, fondus, sous son inspection, par M. Firmin Didot, et il se propose de publier ainsi quelques-uns des chefs-d'œuvre de la poésie et de la philosophie sanscrite. J'ai vu à Bonn quelques-uns de ces essais d'impression, qui égalent et sur-

sans exemple des formes du sanscrit suffit presque pour démontrer que ce n'est point en rectifiant peu à peu des manières de parler populaires et accidentelles que cette langue s'est élevée à la perfection qu'elle présente aujourd'hui ; et cependant si on rejette cette supposition, quelle hypothèse peut-on admettre qui ne présente des improbabilités, sinon plus grandes, au moins tout aussi difficiles à expliquer ? Un tel problème est bien digne de l'attention des grammairiens philosophes ; et sa solution, quelle qu'elle puisse être, ne peut manquer de jeter un nouveau jour sur l'histoire de la race humaine, aussi-bien que sur l'histoire de notre intelligence.

---

passent même tout ce que l'écriture en devanagari peut avoir de plus simple et de plus élégant en même temps. Il publie en outre un journal périodique uniquement relatif à l'avancement des connaissances de la langue, de la littérature et de la philosophie indienne. Il a déjà paru quatre mémoires. Cet ouvrage est, avec un journal périodique anglais intitulé *Asiatic repository*, ce qui a été publié de plus intéressant jusqu'aujourd'hui. J'avais dessein moi-même de publier un ouvrage sur les affinités entre le sanscrit, le grec et le latin ; mais j'ai été devancé par M. Bopp, dont le travail consciencieux m'a semblé rendre le mien inutile.) (*Note du traducteur français.*)

SECTION IV.

Philosophie métaphysique d'Écosse.

Il ne me reste plus qu'à jeter un coup d'œil sur la naissance et les progrès de la philosophie métaphysique en Écosse. Si, en traitant un sujet semblable, j'entre dans plus de détails que pour les autres parties de mon esquisse historique, j'espère qu'on m'excusera en faveur de mon désir de remplir quelques lacunes de l'histoire littéraire de mon pays; ce qu'une main plus jeune ne pourrait faire aussi aisément que moi, ni peut-être avec autant de vérité.

On peut faire remonter la philosophie métaphysique d'Écosse, et même en général le goût pour la littérature qui a distingué ce pays d'une manière si remarquable, aux leçons données par le docteur Francis Hutcheson, dans l'université de Glasgow. On trouve dans les écrivains plus anciens quelques indices assez marqués de ce goût pour les recherches spéculatives (1); mais ce fut de ce moment que l'Écosse s'éveillant d'un long

(1) Voyez note M à la fin du volume.

assoupissement commença à exciter l'attention générale dans la république des lettres (1).

Les écrits du docteur Hutcheson sont toutefois plus intimement liés à l'histoire de la morale que de la métaphysique. Je crois donc devoir remettre mes remarques au moment où j'entrerai

---

(1) Un savant italien fort distingué, dans un ouvrage écrit en 1763, assigne la même date à la renaissance des lettres en Écosse.

« Frà i tanti e sì chiari scrittori che fiorirono nella Gran Bretagna a' tempi della regina Anna, non se ne conta pur uno che sia uscito di Scozia..... Francesco Hutcheson, venuto in Iscozia a professar la filosofia e gli studii di umanità nella università di Glasgow, v'insinuò per tutto il paese, colle istruzione a viva voce, e con egregie opere date alle stampe, et un vivo genio per gli studii filosofici e literarii, e sparse cui fecondissimi semi d'onde vediamo nascere sì felici frutti e sì copiosi. » (*Discors. sopra le vicende della letteratura*, del sign. Carlo Denina. P. 224.)

J'ai été assez surpris de rencontrer ces observations dans l'ouvrage d'un étranger; mais, de quelque manière qu'il se soit procuré ces renseignements, ils montrent dans celui qui les a donnés une connaissance plus intime de l'histoire des lettres, par tradition, en Écosse, que n'en ont eu la plupart des écrivains nationaux qui ont traité ce sujet. J'ai ouï dire que les matériaux de cette section sur la littérature écossaise avaient été fournis à Denina par Hume.

Un autre écrivain étranger, beaucoup plus en état que Denina d'apprécier le mérite de Hutcheson, s'est exprimé sur ce sujet avec sa précision ordinaire. « L'école écossaise, dit M. Prévôt, a en quelque sorte pour fondateur Hutcheson, maître

dans cette partie de mon sujet. On rencontre bien, il est vrai, quelques idées métaphysiques aussi neuves qu'importantes placées çà et là dans ses ouvrages; mais c'est principalement comme moraliste qu'il s'est fait connaître et qu'il a droit à obtenir une place parmi les philosophes du dix-huitième siècle (1).

---

et prédécesseur de Smith; c'est ce philosophe qui lui a imprimé son caractère, et qui a commencé à lui donner de l'éclat. » Dans une note sur ce passage, le même écrivain ajoute : « C'est en ce seul sens qu'on peut donner un chef à une école de philosophie qui, comme on le verra, professe d'ailleurs la plus parfaite indépendance de toute autorité. » (*Voyez* les excellentes réflexions sur les œuvres posthumes d'Adam Smith, ajoutées par M. Prévôt à sa traduction de cet ouvrage.

Le premier cours de Hutcheson à Glasgow s'ouvrit en 1730. Il était natif d'Irlande; aussi Denina l'appelle-t-il « un dotto irlandese. » Mais il était d'extraction écossaise; son père ou son grand-père était le fils d'une famille respectable du comté d'Ayr, et il fut envoyé fort jeune en Écosse pour y recevoir son éducation.

(1) Un des principaux objets des écrits de Hutcheson était de s'opposer au système licencieux de Mandeville, système qui a sa source naturelle dans quelques-uns des raisonnements de Locke contre l'existence des principes innés.

Comme moraliste, Hutcheson est un admirateur zélé des anciens; il paraît surtout s'être laissé captiver par la doctrine favorite de l'école socratique, qui identifie le *bon* et le *beau*. C'est là ce qui le conduisit à suivre de trop près l'exemple de Shaftesbury, en considérant les distinctions morales comme fondées plutôt sur le sentiment que sur la raison, et à parler

Parmi les contemporains du docteur Hutcheson, on remarque un métaphysicien écossais, André Baxter, auteur des *Recherches sur la nature de l'âme humaine*, dont il serait injuste de passer le nom sous silence, après le magnifique éloge fait de son ouvrage par Warburton. « Celui, dit Warburton, qui voudra avoir les notions les plus exactes et les plus précises sur Dieu et sur l'âme, doit lire cet ouvrage, l'un des plus parfaits, selon moi, qu'un siècle aussi avancé que le nôtre en vraie philosophie ait produits (1). »

Je dois avouer que je ne crois pas que les *Recherches* de Baxter méritent ce magnifique éloge, bien que je sois d'ailleurs tout prêt à reconnaî-

---

vaguement de la vertu comme une sorte de *noble enthousiasme;* mais il chercha en même temps à lier à ses recherches sur la morale quelques recherches collatérales sur la beauté et l'harmonie, et il marcha avec beaucoup de succès dans le sentier que venait de frayer Addison par ses *Essais sur les plaisirs de l'imagination.* Quoique les recherches de Hutcheson, aussi-bien que ses *pensées sur le rire*, ne soient pas regardées comme très profondes, elles annoncent néanmoins un esprit étendu et cultivé; et quelque influence qu'elles aient pu avoir dans d'autres pays, elles ont certainement contribué à introduire dans les académies septentrionales un goût plus général pour les études libérales et élégantes, qu'on n'eût pu s'y attendre de long-temps, après l'intolérance, le bigotisme et la barbarie du siècle précédent.

(1) Voyez Warburton, *Divine légation de Moïse démontrée*, pag. 395 de la 1re édition.

tre qu'on y trouve beaucoup d'esprit et de science. Quelques-unes des remarques sur l'argument de Berkeley contre l'existence de la matière sont justes et ingénieuses, et elles avaient même, au moment où elles furent publiées, tout le mérite de la nouveauté.

Une de ses doctrines favorites est que la divinité est l'agent immédiat qui produit les phénomènes du *monde matériel;* mais, selon lui, dans le *monde moral* la chose est bien différente. Quoi qu'on puisse penser de cette doctrine à d'autres égards, c'est évidemment une grande amélioration du système de Malebranche, qui, en représentant Dieu comme le seul agent de l'univers, n'était pas moins incompatible que celui de Spinosa avec la nature morale de l'homme. « La divinité, dit Baxter, n'est pas seulement à la tête de la nature, mais elle existe aussi dans chacune de ses parties. Supposer une chaîne de causes matérielles entre Dieu et l'effet produit, et plus encore en supposer une série, ce serait vouloir dérober pour jamais la divinité à la connaissance des mortels. Nous pourrions chercher sans fin la matière au-dessus de la matière, et nous perdre dans un labyrinthe, hors duquel aucun philosophe n'a pu trouver d'issue. Cette manière d'employer les causes secondes est empruntée du gouvernement du monde moral où les agents libres jouent un rôle; mais on se trompe en l'appliquant au monde matériel, où la matière et le mouvement, ou, comme on l'appelle, le mécanisme, n'a de liaison qu'avec la divinité (1). »

Malgré ce genre de mérite, et plusieurs autres talents, Baxter a si peu contribué aux progrès de la philosophie cultivée depuis en Ecosse, que je crains bien qu'on ne regarde comme une digression hors de saison le peu de mots que j'ai dits de lui. Le grand but de ses études était évidemment de donner de la force à l'ancien argument en faveur de l'immatérialité de l'âme, à l'aide des nouvelles lumières fournies par la découverte de Newton. Mais il semble n'avoir donné que peu d'attention aux phénomènes intellectuels et moraux, aussi-bien qu'aux lois qui les régissent (2).

Tandis que la réputation du docteur Hutcheson comme auteur, et plus encore comme éloquent professeur, était parvenue à son zénith en Ecosse, M. Hume commençait sa carrière littéraire par la publication de son *Traité de la nature humaine*. Cet ouvrage parut en 1739, mais il ne semble pas

---

(1) Appendix de la 1re partie des *Recherches sur la nature de l'âme humaine*, pag. 109, 110.

(2) Baxter était né dans l'ancien Aberdeen en 1686 ou 1687. Il mourut à Whittingham, dans le comté de Lothian oriental, en 1750. Je n'ai pu découvrir la date de la première édition de ses *Recherches sur la nature de l'âme*; mais la deuxième édition fut publiée en 1737, deux ans avant le *Traité sur la nature humaine* de Hume.

qu'alors le public y ait donné beaucoup d'attention; suivant l'auteur lui-même, jamais essai littéraire ne fut plus malheureux. Cet ouvrage sortit mort-né de la presse, sans se faire même assez distinguer pour provoquer les murmures des bigots. Ce traité forme pourtant un des anneaux essentiels d'une esquisse historique des sciences philosophiques, puisqu'il a, plus que tout autre ouvrage, contribué directement ou indirectement aux progrès de la philosophie de l'esprit humain. Pour mieux adapter ses principes au goût public, l'auteur les reproduisit ensuite sous la forme plus populaire d'essais; mais ce sera toujours dans l'ouvrage original que les lecteurs philosophes étudieront son système, et ce n'est que là qu'on peut suivre distinctement les rapports et le but de ses différentes parties aussi-bien que leur enchaînement avec les recherches de ses prédécesseurs immédiats. C'est là aussi que se déploient, selon moi, à leur plus grand avantage, ses talents métaphysiques. Je ne crois pas même qu'il ait montré nulle part un goût plus pur et plus d'adresse dans la composition (1).

---

(1) Une personne qui vivait dans de grandes habitudes d'intimité avec le docteur Reid sur la fin de sa vie, et sur l'exactitude de laquelle je puis parfaitement compter, se rappelle lui avoir souvent entendu dire que « M. Hume, dans ses *Essais*, semblait avoir oublié ce qu'il avait su de métaphysique. » Cette suppo-

J'expliquerai mieux au lecteur les grands objets du *Traité de la nature humaine* de M. Hume en me servant de ses propres expressions.

« Il est évident que toutes les sciences ont une

---

sition ne paraîtra nullement improbable à ceux qui, après avoir considéré la nature subtile et fugitive des sujets examinés dans le *Traité de la nature humaine*, voudront se rappeler que long-temps avant la publication de ses *Essais*, M. Hume avait renoncé à toute recherche métaphysique. J'en citerai en preuve un passage d'une de ses lettres à sir Gilbert Elliot, qui, bien que sans date, semble, d'après son contenu, avoir été écrite de 1750 à 1751. Ce passage est intéressant aussi à d'autres égards : il sert à montrer que M. Hume estimait les mathématiques au-dessous de leur véritable utilité, et que conséquemment il comprenait peu leur importance comme instrument de découvertes physiques et comme base de quelques uns des arts les plus nécessaires à la civilisation. « Je suis fâché, lui dit-il, que notre correspondance nous ait entraînés dans ces spéculations abstraites ; je n'ai médité et composé que fort peu sur ces questions depuis assez long-temps. La morale, la politique et la littérature ont employé tous mes loisirs ; je crois cependant les autres questions plus curieuses, plus importantes, plus amusantes et plus utiles que toute géométrie plus profonde que celle d'Euclide. »

J'ai dit que c'était dans le premier ouvrage de Hume que ses talents métaphysiques brillaient, selon moi, avec le plus d'avantage. Cependant, à en juger par l'avis suivant, inséré en tête des dernières éditions de ses œuvres, dans le second volume de ses *Essais* et *Traités*, M. Hume paraît avoir été d'une opinion tout-à-fait différente. « La plupart des principes et des raisonnements, dit-il, contenus dans ce volume avaient déjà été pu-

relation plus ou moins directe avec la nature humaine, et, quelque déviation qu'elles paraissent faire de ce but, elles y reviennent cependant par quelque endroit. Les mathématiques, les sciences

---

bliés dans un ouvrage en trois volumes, intitulé *Traité de la nature humaine*, ouvrage que l'auteur avait projeté avant de quitter le collége, et qu'il écrivit et publia peu de temps après; mais cet ouvrage n'ayant pas réussi, l'auteur comprit qu'il s'était trop hâté de se faire imprimer, et il refondit le tout dans les *Essais* suivants, où il espère avoir corrigé quelques négligences qui lui étaient échappées dans les raisonnements et dans l'expression. Cependant plusieurs écrivains, qui ont daigné honorer l'auteur d'une réponse à sa philosophie, ont eu soin de diriger toutes leurs batteries contre cet ouvrage de la jeunesse de l'auteur, ouvrage qu'il n'a jamais avoué; et ils ont fait parade de tous les avantages qu'ils imaginent avoir obtenus dans cette réfutation. Cette conduite est assurément fort contraire à toutes les règles de la bonne foi, et c'est un exemple remarquable de ces artifices polémiques qu'un zèle fanatique se croit autorisé à employer. L'auteur désire qu'à l'avenir les pièces suivantes seules soient regardées comme contenant l'exposé de ses sentiments et de ses principes philosophiques. »

D'après une semblable déclaration, il y aurait certainement une mauvaise foi évidente à attribuer à M. Hume aucun sentiment ou principe philosophique qui ne soit contenu dans les *Essais philosophiques* aussi-bien que dans son *Traité*.

Mais quel manque de bonne foi y aurait-il à répliquer à tout argument plausible contenu dans ce dernier ouvrage, lors même que M. Hume l'aurait laissé de côté dans ses écrits subséquents, surtout quand ces arguments peuvent jeter quelque lumière nouvelle sur ses compositions plus populaires? Le

naturelles et la religion naturelle elle-même, dépendent en quelque sorte de la science de l'homme, puisqu'elles sont l'objet de ses connaissances et qu'il les apprécie à l'aide de ses facultés... Si donc les mathématiques, les sciences naturelles et la religion naturelle, sont si étroi-

---

Traité sur la nature humaine vivra certainement aussi longtemps qu'aucun des écrits philosophiques de M. Hume; et il n'est personne de ceux qui sont en état d'approuver ou de rejeter ses doctrines qui ne les ait étudiées sous la forme systématique qu'il leur avait donnée d'abord. Je crois bien que le reproche de M. Hume s'applique avec justesse à quelques-uns de ses adversaires; mais ce reproche est exprimé d'une manière trop amère et trop peu fondée.

Je saisirai cette occasion pour rapporter un autre jugement de M. Hume sur le mérite de cet ouvrage de sa jeunesse. Il est exprimé d'un ton encore plus décisif. Je le copie d'une lettre particulière qu'il écrivait à sir Gilbert Elliot, peu de temps après la publication de ses *Essais philosophiques*.

« Je crois que les *Essais philosophiques* contiennent tout ce qu'on peut trouver d'important sur l'entendement dans le *Traité;* je vous engage fortement à ne plus lire ce dernier ouvrage. En abrégeant et en simplifiant les questions, je les ai réellement rendues plus complètes : *Addo dùm minuo.* Les principes philosophiques sont bien les mêmes dans les deux ouvrages; mais la vivacité de la jeunesse et la chaleur de l'invention m'avaient entraîné à publier trop tôt le premier. Comment une semblable entreprise, projetée avant l'âge de 21 ans et exécutée avant l'âge de 25, n'aurait-elle pas été défectueuse? Je me suis plus de cent fois repenti de la trop grande précipitation que j'y avais mise. »

tement liées à la connaissance de l'homme, que ne doit-on pas attendre des autres sciences, dont la connexion avec la nature humaine est plus étroite et plus intime? Le seul but de la logique est d'expliquer les principes et les opérations de notre raison ainsi que la nature de nos idées : la morale et la critique s'occupent de nos goûts et de nos sentiments; et la politique considère les hommes comme unis en société et dépendants les uns des autres.... Le seul moyen qui puisse nous faire espérer quelque succès dans nos recherches philosophiques est donc d'abandonner la longue et fatigante méthode que nous avons suivie jusqu'aujourd'hui, et, au lieu de nous contenter de conquérir de temps à autre un château fort ou un village sur la frontière, de marcher en droite ligne à la capitale ou au centre de ces sciences, c'est-à-dire à la nature humaine elle-même. Une fois maîtres de ce point, nous pourrions partout ailleurs compter sur une victoire facile. De ce point nous pouvons étendre nos conquêtes sur toutes les sciences qui ont une liaison plus intime avec la vie humaine, et nous pourrons ensuite à loisir continuer nos découvertes avec plus d'universalité sur les objets qui ne sont que de pure curiosité. Il n'est aucune question importante dont la solution ne soit comprise dans la science de l'homme; il n'en est aucune qu'on puisse résoudre avec certitude avant de bien posséder cette science.

En prétendant donc expliquer les principes de la nature humaine, nous proposons en effet un système complet des sciences, fondé sur une base entièrement nouvelle et la seule sur laquelle on puisse bâtir un système avec quelque garantie.

» Et comme la science de l'homme est la seule base solide qu'on puisse donner aux autres sciences, cette science elle-même à son tour ne saurait reposer que sur l'expérience et l'observation. Nous ne devons pas être étonnés de voir la philosophie expérimentale, appliquée d'abord à la morale, l'être ensuite, plus d'un siècle après, à l'histoire naturelle, puisque nous remarquons à peu près le même intervalle de temps entre l'origine de ces deux sciences, et que l'espace de temps qui s'est écoulé entre Thalès et Socrate est à peu près égal à celui qui a séparé Bacon de quelques modernes philosophes anglais (1), dont les recherches ont donné à la science de l'homme un nouvel aspect, et ont excité la curiosité et captivé l'attention du public. »

Je suis loin de penser que l'exécution de l'ouvrage de M. Hume ait répondu au magnifique plan tracé dans ces observations. Il ne me paraît pas même qu'il se soit formé une idée bien exacte de la manière dont cette philosophie expérimen-

---

(1) Locke, lord Shaftesbury, le docteur Mandeville, Hutcheson, le docteur Butler, etc.

tale devait être appliquée à des sujets de morale. Il a cependant eu le grand mérite de séparer entièrement ses recherches sur la philosophie de l'esprit de toute hypothèse physiologique sur la nature de l'union entre l'âme et le corps. Et quoique, d'après quelques expressions qui lui sont accidentellement échappées, on puisse soupçonner qu'il croyait que nos opérations intellectuelles étaient le résultat de notre organisation matérielle (1), il avait trop de bon sens et de perspicacité pour supposer que l'étude de la dernière pût jeter aucun jour sur les premières. Ses ouvrages sont donc exempts de ces conjectures extravagantes et toutes gratuites que Bonnet et Hartley présentèrent ensuite avec tant de confiance; et, à cet égard, son exemple a été d'une grande utilité à ses successeurs écossais. Nos compatriotes ont bien, il est vrai, présenté un bon nombre d'absurdes théories ; mais je ne connais aucun pays en Europe où des systèmes semblables à ceux de Hartley et de Bonnet aient été

(1) La seule expression de lui qui puisse donner quelques fondements raisonnables à un tel soupçon se trouve dans ses *Dialogues posthumes*, dans lesquels il parle de « cette légère agitation du cerveau qu'on appelle pensée » (2ᵉ édition, p. 60-61); mais on ne saurait rien inférer de là, puisque cette expression est mise dans la bouche de Philon sceptique, tandis que l'auteur met ses propres idées dans la bouche de Cléante.

traités comme en Ecosse avec tout le dédain qu'ils méritent (1).

Ce n'est pas seulement à cet égard que les recherches de la jeunesse de M. Hume contribuèrent à accélérer les progrès de notre littérature nationale. A côté des nombreuses doctrines fort contestables qu'on y rencontre, on remarque diverses discussions aussi élégantes que solides, et dans lesquelles il a donné un heureux exemple de l'application de l'analyse métaphysique aux questions relatives au goût, à la philosophie de la jurisprudence et à la théorie des gouvernements. Quelques-unes de ces discussions ont été reproduites ensuite sous une forme plus populaire dans ses Essais philosophiques et littéraires, et occupent encore leur place dans les dernières éditions qu'on a données de ses ouvrages; mais quelques autres non moins curieuses ont été supprimées par lui, probablement dans l'idée qu'elles étaient trop abstraites pour exciter la curiosité des lecteurs ordinaires. On peut, dans quelques-unes de ces applications pratiques à des principes métaphysiques, apercevoir les germes de plusieurs recherches faites ensuite avec succès par quelques com-

(1) Dans aucune partie des écrits métaphysiques de Hume, on ne trouve la moindre mention d'aucun de ces deux systèmes, bien qu'il ait survécu plus de trente ans à l'époque de leur publication.

patriotes de Hume, et entre autres de celles qui ont donné naissance aux *Essais historiques* de lord Kames sur la jurisprudence et à ses *Eléments de critique*.

La publication du traité de M. Hume produisit un autre résultat fort important en Écosse. Il avait cultivé l'art d'écrire avec beaucoup plus de succès qu'aucun de ses prédécesseurs, et son goût s'était formé sur les meilleurs modèles de composition anglaise. L'influence de son exemple paraît avoir été aussi prononcée que générale, et elle se fit surtout remarquer dans le style de ses principaux adversaires, qui tous, en étudiant son système, ont adopté d'une manière assez remarquable la pureté, la précision et l'élégance de sa diction. Personne ne niera, je pense, que Locke lui-même, considéré comme écrivain, ne soit fort inférieur, non-seulement à Hume, mais même à Reid, à Campbell, à Gerard et à Beattie. On ne saurait expliquer ce perfectionnement de style d'une manière plus satisfaisante qu'en l'attribuant à l'attention critique qu'ils ont donnée à l'examen d'un ouvrage aussi remarquable par la profondeur de ses raisonnements que par la forme attrayante sous laquelle ils l'ont présenté.

Les principes fondamentaux qui servent de point de départ à M. Hume diffèrent plutôt par l'expression que par le fond, de ceux de ses prédécesseurs immédiats. Suivant lui, tous les objets de nos connaissances sont divisés en deux classes, les *impressions* et les *idées*. Les premières comprennent nos *sensations* proprement dites et nos *perceptions* des qualités sensibles, deux classes entre lesquelles M. Hume, d'après son système, ne fait aucune distinction; les dernières comprennent les objets de nos pensées toutes les fois que nous nous *rappelons*, que nous *imaginons*, ou qu'en général nous exerçons quelqu'une de nos facultés intellectuelles sur des choses passées, absentes ou futures. Il considère ces idées comme des *copies* de nos *impressions*, et il pense que les mots qui les désignent sont les seuls *signes* qui méritent l'attention du philosophe, attendu que chaque mot est inventé pour désigner une idée dont les impressions corrélatives ne peuvent être indiquées, étant *ipso facto* indéterminées et illusoires. Le résultat évident de ces recherches est que les choses appelées par M. Hume *impressions* nous fournissent, soit immédiatement soit médiatement, tous les matériaux sur lesquels s'exercent nos pensées; conclusion qui coïncide exactement avec le système sur l'origine de nos idées emprunté par Gassendi aux anciens épicuriens.

Avec ce principe fondamental des épicuriens, M. Hume combina la méthode logique recommandée par leurs grands antagonistes les cartésiens, et, ce qui semblait s'éloigner davantage encore de son point de départ épicurien, il y joignit un penchant décidé vers l'idéalisme de Malebranche et de Berkeley. Ainsi que Descartes, il commença à douter de tout; mais il avait un coup d'œil trop rapide pour se contenter, ainsi que Descartes, de la solution que ce philosophe donne de ses doutes. Il expose au contraire la futilité, non-seulement des solutions proposées par Descartes lui-même, mais encore de celles suggérées par Locke et ses successeurs, et finit enfin par où Descartes avait commencé, à l'idée qu'aucune proposition n'était ni plus certaine ni même plus probable qu'une autre. Bien des philosophes ont déjà remarqué que les preuves de l'existence du monde matériel alléguées par Descartes ne sont nullement concluantes. Berkeley et d'autres ont même montré que si on admettait les principes d'après lesquels avait procédé Descartes en commun avec tous les philosophes depuis Aristote jusqu'à nous, l'existence du monde matériel était impossible. Quelques hardis penseurs, distingués sous le nom d'*égoïstes*, sont allés plus loin encore, et ont poussé leur scepticisme jusqu'à douter de tout, excepté de leur propre existence. Suivant eux, la proposition *cogito, ergo sum*, est la seule vérité qu'on puisse regarder comme absolument certaine. Il était réservé à M. Hume de mettre en question cette proposition elle-même, et de n'admettre que l'existence des *impressions* et des *idées*. Il croyait qu'il était impossible de contester l'existence de ces dernières, puisqu'elles sont les sujets immédiats de la conscience. Mais admettre l'existence du principe pensant et percevant *moi*, c'est admettre aussi l'existence de cette substance imaginaire appelée *esprit*, qui, suivant lui, n'est pas plus l'objet des connaissances humaines que ne l'est la substance imaginaire ancienne appelée *matière*.

D'après tout ce qui a été déjà dit, il est facile de voir qu'il ne faut pas chercher dans le *Traité* de Hume un système régulier et compacte; ce n'est ni un système de matérialisme, ni un système de spiritualisme, car ses raisonnements attaquent également ces deux théories dans leur base. Son but est d'établir un scepticisme universel, et de produire dans le lecteur une méfiance complète de ses propres facultés. A cet effet il s'empare des données mises en avant par les sectes les plus opposées, changeant habilement de terrain, selon qu'il convient mieux à son objet présent. Si l'on en excepte Bayle, jamais philosophe moderne n'a poussé plus loin le scepticisme dans le raisonnement. Cicéron, qui appartenait lui-même de nom à la même école, semble avoir pensé que les habitudes de controverse imposées à l'école académique par sa profession de doute universel, réclamaient une plus grande versatilité de talent et une plus grande fertilité d'invention qu'il n'était nécessaire d'en avoir quand on ne défendait aucune de ces sectes en particulier (1); et il serait possible que, dans la confiance de la jeunesse, Hume eût été séduit et entraîné par cette idée spécieuse mais fausse. D'un autre côté, Bayle a eu la bonne foi d'avouer que rien n'était si aisé que de disputer à la manière des sceptiques (2), et tout homme qui a un peu réfléchi apercevra mieux chaque jour, en avançant en âge, la justesse de cette réflexion. L'expérience seule peut nous convaincre combien il est plus difficile de faire des progrès réels dans la recherche de la vérité, que d'acquérir le talent de disputer sur tout d'une manière plausible (3).

---

(1) *Nam si singulas disciplinas percipere magnum est, quanto majus omnes? Quod facere iis necesse est, quibus propositum est, veri reperiendi causa, et contra omnes philosophos et pro omnibus dicere. — Cujus rei tantæ tamque difficilis facultatem consecutum esse me non profiteor, secutum esse præ me fero.* (Cicero, *De Nat. deorum*, lib. 1, c. 5.)

(2) Voyez le passage de Bayle, tom. II de cette histoire abrégée, p. 206.

(3) Le docteur Holland nous a fait connaître, d'une manière fort intéressante, un médecin grec moderne, nommé Velara, qu'il rencontra à Larisse en Thessalie. Quelques-unes des particularités qu'il rapporte nous initient complétement au caractère de cet homme ingénieux.

« Il semblait, dit le docteur Holland, que Velara avait longtemps médité sur les diverses questions de la métaphysique et de la morale, et sa conversation sur ces sujets portait la même

On est, je pense, assez généralement d'accord aujourd'hui que cet esprit de scepticisme a été porté à un excès des plus pernicieux dans l'Europe moderne, ausi-bien que dans l'ancienne académie; mais sous la forme qu'il a revêtue dans

---

empreinte de scepticisme satirique qui caractérisait généralement ses opinions. Nous parlâmes du matérialisme et du fatalisme, et il se déclara pour l'affirmative dans ces deux questions.» (*Voyage du docteur Holland dans les îles Ioniennes*, pag. 275.)

« J'ai passé, dit-il dans un autre endroit, cette soirée avec Velara, dans sa propre maison, et suis resté à causer avec lui jusqu'à une heure fort avancée. Pendant long-temps notre conversation fut dirigée sur la métaphysique et particulièrement sur la doctrine pyrrhonique de la non-existence de la matière. Velara, selon son habitude, s'empara de la partie sceptique de l'argument, et montra infiniment d'esprit et une connaissance fort étendue des écrivains les plus distingués qui ont écrit pour ou contre cette question et les questions incidentes.» (*Ibid.*, pag. 370.)

Ces deux passages nous offrent un tableau fort animé d'un caractère qu'on rencontre tous les jours dans les sociétés polies et savantes, et qui disputent moins pour l'intérêt de la vérité que pour le besoin d'une victoire. Un jour matérialiste, il nie le lendemain l'existence de la matière, et dans les deux conversations il prend la question au point où il pense qu'elle sera le plus contestée. Si on pouvait rien conclure de l'opinion d'un tel homme, à l'égard de ses opinions véritables, ce serait en faveur des opinions qu'il combat. On peut d'ailleurs être certain que ces opinions sont conformes à celles généralement admises dans le pays où il demeure.

le *Traité* de Hume, sa tendance malfaisante a été plus que compensée par l'importance des résultats auxquels il a frayé la voie. Les principes adoptés par Hume, comme un point de départ, avaient été sanctionnés par l'autorité réunie de Gassendi, de Descartes et de Locke; et, d'après ces données, il raisonne la plupart du temps avec une grande force et une grande netteté de logique. Les conséquences qu'il en tire sont souvent si extravagantes et si dangereuses qu'il aurait dû les regarder comme des preuves de l'inexactitude de ces données; mais s'il n'eut pas le mérite d'en tirer lui-même cette conclusion, il força ses successeurs à l'apercevoir d'une manière si irrésistible, qu'il doit partager avec eux l'honneur de leurs découvertes : car il ne serait pas impossible que si sa sagacité n'eût pas démontré si clairement les conséquences nécessaires des erreurs qu'il avait adoptées sur la foi de ses prédécesseurs, ces erreurs subsistassent encore aujourd'hui. C'est dans ce sens qu'il faut prendre l'éloge que lui donne le plus distingué de ses adversaires (le docteur Reid), lorsqu'il dit que les principes de Hume sont une compensation plus que suffisante de ses conclusions (1).

(1) Hume lui-même, à qui les *Recherches* de Reid avaient été communiquées avant leur publication, par le docteur Blair, ami de tous deux, semble avoir été assez satisfait de cette apo-

Ce qui semble avoir beaucoup encouragé le penchant de Hume pour le scepticisme, et avoir aidé au succès de ses théories sceptiques, ce

---

logie de quelques-unes de ses recherches. Voici dans quels termes il écrivait au docteur Reid, après avoir lu son manuscrit :

« Le docteur Blair a bien voulu me fournir le moyen de prendre connaissance de votre ouvrage, que j'ai lu avec beaucoup d'attention et avec un véritable plaisir. Il est certainement bien rare qu'un ouvrage d'une philosophie si profonde soit écrit avec tant de feu et offre tant de charmes au lecteur. Je regrette bien de n'avoir jamais eu l'ouvrage entier en ma possession, et d'avoir été privé par-là de l'avantage d'en comparer suffisamment toutes les parties entre elles. C'est à cela particulièrement que j'attribue quelque peu d'obscurité qui, malgré votre analyse succincte, semble encore dominer votre système ; car je dois vous rendre la justice d'avouer que quand j'entre dans vos idées, personne ne me paraît s'exprimer avec plus de clarté que vous ne le faites. C'est là surtout un talent de première nécessité dans le genre de littérature que vous cultivez. J'aurais bien quelques objections à vous faire sur le chapitre de *la vue*, si je ne pensais pas qu'elles peuvent venir de ce que je ne le comprends pas suffisamment ; je penche d'autant plus à le croire, que le docteur Blair m'a dit que mes premières objections venaient principalement de là. Je remettrai donc mes observations au moment où j'aurai le tout sous les yeux, et je ne proposerai pour le moment aucune objection à vos raisonnements. Je me contenterai de vous dire que si vous êtes parvenu à éclaircir ces questions si importantes et si abstraites, au lieu d'en être mortifié, j'aurai la vanité de réclamer une part d'éloges, et je croirai que *c'est par leur cohérence que mes erreurs vous*

sont les essais récents de Descartes et de ses disciples pour démontrer des vérités évidentes par elles-mêmes, essais qui, comme Hume le voyait clairement, tombaient dans cette espèce de paralogisme que les logiciens appellent *cercle vicieux*. La faiblesse de ces prétendues démonstrations est exposée d'une manière péremptoire dans le *Traité de la nature humaine;* et il n'est nullement étonnant que dans le premier enthousiasme de sa victoire sur ses prédécesseurs immédiats, l'auteur se soit imaginé que le défaut de conséquence dans les preuves dénotait quelque inexactitude dans les propositions qu'elles étaient destinées à soutenir. Il eût été, il est vrai, plus honorable à sa sagacité de remonter à la véritable cause, c'est-à-dire à l'impossibilité de confirmer par un raisonnement les *lois fondamentales de la croyance humaine*; mais, ainsi que le remarque Bacon, il n'arrive pas toujours dans les champs de la science que ceux qui ont versé la semence soient ceux qui recueillent les fruits de la récolte.

Ce penchant prononcé vers le scepticisme qui, dans plusieurs occasions importantes, a porté ce

---

auront amené à une revue plus rigoureuse de mes principes, qui étaient les principes communément admis, et à en apercevoir ainsi la futilité. » (Voyez les *Mémoires* de Dugald-Stewart sur Robertson, Reid, Ad. Smith, pag. 417, in-4°.)

raisonneur si subtil à transporter sur divers sujets son esprit de controverse, suivant l'humeur du moment, a toutefois amené une conséquence utile. C'est à elle que nous devons les antidotes les plus puissants contre les erreurs empoisonnées de la philosophie moderne. J'ai déjà fait une remarque semblable en parlant de la réfutation élaborée du spinosisme par Bayle. Mais l'argument présenté par Hume, dans son *Essai sur l'idée de liaison nécessaire*, quoiqu'il ait eu un projet bien différent en s'en servant, est une addition bien plus précieuse encore aux richesses de la métaphysique, puisqu'elle porte la hache aux racines d'où s'est élancé le spinosisme. Le principe cardinal sur lequel roule tout le système est que tous les événements physiques et moraux sont nécessairement liés ensemble comme causes et effets. De ce principe découlent les conséquences les plus funestes, adoptées par Spinosa comme autant de corollaires inévitables et manifestes. Mais s'il est vrai, ainsi que le prétend Hume et que l'admettent maintenant la plupart des philosophes, que les causes et les effets physiques ne nous soient connus que comme des *antécédents* et des *conséquences*, et mieux encore, s'il est vrai que le mot de *nécessité*, tel qu'il est employé dans cette discussion, n'est qu'un mot vague et dépourvu de signification, il s'ensuit que tout le système de Spinosa disparaît comme une ombre, et que la proposition même que son but essentiel est de démontrer est tout-à-fait inintelligible à nos facultés. La doctrine de Hume, dans la généralité qu'il lui donne, peut mener encore à des conséquences non moins dangereuses; mais s'il n'a pas eu le bonheur de conduire les métaphysiciens à la vérité, il a du moins eu le mérite de fermer à jamais un des sentiers les plus fréquentés et les plus funestes qui puissent les mener à l'erreur.

Dans tout ce que j'ai dit jusqu'ici, j'ai supposé que mes lecteurs avaient, de la *théorie de la causation* de Hume, cette connaissance générale qu'en doivent avoir acquise toutes les personnes bien élevées; mais la connexion intime de cette partie de son ouvrage avec quelques-uns des détails historiques qui vont suivre immédiatement me fait un devoir, avant d'aller plus loin, de récapituler avec un peu plus d'étendue quelques-unes de ses déductions les plus importantes.

Hume a été, je pense, le premier à montrer d'une manière satisfaisante que toute démonstration produite par la nécessité d'attribuer une cause à chaque existence nouvelle est erronée et sophistique (1). Pour démontrer cette assertion,

---

(1) *Traité de la nature humaine*, vol. I, p. 147. Quoique Hume ait mieux réussi qu'aucun de ses prédécesseurs à appeler l'attention des philosophes sur cette discussion, son opinion à

il examine trois différents arguments allégués comme preuves de la proposition en question. Le premier de Hobbes, le second du docteur Clarke, et le troisième de Locke; et tout juge en état de prononcer sur de semblables questions, avouera sans difficulté que ses objections contre ces prétendues démonstrations sont concluantes et sans réplique.

Mais lorsque Hume cherche à démontrer que la proposition en question n'est pas *intuitivement* certaine, son argument me paraît revenir à un jeu de mots logique. On serait tenté de croire qu'il en avait cette opinion lui-même, d'après la rapidité et la précipitation qu'il met dans cette discussion. « Toute certitude, dit-il, provient de la comparaison que nous établissons entre nos idées, et de la découverte de rapports qui soient

---

cet égard n'est toutefois pas aussi neuve et aussi originale qu'il le supposait lui-même, et que le pensaient ses antagonistes. Voyez les passages que j'ai cités en preuve, dans le premier volume de la *Philosophie de l'esprit humain*, pag. 542 et suiv., 4ᵉ édition, et dans le second volume du même ouvrage, pag. 556 et suiv., 2ᵉ édition. Je rappellerai surtout un passage tiré d'un livre intitulé *Marche, étendue et limites de l'entendement humain*, publié deux ans avant le *Traité de la nature humaine*, et communément attribué au docteur Browne, évêque de Cork. La coïncidence entre les deux auteurs est véritablement merveilleuse, car il est impossible de soupçonner que jamais Hume ait pu entendre parler de cet ouvrage.

inaltérables tant que ces idées continuent à être les mêmes. Ces rapports sont, *la ressemblance*, *la proportion de nombre et de quantité*, *les degrés dans les qualités*, *et l'opposition ou dissemblance*. Aucun de ces rapports n'est contenu dans cette proposition : *Tout ce qui a un commencement a aussi une cause d'existence*. Cette proposition n'est donc pas *intuitivement* certaine. Il est du moins vrai de dire que quiconque voudra prétendre qu'elle est *intuitivement* certaine, devra nier que ces rapports soient les seuls véritablement infaillibles, et chercher quelque autre rapport de la même espèce, qu'il sera temps alors d'examiner. »

Il me suffit de répondre à ce passage que toute la force de ce raisonnement est fondée sur deux suppositions qui ne sont pas seulement hasardées, mais fausses. La première est que toute certitude vient de la comparaison entre nos idées; la seconde, que tous les rapports inaltérables entre nos idées sont compris dans son énumération arbitraire de *ressemblance*, *proportion de nombre et de quantité*, *degrés de qualité*, *et opposition ou dissemblance*. Je dirai, en empruntant les expressions de Hume : « Lorsque la vérité de ces deux principes aura été pleinement établie, il sera temps alors d'examiner la justesse de la conclusion qu'on en tire. »

D'après ce dernier raisonnement de Hume, on

peut donc croire qu'il prévoyait bien le point vulnérable sur lequel ses adversaires paraissaient devoir diriger leurs attaques. A en juger par la faiblesse des retranchements qu'il a disposés pour sa défense, il semble avoir compris qu'il n'était pas en état d'opposer une longue et vigoureuse résistance. Il ne montre néanmoins aucun manque de confiance dans sa première assertion; mais, après avoir répété que nous ne tirons notre opinion de la nécessité d'une cause pour chaque production nouvelle, ni de la démonstration, ni de l'intuition, il conclut hardiment que nous la devons nécessairement à l'observation et à l'expérience. (Vol. I, p. 147.) Pour se servir des expressions qu'il emploie lui-même ailleurs: « Tous nos raisonnements sur les causes et les effets ne sont dus qu'à l'habitude; et conséquemment cette opinion est plutôt un acte de la partie *sensitive* que de la partie *cogitative* de notre nature. » (*Ibid.*, pag. 321.)

Il est peut-être à propos de rappeler ici à nos lecteurs que la distinction entre la partie *sensitive* et la partie *cogitative* de notre nature joue un grand rôle dans les ouvrages de Cudworth et de Kant. Le premier l'avait évidemment empruntée à la philosophie de Platon. Il n'est pas improbable qu'elle ait été suggérée au dernier par ce passage de Hume. Sans lui disputer sa justesse ni son importance, je puis émettre des doutes sur la convenance d'opposer, d'une manière aussi tranchée qu'on l'a souvent fait, l'une de ces parties de notre nature à l'autre. Ne serait-il pas plus philosophique et plus agréable à la fois de contempler la noble harmonie qui existe entre elles, et les pas graduels par lesquels les suggestions de la première préparent aux déterminations de la dernière. Si, par exemple, notre conviction de la stabilité des lois de la nature n'est pas fondée sur le raisonnement, proposition que Hume semble avoir établie avec une parfaite évidence, mais si elle résulte d'un principe de croyance instinctif ou d'une association de nos idées qui opère à une époque où la lumière de notre raison n'est point à son aurore, que peut-il y avoir de plus agréable que de voir cette suggestion de notre *naturesensitive* (1) démontrée par tous les progrès que fait ensuite notre raison dans l'étude des sciences physiques, et confirmée avec une exactitude mathématique par la concordance invariable des phénomènes célestes avec les calculs des astronomes! L'esprit ne trouve-t-il pas, à l'examen d'une telle harmonie, le même genre de satisfaction qu'il éprouve à considérer l'ap-

---

(1) Dans chacune de ces suppositions, Hume aurait pu, avec autant de raison, rapporter notre prévision des événements futurs à la partie sensitive de notre nature; et l'une de ces suppositions aurait en effet aussi bien répondu à son but que l'autre.

plication de l'instinct de la succion et des organes de la respiration aux propriétés physiques de l'atmosphère? Bien loin d'encourager le scepticisme, un aperçu semblable de la nature humaine semble fait pour détruire toute espèce de doute sur la véracité de nos facultés (1).

---

(1) On doit à Hume la justice de remarquer que dans ses derniers ouvrages il a lui-même suggéré cette idée comme la meilleure solution qu'il pût donner de ses doutes. Je demande la permission de recommander à l'attention particulière des disciples de Kant le passage suivant qui me paraît aussi brillant que philosophique :

« Ici se montre une sorte d'*harmonie préétablie* entre le cours de la nature et la succession de nos idées. Car, quoique les puissances et les forces qui varient la scène du monde nous soient totalement inconnues, nous trouvons pourtant que nos pensées et nos conceptions leur ont jusqu'ici tenu fidèle compagnie. Cette correspondance est l'ouvrage de l'habitude, de ce principe si admirable et si nécessaire pour conserver notre espèce, aussi-bien que pour régler notre conduite dans toutes les occurrences de la vie. Si les objets présents avaient manqué à exciter constamment les idées qui y sont jointes, notre science aurait été bornée pour toujours à la sphère étroite des sens et de la mémoire; nous n'aurions jamais été capables d'ajuster les moyens aux fins, et nos facultés naturelles auraient été insuffisantes pour nous mettre en état de faire le bien et d'éviter le mal. Ceux qui se plaisent à la découverte et à la contemplation des causes finales trouveront ici de grands sujets d'étonnement.

» J'ajouterai, pour confirmer ma théorie, que probablement cette opération de l'âme, par laquelle nous inférons la ressemblance des effets de la ressemblance des causes, et réciproque-

Il est étranger à mon plan d'entrer maintenant dans l'examen de la justesse des doctrines de Hume sur ce sujet; plusieurs de ses antagonistes ont selon moi suffisamment montré com-

---

ment la ressemblance des causes de celle des effets, était trop essentielle à la conservation de l'espèce humaine pour être soumise aux opérations trompeuses d'une raison fort lente dans sa marche, sur lesquelles les premières années de l'enfance ne donnent aucune lumière, et qui, à s'en faire la plus haute idée, est dans chaque âge et dans chaque période de la vie extrêmement sujette à l'erreur et aux méprises. Il était plus convenable à la prudence ordinaire de la nature de pourvoir à la sûreté d'un acte si nécessaire, en l'attachant à l'instinct ou à une tendance mécanique qui, infaillible dans ses opérations, se manifestât dès notre entrée dans le monde, se développât avec la faculté de penser, et ne dépendît en rien des pénibles travaux de l'entendement. De même que la nature nous enseigne l'usage de nos membres en nous dérobant la connaissance des muscles et des nerfs qui les mettent en action, elle place en nous cet instinct qui entraîne nos pensées dans un ordre correspondant à celui qu'elle établit entre les objets extérieurs, en nous cachant les ressorts et les forces qui entretiennent ce cours régulier. » (*Essais*, t. I, 5e essai.)

Voyez les deux *Essais philosophiques* de Hume, intitulés l'un *Doutes sceptiques sur les opérations de l'entendement*, l'autre *Solution sceptique des doutes précédents.* Le titre du dernier a été, non sans raison, critiqué comme ridicule, par le docteur Beattie, qui le traduit par *Solution douteuse de doutes fort douteux*. Cependant cet essai contient beaucoup de questions fort importantes, et jette un grand jour sur quelques-unes des principales difficultés mises en avant par Hume lui-même. Ses adversaires ne lui ont pas rendu assez de justice.

bien elles étaient hasardées. Je me contenterai de faire remarquer le pas immense qu'il a fait en exposant la futilité des raisonnements par lesquels Hobbes, Clarke et Locke avaient essayé de démontrer l'axiome métaphysique, *Tout ce qui commence à exister doit avoir une cause*, et le service essentiel qu'il a rendu à la vraie philosophie en indiquant indirectement à ses successeurs la seule base solide sur laquelle on pût appuyer ce principe. D'après l'aveu de Kant, c'est à cet argument de Hume que nous devons la *Critique de la raison pure;* c'est au même argument que nous devons encore les réfutations bien plus lumineuses faites du scepticisme par les compatriotes de Hume.

Dans le cours de ses discussions très-fines sur ce sujet, Hume est amené à les appliquer à un des principes les plus importants de la science de l'esprit humain, notre croyance dans la perpétuité des lois de la nature, ou, en d'autres mots, notre croyance que la marche future de la nature ressemblera à la marche passée. Comme je l'ai déjà indiqué plus haut, on admet généralement que sur ce point il a complétement réussi à renverser toutes les théories par lesquelles on prétend rendre compte de cette croyance en la transformant en une manière de raisonner (1). La

(1) L'allusion faite d'une manière incidente, dans le passage

seule différence qui subsiste encore parmi les philosophes est de savoir si cette question peut être expliquée, ainsi que Hume se l'imaginait, par l'association des idées, ou s'il faut la considérer comme une loi primitive et fondamentale de l'entendement humain : problème fort curieux sans doute par sa liaison avec la *théorie de l'esprit humain*, mais auquel on a quelquefois attaché une importance pratique bien plus grande qu'il n'est selon moi nécessaire de le faire (1).

---

suivant, à notre *conviction instinctive* de la perpétuité des lois de la nature, m'engage à croire que cette croyance est maintenant admise comme un fait dans la théorie de l'esprit humain, par tous les hommes intelligents et de bonne foi.

« L'anxiété que, dans tous les siècles, les hommes ont montrée à obtenir un type de valeur fixe, et cet accord remarquable de nations, différentes dans tous leurs autres usages, à se servir d'un même *medium* qui convient mieux que tout autre au but qu'on se propose, nous prouve d'une manière convaincante combien cet usage est essentiel à nos intérêts sociaux. Quoique ce *medium* soit tout-à-fait conventionnel et arbitraire, et soumis en effet à de grandes variations, la croyance en sa perpétuité est cependant si bien enracinée dans l'esprit des hommes, qu'elle opère sur leur conduite de la même manière que *cette conviction instinctive de la perpétuité des lois de la nature qui est la base de tous nos raisonnements.* » (Lettre au très-honorable R. Peel, membre du parlement pour l'université d'Oxford, par un de ses constituants, 2e édit., pag. 23.)

(1) La seule différence qu'il y ait entre les deux opinions consiste uniquement à savoir si notre croyance dans la perpé-

A en juger par le ton général de l'argument de Hume, il n'est pas douteux qu'il ne regardât sa réfutation des théories par lesquelles on prétend assigner un motif à notre croyance dans la per-

---

tuité des lois de la nature résulte d'un principe aussi ancien que le premier exercice de nos sens, ou si elle nous arrive par degrés en accordant l'ordre de nos pensées avec l'ordre établi des mouvements physiques. « La nature, dit Hume, peut certainement produire tout ce qui provient de l'habitude; il y a plus, c'est que l'habitude n'est qu'un des principes de notre nature, et qu'elle doit toutes ses forces à son origine. » (*Traité de la nature humaine*, tom. I, pag. 313.)

Quels que soient donc les idées et les principes auxquels nous soyons inévitablement amenés par les circonstances dans lesquelles nous sommes placés, et par l'exercice des facultés nécessaires à notre conservation, ne doivent pas moins être considérés comme faisant partie de la nature humaine que ceux imprimés dans l'esprit à sa première formation. Les perceptions acquises de la vue et de l'ouïe ne forment-elles pas aussi bien partie de la nature humaine que les perceptions primitives des objets extérieurs que nous obtenons par l'usage de la main ?

Si on considère attentivement le passage de Hume cité note, 1, pag. 157 de ce volume, et si on le compare avec ces remarques, on trouvera qu'il jette beaucoup de jour sur ses derniers aperçus relatifs à cette partie de sa philosophie.

Avant Hume, quelques philosophes avaient déjà prétendu que notre croyance dans la perpétuité des lois de la nature, et notre ignorance de la liaison nécessaire entre les événements physiques étaient fondées sur le raisonnement. (Voyez les passages mentionnés dans la *Philosophie de l'esprit humain*, tom. I, pag. 542 et suiv., et tom. II, pag. 556 et suiv.) Je

pétuité des lois de la nature, comme entièrement liée avec ses conclusions sceptiques sur la causation, et il n'est pas surprenant que cette réfutation ait fait naître des soupçons dans l'esprit de ses adversaires. Le docteur Reid fut, je pense, le premier qui eut la sagacité d'apercevoir que non-seulement cette réfutation était tout-à-fait logique et sans réplique, mais qu'on pouvait même l'admettre sans faire le moindre tort aux doctrines qu'elle avait pour objet de renverser.

Une autre des attaques de Hume contre ces doctrines était encore plus hardie et plus directe. En la développant il prit pour point de départ son propre système sur l'origine de nos idées. En procédant ainsi il fut amené à rayer de son vocabulaire philosophique tous les mots dont la signification ne peut être expliquée en la rapprochant de l'*impression* qui a servi de type à l'*idée* correspondante. Dans l'application de cette règle il ne s'arrêta pas à considérer qu'il serait forcé de condamner comme insignifiants beaucoup de mots qui se retrouvent dans toutes les langues, et dont quelques-uns expriment des objets re-

---

ne pense cependant pas qu'avant lui les philosophes eussent compris les conséquences alarmantes qui semblent au premier coup d'œil résulter de cette partie de son système. On n'aurait jamais eu en effet à redouter ces conséquences, si on n'eût pensé qu'elles formaient un anneau essentiel de son argument contre la notion de la causation généralement adoptée.

gardés communément comme les objets les plus importants des connaissances humaines. De ce nombre sont les mots de *cause* et d'*effet*, au moins dans le sens que leur donnent communément le vulgaire aussi-bien que les philosophes. « Tous les événements, dit-il, se suivent à la vérité, mais sans que nous remarquions la moindre liaison entre eux. Nous les voyons pour ainsi dire en *conjonction*, mais jamais en *connexité*. Enfin, comme nous ne pouvons nous former aucune idée de choses qui n'ont jamais affecté ni nos sens extérieurs ni notre sentiment intérieur, il paraît inévitable de conclure que nous manquons absolument de toute idée de connexion ou de pouvoir, et que ces termes ne signifient rien, soit qu'on les emploie dans les spéculations philosophiques, soit qu'on en fasse usage dans la vie commune (1). »

Lorsque Hume mit pour la première fois cette doctrine en avant, il comprit parfaitement combien elle répugnait aux idées reçues. « Je sens très-bien, dit-il, que de tous les paradoxes que j'ai avancés ou que j'aurai ensuite occasion d'avancer dans le cours de ce traité, celui-ci est le plus tranchant (2). » C'est probablement par suite de cette

---

(1) Hume, 7e *Essai: de l'idée du pouvoir ou de liaison nécessaire.*

(2) *Traité de la nature humaine*, tom. I, p. 291.

impression qu'il n'a pas développé dans cet ouvrage toutes les conséquences qu'il a tirées plus tard, dans d'autres ouvrages, du même paradoxe. Il n'essaie pas même de s'en servir pour attaquer l'argument qui conclut de l'ordre de l'univers l'existence d'une cause intelligente. Il n'est pas douteux cependant qu'il n'ait apprécié clairement, dès cette époque, les conséquences auxquelles ce principe mène inévitablement, et qui sont en effet trop faciles à apercevoir pour qu'elles aient pu échapper à sa sagacité.

Une lettre de Hume à un de ses amis intimes (1) jette quelque jour sur les circonstances qui le mirent sur la voie de ses spéculations sceptiques. Comme cet exposé a toutes les apparences de la vérité et de la bonne foi, et qu'il contient plusieurs passages qui, je n'en doute pas, paraîtront fort intéressants à mes lecteurs, je crois devoir les placer ici en les faisant précéder de l'extrait d'une correspondance à laquelle cette question avait donné naissance. Tout ce qui a rapport à l'origine et à la composition d'un ouvrage qui a eu une influence si puissante sur la direction imprimée aux recherches métaphysiques en Écosse (2)

(1) Sir Gilbert Elliot, baronnet, grand-père du présent lord Minto. Les originaux de ces lettres sont entre les mains de lord Minto.

(2) Un écrivain étranger de beaucoup de réputation, M. Fré-

et en Allemagne, forme un point important d'une histoire de la philosophie; et je ne pense pas avoir besoin d'excuse pour communiquer ces détails au public dans les expressions de Hume plutôt que dans les miennes.

Voici le fragment de la lettre de sir Gilbert Elliot qui a donné lieu à la lettre de Hume. On

---

déric Schlegel, semble croire l'influence du *Traité de la nature humaine* de Hume, sur la philosophie anglaise, bien plus étendue que je ne l'imaginais moi-même. Je rapporte ici son opinion comme une sorte de curiosité littéraire.

«Depuis Hume, tous les efforts ont été uniquement employés à ériger toutes sortes de boulevards contre l'influence pratique de ce système destructeur, et à soutenir, à l'aide d'étais et d'appuis nouveaux, l'édifice du principe moral dans son intégrité. *Ce n'est pas seulement Adam Smith, mais bien tous leurs philosophes modernes qui ont fait de la propriété nationale le principe central et dominant de leurs opinions; principe excellent sans doute, et digne de tous les éloges quand il est placé en son lieu, mais qui ne saurait devenir le centre et l'oracle de toutes les connaissances et de toutes les sciences.*»

D'après la liaison de cette phrase avec la précédente, ne serait-on pas tenté de croire que M. F. Schlegel regardait *la richesse des nations* comme un nouveau système *métaphysique* ou *moral* imaginé par Adam Smith pour opposer une digue au scepticisme de Hume.

J'ai lu cet ouvrage de M. Schlegel avec beaucoup de curiosité et d'intérêt, et j'espère que nous pourrons bientôt avoir également une traduction des œuvres de Kant, et autres philosophes allemands, sortie de la plume de leurs disciples. Je

l'a retrouvé dans les papiers de ce baronnet. Il est écrit de sa propre main, et il offre un exemple assez intéressant des progrès faits en Écosse par les hautes classes de la société, il y a soixante-dix ans, non-seulement dans la saine philosophie, mais aussi dans la pureté du style anglais.

« Cher monsieur, je vous remets inclus vos papiers, que j'ai relus avec le plus grand soin de-

---

suis convaincu qu'il n'en faut pas davantage pour rabaisser la philosophie allemande à son juste niveau.

M. F. Schlegel paraît plutôt être dans son élément en traitant les sujets littéraires et historiques, que quand il se hasarde à prononcer sur des questions philosophiques; mais, même dans ce cas, on ne peut attribuer qu'à la haine, au caprice ou au préjugé, ses jugements tranchants sur les écrivains anglais.

« Les Anglais eux-mêmes, dit-il, sont assez bien convaincus aujourd'hui que Robertson est un historien superficiel, sans érudition et plein de bévues. Ils étudient sans doute ses ouvrages, et ils ont raison de le faire, mais uniquement comme des modèles de pureté dans la composition, pureté tout-à-fait digne d'attention au milieu du déclin général du style en Angleterre...... Malgré toute l'abondance de son style italien, qu'est donc la surabondance de l'affecté Roscoe quand on le compare avec Gibbon? Quoique Fox ait un style pur et classique, il ne ressemble guère à Robertson que dans la légèreté de ses recherches; et l'homme d'état Fox n'a de commun avec Hume que le bigotisme de son esprit de parti. » (*Hist. de la littérature*, tome II, leçon 14.)

Je ne sais pas comment un auditoire allemand peut accueillir de telles critiques; mais je sais qu'en Angleterre elles ne peuvent faire tort qu'à l'auteur.

puis mon retour en ville. Je mettrai par écrit les idées que cette dernière lecture m'a fait naître, uniquement pour vous complaire, car je ne prétends rien dire de nouveau sur une question examinée déjà si souvent avec tant de soin. Je vous avoue franchement qu'il me paraît fort douteux que la proposition que Cléanthe entreprend de soutenir puisse se soutenir en effet d'une manière satisfaisante sur les principes qu'il établit et les concessions qu'il fait. Si nous ne sommes autorisés par l'expérience qu'à conclure l'existence d'une cause semblable d'effets exactement semblables, il faut avouer que les ouvrages de la nature ne ressemblent pas assez exactement aux productions de l'homme pour justifier la conclusion que Cléanthe regarde comme possible de tirer de cette ressemblance. Les deux exemples qu'il met en avant pour justifier son assertion sont, il est vrai, ingénieux et élégants, surtout le premier, qui paraît fort concluant. Quant à l'autre, comme il est plus difficile à saisir, je ne pense pas qu'il soit facile à l'esprit de le retenir ou de l'appliquer. Mais, si je ne me trompe, cette objection si puissante est valable contre tous deux. Cléanthe ne fait que substituer deux exemples artificiels aux exemples naturels. Mais si ces exemples n'ont pas une ressemblance plus exacte que les exemples naturels aux effets que notre expérience a remarqués dans les hommes, on n'en *peut* rien déduire de plus; et si la ressemblance est plus parfaite, on n'en *doit* rien conclure encore. Cléanthe semble toutefois circonscrire à cet égard ses raisonnements plus qu'il n'était nécessaire de le faire, même d'après ses propres principes; en admettant pour une fois que l'expérience soit la seule source de nos connaissances, je ne vois pas comment il s'ensuit que, pour conclure l'existence d'une cause semblable, il nous faut des effets non pas à peu près mais parfaitement semblables. L'expérience ne m'engagera-t-elle pas à conclure qu'une machine ou une pièce d'une mécanique est le fruit de l'art des hommes sans avoir eu besoin de voir auparavant une machine ou une pièce de mécanique parfaitement de la même espèce? Montrez, par exemple, le mécanisme d'une montre à un paysan qui n'aura jamais rien vu de plus curieux que les instruments les plus grossiers de labourage, et expliquez-lui le but de tous les rouages: n'en tirera-t-il pas immédiatement la conséquence que cette montre est un effet de l'art et de l'invention humaine? Je demanderai même si une bêche ou une charrue ressemble plus à une montre que celle-ci ne ressemble à un animal organisé?

» Le résultat de toute notre expérience, si l'expérience est en effet le seul principe qui nous guide, semble revenir à ce qui suit: Les diverses parties de la matière ne nous ont jamais paru associées que de deux manières, soit au hasard, soit avec un dessein et un but déterminés. Nous n'avons jamais vu que la première manière ait produit un effet compliqué, régulier, correspondant à un but déterminé; la seconde manière est la seule qui y parvienne. Si donc les œuvres de la nature et les productions de l'homme se ressemblent sous ce point de vue général, l'expérience ne nous autorisera-t-elle pas suffisamment à attribuer à tous deux une cause semblable quoique différente dans ses proportions? Si vous me répondez qu'abstraction faite de l'expérience que nous acquérons dans ce monde, l'ordre et l'harmonie des parties ne prouve rien en faveur du but, je répondrai qu'on ne saurait admettre avec confiance aucune conclusion tirée de la nature d'un être aussi chimérique que l'homme, si l'on ne tient compte de l'expérience. Les principes de l'intelligence humaine sont évidemment disposés de manière à ne se développer que quand les objets et l'occasion convenables se présentent. On ne peut rien conclure de la nature de l'homme qu'en le considérant comme arrivé à sa maturité, placé en société, et mis en rapport avec les objets environnants. Mais si vous arguez de plus qu'à l'égard des exemples qui ne nous sont pas démontrés par l'expérience, rien ne nous empêche de croire que la matière contienne des principes d'ordre et un arrangement régulier des causes finales; je répondrai que quiconque peut croire à la vérité de cette proposition a exactement sur la matière les idées que j'ai sur l'esprit.

» Je ne sais pas si j'ai raisonné avec justesse sur les principes de Cléanthe, et cela n'est peut-être pas très-important. Le but de ma lettre est purement d'indiquer ce qui me paraît être la méthode vraie et philosophique de procéder dans cette recherche. Le principe que l'univers est l'effet d'une cause intelligente a été universellement reçu dans tous les siècles et chez toutes les nations; la preuve à laquelle on en appelle toujours est l'ordre admirable et l'arrangement des œuvres de la nature. Afin donc de procéder expérimentalement et philosophiquement, la première question à faire semble être celle-ci : Quel est l'effet que la contemplation de l'univers et de ses diverses parties produit sur un esprit réfléchi? C'est là une question de fait; une question populaire, dont la discussion ne demande ni raffinement ni subtilité, mais uniquement impartialité et attention. Je demande donc quel est le sentiment qui prévaut dans l'esprit quand nous avons considéré non-seulement les objets les plus familiers qui l'entourent, mais aussi les découvertes de la physique et de l'histoire naturelle; non-seulement l'économie générale de l'univers, mais aussi ses parties les plus délicates et la filiation extraordinaire des moyens aux fins, répartis avec une précision inconnue à l'art de l'homme, et dont l'expérience nous offre d'innombrables exemples? Dites-moi, pour me servir des expressions de Cléanthe : l'idée d'un inventeur ne vous frappe-t-elle pas avec une force irrésistible, semblable à celle d'une sensation? Quelle justesse dans ces expressions, quoiqu'elles ne me semblent pas bien placées dans la bouche de Cléanthe! Cette conviction ne nous vient pas seulement de l'examen des parties inanimées de la création, mais bien plus fortement encore de la contemplation des facultés intellectuelles, des affections du cœur, et des divers instincts qu'on découvre dans les hommes et dans les brutes, le tout adapté de la manière la plus convenable aux circonstances et à la situation de l'espèce et de l'individu. Quelque force qu'ait cette dernière observation, elle ne découle cependant pas de l'expérience; car personne a-t-il jamais vu un esprit? Si nous voulons pousser nos expériences encore plus loin, et rechercher si c'est en examinant l'univers que nous avons été régulièrement et invinciblement conduits à la croyance en un être intelligent, ne trouverons-nous pas que depuis l'auteur du livre de Job jusqu'aux prédicateurs modernes, tous ont tenu le même langage. Il n'est aucun écrivain qui, en traitant un pareil sujet, ne se soit appliqué à décrire, dans le style le plus emphatique, la beauté et l'ordre de l'univers, ou qui n'ait cherché à placer sous le point de vue le plus frappant les nombreux exemples du plan fixe et certain découvert par l'observation et l'expérience? Cela fait, chacun s'imaginait que sa tâche était terminée et sa démonstration complète ; et rien ne m'étonne en cela, car il me semble que nous n'avons pas plus de certitude de notre propre existence que de celle d'une cause intelligente d'où procède cet harmonique univers.

» La première question, qui est une question de fait, étant donc ainsi réglée d'après des observations faciles et simples, mais non moins satisfaisantes pour cela, il appartient au philosophe d'examiner si la conviction que nous tirons de ces observations est fondée sur les conclusions de la raison, les comparaisons de l'expérience, ou la suggestion de sentiment, ou enfin sur toutes ces choses réunies; mais si ces principes n'ont pas une base assez large pour qu'elle puisse admettre le fait déjà établi sur une évidence précédente, nous pouvons, je pense, en conclure qu'ils sont erronés. Si un philosophe prétendait, par un système d'optique, me démontrer que je ne puis distinguer un objet que quand il est placé en opposition directe avec mon œil, je lui répondrais que son système est assurément défectueux puisqu'il est contredit par les faits.... »

Voici la réponse de Hume, écrite vingt ans

après la publication du *Traité de la nature humaine*, mais qui rend compte de ses études avant cette publication. Le dialogue dont il est question dans cette lettre est évidemment celui qui parut après la mort de Hume, sous le titre de *Dialogue sur la religion naturelle*.

Ninewells, 19 mars 1751.

CHER MONSIEUR,

« Vous devez voir par l'esquisse que je vous ai donnée que je fais de Cléanthe le héros de mon dialogue. Vous m'obligerez si vous voulez bien me communiquer tout ce que vous croirez capable de fortifier cette partie de mon argument. Le penchant que vous trouverez en moi pour l'argument opposé m'est venu malgré moi; et il n'y a pas long-temps que j'ai brûlé un vieil ouvrage manuscrit, que j'avais écrit avant l'âge de vingt ans, et dans lequel je retraçais à chaque page les progrès graduels de mes idées sur ce chapitre. Ce penchant s'annonça en moi par une recherche scrupuleuse des preuves capables d'appuyer l'opinion commune. Les doutes arrivèrent tout doucement; ils se dissipèrent, revinrent, se dissipèrent encore, puis revinrent de nouveau; c'était une lutte continuelle d'une imagination inquiète contre sa propre inclination et peut-être contre la raison.

» J'ai souvent pensé que le meilleur moyen de composer un dialogue serait que deux personnes d'opinions différentes sur une question de quelque importance, se missent à écrire alternativement les différentes parties de leur discours, et se répliquassent mutuellement. Par ce moyen on éviterait l'erreur commune de ne mettre que des choses insignifiantes ou absurdes dans la bouche de son adversaire ; et en même temps, la variété qui se ferait remarquer dans le caractère et le genre d'esprit ferait paraître l'ensemble plus naturel et plus exempt de toute affectation. Si j'avais eu le bonheur d'habiter près de vous, je me serais chargé du rôle de Philon de mon dialogue ; rôle, vous l'avouerez, que j'aurais pu soutenir assez naturellement ; et vous n'auriez pas répugné sans doute à prendre celui de Cléanthe. Je crois aussi que nous aurions pu discuter tous deux avec assez de modération, bien que vous ne soyez pas encore arrivé vous-même à une indifférence absolue et philosophique sur tous ces points. Quel danger peut-on trouver dans des recherches et des raisonnements ingénieux ? Le pire de tous les sceptiques en spéculation que j'aie jamais connu était de beaucoup plus honnête homme que le meilleur des bigots ou dévots superstitieux. Je dois vous dire aussi que telle était la manière de penser des anciens à cet égard. Dès qu'un homme faisait profession de philosophie, on s'attendait, quelle que fût d'ailleurs sa secte, à trouver plus de régularité dans sa conduite et dans ses mœurs que dans celles des hommes ignorants et illétrés. On trouve dans Appien un passage fort remarquable à ce sujet. Cet historien remarque que, malgré le préjugé établi en faveur de la science, les philosophes qui ont été investis du pouvoir absolu en ont cependant beaucoup abusé; et il cite en preuve Critias le plus violent des trente tyrans, et Aristion qui gouvernait Athènes du temps de Sylla. En faisant quelques recherches j'ai trouvé que ce Critias faisait profession d'athéisme, et qu'Aristion était un épicurien, ce qui revient à peu près au même, et cependant Appien s'étonne autant de leur corruption que s'ils avaient été des stoïciens ou des platoniciens : un bigot moderne ne s'en serait pas étonné, et aurait cru une telle corruption inévitable.

» Je désirerais que l'argument de Cléanthe fût analysé de manière à devenir compacte et régulier. Le penchant qu'a l'esprit à une semblable croyance paraîtra toujours, je le crains bien, un motif de soupçon légitime, à moins que ce penchant ne soit aussi irrésistible et aussi universel que notre confiance en nos sens et en notre expérience. C'est là que j'ai besoin de votre secours. Il faut que nous cherchions à prouver que ce penchant ne diffère que fort peu de celui que nous avons à chercher ces propres traits dans l'assemblage fantastique des nuages, notre figure dans la lune, nos passions et nos sentiments dans la matière inanimée elle-même. On peut et on doit combattre un tel penchant, et jamais il ne saurait devenir une base légitime de notre assentiment.

» Les exemples que j'ai choisis pour Cléanthe vous paraîtront, je l'espère, assez heureux, et la confusion dans laquelle je représente le sceptique vous semblera sans doute naturelle; mais *si quid novisti rectius*, etc.

» Vous me dites : *Si l'idée de cause et d'effet n'est rien autre chose que le voisinage* (vous auriez dû dire le voisinage constant ou les liaisons régulières), *je voudrais bien savoir d'où provient cette autre idée de causation contre laquelle vous arguez.* La question est juste, mais j'espère y avoir répondu. Après une liaison constante, nous sentons une transition facile d'une idée à une autre ou une liaison dans notre imagination; et comme nous avons l'habitude de transporter nos propres sentiments aux objets dont ces sentiments dépendent, nous attachons aussi le sentiment intérieur aux objets extérieurs. Si vous ne trouvez de liaison dans aucun exemple isolé de cause et d'effet, mais uniquement dans des exemples semblables et répétés, vous serez bien forcé d'avoir recours à cette théorie.

» Je suis fâché que notre correspondance nous

ait menés dans des spéculations aussi abstraites. Je n'ai que fort peu médité, lu ou composé sur ces questions depuis assez long-temps. La morale, la politique et la littérature ont occupé tous mes instants, mais je n'en regarde pas moins les autres questions comme plus curieuses, plus importantes, plus amusantes et plus utiles que toute géométrie plus profonde que celle d'Euclide. Si, pour répondre aux doutes mis en avant, il convient de poser de nouveaux principes de philosophie, ces doutes eux-mêmes n'ont-ils pas leur utilité? ne sont-ils pas préférables à l'assentiment aveugle de l'ignorance? J'espère être en état de répondre à mes propres doutes; mais si je ne le pouvais pas, y aurait-il lieu de s'en étonner? Si je voulais me donner des airs et parler avec emphase, ne pourrais-je pas remarquer que Colomb n'a ni conquis des empires ni fondé des colonies.

» Si, dans les derniers articles que je vous ai fait passer, je n'ai pas dénoué le nœud aussi parfaitement que je l'avais fait dans les premiers, ce n'est pas, je vous l'assure, faute de bonne volonté : mais il y a des sujets plus faciles que d'autres; et quelquefois aussi on est plus heureux dans ses recherches un jour que l'autre. Je répète d'ailleurs mon *si quid novisti rectius*, non pas pour vous faire un compliment, mais bien véritablement par suite d'un doute réel et d'une curiosité philosophique (1). »

La réplique faite à cette lettre de Hume par son ingénieux correspondant, nous montre qu'il avait tiré de ces discussions métaphysiques la seule conséquence véritablement philosophique qu'on peut en tirer : c'est que l'insuffisance des preuves alléguées par Descartes et ses successeurs en faveur des vérités fondamentales universellement reconnues par les hommes provenait, non pas du défaut d'évidence de ces vérités, mais au contraire de ce qu'elles étaient évidentes par elles-mêmes et n'étaient pas susceptibles de démonstration. Nous affirmons de plus que la même conclusion avait été adoptée dès cette époque par un autre des amis de Hume, Henry Home, si bien connu ensuite dans le monde savant sous le nom de lord Kames. Ceux qui ont lu les ouvrages ultérieurs de cet auteur savant et respectable reconnaîtront immédiatement, dans l'analyse de l'impression que le scepticisme de Hume laissa dans l'esprit de son correspondant, les germes de la logique particulière qui se fait plus ou moins remarquer dans tous ses derniers ouvrages, et qu'il a, je l'avoue, porté quelquefois jusqu'à une extrémité antiphilosophique (2).

---

(1) L'original de cette lettre est entre les mains de lord Minto.

(2) Je veux parler ici particulièrement de la multiplication

Le point de vue sous lequel, à en juger par ces extraits, le scepticisme de Hume paraît s'être manifesté à ses amis sir Gilbert Elliot et lord Kames, se rapproche de fort près de celui sous lequel le considérèrent ensuite Reid, Oswald et Beattie, qui tous tendaient évidemment, avec plus ou moins de précision, à la doctrine logique à laquelle je viens de faire allusion.

Telle était aussi la base sur laquelle le P. Buffier s'appuya, même avant la publication du *Traité de la nature humaine*, pour combattre des théories semblables bâties par ses prédécesseurs sur les principes du cartésianisme. La coïncidence entre sa manière de penser et celle adoptée bientôt après par nos métaphysiciens écossais est si remarquable que plusieurs personnes y ont vu une preuve que le plan de leurs ouvrages leur avait été suggéré par le sien. Ce qui est plus probable, c'est que l'argument qui domine les recherches de tous ces philosophes est un résultat naturel de l'état de la métaphysique au moment où ils s'engagèrent dans les recherches philosophiques (1).

La réponse que fit Hume à cet argument

---

superflue des sens intérieurs et des principes instinctifs qu'on trouve dans ses arguments philosophiques.

(1) Voltaire, dans son *Catalogue des écrivains distingués* qui ont fait la gloire du siècle de Louis XIV, est du très-petit

la première fois qu'il lui fut présenté dans les communications d'une correspondance amicale, me semble si curieuse que je crois devoir la soumettre aux lecteurs immédiatement à la suite des détails précédents. Les opinions communiquées ainsi dans la confiance d'une discussion amicale, ont une valeur que possèdent rarement les propositions hasardées dans les controverses publiques, où l'ambition de la victoire se mêle plus ou moins

---

nombre des auteurs français qui aient parlé de Buffier avec le respect convenable.

« Il y a, dit-il, dans ses *Traités de métaphysique* des morceaux que Locke n'aurait pas désavoués, et c'est le seul jésuite qui ait mis une philosophie raisonnable dans ses ouvrages. »

Un autre philosophe français (M. Destutt-Tracy), d'une école bien différente, et fort peu disposé certainement à estimer au-dessus de leur valeur les talents de Buffier, a avoué avec bonne foi dans un ouvrage publié en 1805, qu'il aurait pu tirer beaucoup de fruit des travaux de son prédécesseur, s'il les eût connus plus tôt.

« Du moins est-il certain, dit M. Destutt-Tracy, que, pour ma part, je suis fâché de ne connaître que depuis très-peu de temps ces opinions du P. Buffier; si je les avais vues plus tôt énoncées quelque part, elles m'auraient épargné beaucoup de peine et d'hésitation. — Je regrette beaucoup, ajoute-t-il, que Condillac, dans ses profondes et sagaces méditations sur l'intelligence humaine, n'ait pas fait plus d'attention aux idées du P. Buffier, etc., etc. » (*Eléments d'idéologie*, par M. Destutt-Tracy, t. III, p. 136 et 137.—Voyez les *Eléments de la philosophie de l'esprit humain*, de Dugald-Stewart, p. 88 et 89, 2e édit.)

dans les esprits les plus remplis de bonne foi à l'amour de la vérité.

« Votre idée de corriger la subtilité à l'aide du sentiment est certainement fort juste en ce qui concerne la morale, qui dépend du sentiment. En politique aussi-bien qu'en physique, tout ce qui est contraire à certains faits ne peut être que faux, et il y a nécessairement quelque erreur cachée dans l'argument, soit que nous soyons ou non en état de la découvrir; mais, en métaphysique et en théologie, je ne vois pas qu'on puisse rien subordonner à ces moyens faciles et sûrs d'apprécier le vrai. Un bon raisonnement seul peut corriger un mauvais raisonnement, et les sophismes ne peuvent être renversés que par des syllogismes (1). J'ai remarqué qu'il y a environ soixante-dix ou quatre-vingts ans (2), un principe semblable à celui que vous avancez était très en faveur parmi quelques philosophes et beaux-esprits. Voici à quel propos il avait été introduit. Le fameux Nicole, de Port-Royal, dans sa *Perpétuité de la foi*, poussait les protestants d'une ma-

(1) Ne peut-on combattre aussi les sophismes en en appelant aux lois fondamentales de la croyance humaine, et dans quelques cas aux faits dont l'évidence nous est attestée par le témoignage de notre conscience intime ? Le mot *sentiment* n'exprime pas d'une manière assez précise la pierre de touche que le correspondant de M. Hume avait clairement en vue.

(2) Cette lettre est datée de 1751.

nière très-vigoureuse sur l'impossibilité où était le peuple d'acquérir la conviction de la religion à l'aide seule du jugement, dont l'exercice demandait tant de raisonnements, de recherches, de distinction, d'érudition, d'impartialité et de pénétration, que, même parmi les gens instruits, il n'y en a pas un sur cent qui en soit capable. M. Claude et les protestants lui répondirent, non pas en offrant la solution de ces difficultés, ce qui semble impossible, mais en les rétorquant, ce qui est fort aisé. Ils montraient que pour remonter aux autorités, sur la nécessité desquelles les catholiques insistent, il fallait un raisonnement tout aussi subtil et une érudition tout aussi étendue qu'il était nécessaire à un protestant d'en avoir. Il fallait, disaient-ils, prouver d'abord toutes les vérités de la religion naturelle, les fondements de la morale, l'autorité divine de l'Écriture, la déférence qu'elle prescrit à l'Église, les traditions de l'Église, etc., etc. La comparaison que quelques personnes établirent entre ces écrits polémiques leur fit naître l'idée que ce n'était ni par le raisonnement ni par l'autorité, mais par le sentiment, que nous apprenons notre religion; et c'est assurément là une méthode fort commode, et qu'un philosophe aimerait assez à adopter s'il pouvait distinguer ce qui est sentiment de ce qui est éducation. Mais, selon toute apparence, le sentiment à Stockholm, à Genève, dans Rome ancienne et dans Rome moderne, à Athènes, à Memphis, a les mêmes caractères; et aucun homme de bon sens ne peut donner son assentiment implicite à chacun de ces sentiments, si ce n'est en adoptant comme principe général qu'attendu que la vérité sur tous ces sujets est au delà des bornes de nos facultés, et qu'il convient, pour sa propre commodité, d'adopter une croyance ou une autre, il est plus satisfaisant et plus commode de nous en tenir au catéchisme qui nous a été enseigné le premier. Pour moi, je n'ai rien à répliquer à cela : je remarquerai seulement qu'une telle conduite est fondée sur le scepticisme le plus universel et le plus déterminé; car une curiosité plus vive et un zèle plus grand pour les recherches mènent dans un chemin directement opposé à ces principes. »

Il y aurait de la malveillance à vouloir critiquer ces épanchements échappés à Hume. Il n'est pourtant pas hors de propos de remarquer qu'il y a une différence bien grande et bien essentielle entre les articles de foi qui faisaient le sujet de la controverse entre Nicole et Claude, et ces *lois de crédibilité* dont le but du *Traité de la nature humaine* est de saper l'autorité. La réplique de Hume est donc évasive ; et quoiqu'elle soit marquée au coin de toute la sagacité de cet écrivain, elle n'arrive pas mieux au point en question.

Quant à la distinction établie par Hume entre le *criterium* de la vérité en physique et en métaphysique, on avouera, je pense, généralement aujourd'hui que, quelque bien fondé qu'il puisse être quand on le borne à la métaphysique scolastique, on ne peut l'étendre d'aucune manière à la philosophie inductive de l'esprit humain. Dans cette dernière science, aussi-bien que dans les sciences physiques, on peut établir comme un principe fondamental la maxime logique de M. Hume, que « tout ce qui est en contradiction avec les faits ne peut être que faux, et qu'il doit nécessairement y avoir quelque erreur au fond de l'argument, soit que nous soyons ou non en état de la découvrir. »

Une circonstance fort curieuse de la vie littéraire de Hume, et une preuve de la sincérité avec laquelle il s'était lancé à la poursuite de la vérité, c'est qu'avant la publication de son *Traité de la nature humaine*, il avait témoigné un vif désir de le soumettre à l'examen du célèbre docteur Butler, auteur de l'*Analogie de la religion naturelle et de la religion révélée avec l'organisation et le cours de la nature*. Il s'était à cet effet adressé à Henry Home, qui paraît avoir correspondu amicalement avant cette époque avec le docteur Butler. « Vos idées et les miennes au sujet du docteur Butler sont parfaitement conformes, dit Hume à son correspondant, et je serais enchanté de lui être présenté. Je m'occupe en ce moment à mutiler mon ouvrage, c'est-à-dire à émonder ses parties les plus nobles. Je cherche à ce qu'il puisse aussi peu que possible offenser le docteur ; et sans cette précaution préliminaire je ne pourrais songer à le mettre entre ses mains (1). »

Dans une autre lettre il remercie Home de la complaisance qu'il a eue de le recommander au docteur Butler. « Je ne vous adresserai pas de compliments ou de remercîments en forme ; ce serait mal reconnaître la complaisance que vous avez eue d'écrire en ma faveur à un homme avec lequel vous êtes si peu lié qu'avec le docteur Butler, et d'ajouter à la vérité, comme je me l'imagine bien, pour servir un ami. Je me suis présenté chez le docteur pour lui remettre votre lettre ; mais on m'a dit qu'il était maintenant à la campagne. Je suis un peu impatient d'avoir son opinion. Je n'ose me fier à la mienne, d'abord parce que c'est moi que cela regarde, et qu'ensuite elle est si variable que je ne sais comment la fixer. Quelquefois elle m'élève au-dessus des nuages, d'autres fois elle m'accable sous le nombre de ses doutes et de ses craintes ; de sorte que, quoi qu'on doive

---

(1) Voyez le reste de cette lettre dans les *Mémoires sur la vie et les écrits de lord Kames*, par lord Woodhouselee, t. I, p. 84 et suiv.

m'en dire, je ne serai jamais entièrement désappointé. »

Je ne sais si jamais Hume a joui de l'avantage d'une entrevue personnelle avec le docteur Butler. Nous apprenons par une lettre qu'il écrivait à Home, et datée de Londres 1739, que si cette entrevue eut lieu, elle doit avoir été postérieure à la publication du *Traité de la nature humaine.* « J'ai envoyé, lui dit-il, une copie de mon traité à l'évêque de Bristol, mais je n'ai pu me présenter chez lui avec votre lettre après sa nomination à cette dignité. J'ai pensé aussi que cette entrevue m'était inutile puisque j'avais déjà commencé l'impression (1). »

Dans une autre lettre au même correspondant écrite en 1742, il exprime sa satisfaction de la favorable opinion que le docteur Butler avait conçue sur son volume d'*Essais*, alors récemment publié, et il en tire un bon augure pour le succès du livre. « On m'a dit que le docteur Butler avait recommandé partout mes *Essais;* ce qui me fait espérer qu'ils auront quelque succès (2). »

---

(1) *Mémoires sur la vie et les écrits de lord Kames*, t. I, p. 39.

(2) *Ibid.*, p. 404. Les *Essais* dont il est question ici formaient la première partie des *Essais sur la morale, la politique et la littérature*, publiés en 1742. L'élégant auteur des *Mémoires de lord Kames* a confondu par inadvertance cette

Quelque peu importants que puissent paraître ces détails à quelques personnes, ils m'ont semblé, pour plus d'une raison, dignes d'obtenir place dans cette esquisse historique. Indépendamment des preuves intéressantes que l'on y trouve du respect que ces hommes éminents se portaient mutuellement, ils ont avec l'histoire des recherches métaphysiques et morales en Angleterre une liaison plus étroite que ne le soupçonneraient ceux qui n'ont pas une connaissance parfaite des écrits des deux auteurs. Le docteur Butler fut, je crois, le premier parmi les successeurs de Locke qui aperçut clairement les conséquences dangereuses qu'on pouvait tirer de son système sur l'origine de nos idées interprété littéralement; et, quoiqu'il n'ait effleuré qu'une seule fois ce sujet, avec sa concision ordinaire, il en a cependant dit assez pour montrer que son opinion à cet égard était absolument la même que celle que Cudworth avait cherché à faire prévaloir en opposition à celle de Gassendi et de Hobbes, et qui a depuis été représentée sous différentes formes par les adversaires les plus distingués de Hume(1).

---

partie de l'ouvrage avec la seconde, contenant les *Essais sur la politique* proprement dite, et qui ne parurent que dix ans après.

(1) Voyez l'*Essai sur l'identité personnelle*, à la fin de l'*Analogie* de Butler, et comparez le second paragraphe avec

Avec une telle opinion, il est assez raisonnable de supposer qu'il n'était pas fâché de voir les conséquences de la doctrine de Locke poussées d'une manière si forte et si logique jusqu'à leurs dernières limites, et il croyait sans doute que c'était là le meilleur moyen d'éveiller l'attention des savants et de les exciter à examiner de nouveau ce principe fondamental. Le dernier paragraphe de son court *Essai sur l'identité personnelle* prouve qu'avant la publication de l'ouvrage de Hume, il comprenait parfaitement tout ce que les maximes logiques alors en vogue donnaient d'encouragement au scepticisme. Si cet essai eût été publié quelques années plus tard, personne n'aurait douté qu'il n'eût été dirigé spécialement contre l'esprit et l'ensemble de la philosophie de Hume. Voici ce dernier paragraphe.

« Mais, bien que nous soyons certains que nous sommes en ce moment les mêmes agents ou êtres vivants que nous étions aussi loin que notre mémoire peut nous reporter en arrière, cependant on demande encore si nous pouvons nous tromper en cela. C'est là une question que l'on peut faire après toute démonstration, parce que

---

les remarques faites sur cette partie de l'*Essai* de Locke par le docteur Price dans sa *Revue des principales questions et difficultés relatives à la morale*, p. 49-60, 3e édit., Londres, 1707.

c'est une vérité relative à la vérité de la perception par l'entremise de la mémoire. Et celui qui peut douter qu'on puisse en ce cas s'en fier à sa mémoire pourra douter aussi qu'il soit permis de s'en fier à la perception par déduction ou par raisonnement, ce qui suppose aussi l'exercice de la mémoire, ou même à la perception intuitive. Il est impossible d'aller plus loin : car il serait ridicule de chercher à prouver la vérité de perceptions dont la vérité ne peut être prouvée à son tour que par d'autres perceptions absolument de la même nature, et dont on a autant de raisons de se méfier; ou de chercher à prouver la vérité de nos facultés, vérité qui ne peut être démontrée qu'à l'aide des facultés mêmes contre lesquelles on a des doutes (1). »

C'est moins toutefois en sa qualité de métaphysicien spéculatif qu'en celle d'investigateur philosophe dans les principes de la morale, que

---

(1) Je ne prétends pas faire croire que j'approuve cet *Essai* sans aucune distinction. Il n'est nullement dégagé de l'ancien jargon scolastique, et il contient quelques raisonnements que l'auteur, je ne crains pas de le dire, n'aurait pas employés cinquante ans plus tard. Quiconque prendra la peine de lire le paragraphe commençant par, *En troisième lieu, tout individu a la conscience que*, etc, etc., verra de suite la vérité de cette remarque. Je rapporte ce fait comme la preuve de l'amélioration survenue, depuis l'époque de Butler, dans la manière de penser et d'écrire sur la métaphysique.

j'ai été amené à associer le nom de Butler à celui de Hume. On pensera peut-être qu'il eût mieux valu remettre ce que je viens de dire de lui, jusqu'au moment où je dois esquisser les progrès de la science morale dans le dix-huitième siècle. Quant à moi, il m'a semblé plus naturel et plus intéressant de lier cette digression historique ou plutôt biographique avec les premiers aperçus que je devais donner de Hume considéré comme auteur. Les idées nombreuses et importantes relatives aux questions métaphysiques, semées çà et là dans les ouvrages de Butler, suffisent pour expliquer l'espace que je lui ai consacré parmi les successeurs de Locke ; mais je ne pense pas avoir besoin d'excuse après ce que j'ai dit de l'ambition que Hume avait eue de soumettre à son jugement les premiers fruits de ses études métaphysiques.

Les remarques faites jusqu'ici sur le *Traité de la nature humaine* sont entièrement bornées au premier volume. Les recherches contenues dans les deux autres volumes, sur la morale, sur la nature, sur les bases du gouvernement, et sur d'autres sujets liés à la philosophie politique, seront plus tard l'objet de notre examen.

Les *Recherches* de Reid *sur l'esprit humain*, publiées en 1764, furent la première attaque directe faite en Écosse contre les conséquences sceptiques de la philosophie de Hume. Je renvoie mes lecteurs, pour mon opinion sur les recherches de Reid, à un ouvrage que j'ai publié précédemment (1). Il me suffira de remarquer ici que son objet principal est de réfuter la *théorie idéale* complétement admise alors dans les écoles, et sur laquelle le docteur Reid pensait que toute la philosophie de Hume, aussi-bien que tous les raisonnements de Berkeley contre l'existence de la matière, étaient fondés. D'après cette théorie, on nous enseigne que rien ne peut être perçu s'il n'est dans l'esprit qui le perçoit; que nous n'apercevons réellement pas les choses extérieures, mais seulement les vaines images et représentations de ces objets imprimés sur notre esprit, et appelées *impressions* et *idées*. « J'étais si bien convaincu de la vérité de cette doctrine, nous dit Reid dans une autre occasion, que j'adoptai en même temps tout le système de Berkeley; jusqu'à ce qu'enfin découvrant que d'autres conséquences en résultaient, circonstance qui me donna bien plus de tourment que la non-existence du monde matériel, il me vint à l'esprit, il y a plus de trente ans, de me faire cette question : Quelle preuve ai-je de la doctrine que tous les objets de mes connaissances soient des idées imprimées dans mon esprit? Depuis ce mo-

---

(1) *Mémoires biographiques sur Reid, Robertson et Adam Smith*, Edimbourg, 1811.

ment jusqu'à présent, j'ai cherché avec impartialité et bonne foi, je me l'imagine, la preuve de ce principe, sans en pouvoir trouver d'autre que l'autorité des philosophes. »

Le docteur Reid était disposé à faire consister tout son mérite comme auteur dans la réfutation de la théorie idéale. « Le mérite de ce que vous voulez bien appeler *ma philosophie*, dit-il dans une lettre au docteur James Gregory, est, je pense, surtout d'avoir fait mettre en question la théorie commune que les idées ou images des choses imprimées dans notre esprit sont les seuls objets de notre pensée; théorie fondée sur les préjugés naturels, et si universellement reçue, qu'elle se trouve incorporée à la structure du langage. Cependant, si je vous donnais les détails de ce qui m'a conduit à mettre cette théorie en question, après l'avoir long-temps regardée moi-même comme évidente en soi, et ne pouvant faire naître un doute, vous croiriez, comme je le crois moi-même, que le hasard a eu beaucoup de part à cette affaire. Cette découverte a été le fruit du temps et non du génie; et Berkeley et Hume ont plus fait pour la mettre au jour que l'homme même qui l'a fortuitement découverte. Il y a dans la philosophie de l'esprit humain bien peu de chose que je puisse appeler *mien* qui ne découle naturellement de la découverte de ce préjugé.

« Je vous prie donc sérieusement de ne pas m'élever au détriment de mes prédécesseurs dans la même carrière. Je puis véritablement dire d'eux, et je le dirai toujours, ce que vous avez la bonté de dire de moi, que, sans les secours que j'ai obtenus de leurs écrits, je n'aurais jamais écrit ou pensé comme je l'ai fait (1). »

---

(1) Un ingénieux et profond écrivain, qui, bien que lié à Hume par l'amitié la plus intime, n'était point aveugle aux défauts de son système métaphysique, a fait, dans le dernier de ses ouvrages, l'éloge suivant des ouvrages philosophiques du docteur Reid.

« L'auteur des *Recherches sur l'esprit humain*, et des *Essais* publiés ensuite sur les facultés actives et intellectuelles de l'homme, mérite beaucoup de louanges pour le but dans lequel il a entrepris cette histoire. Mais quand on considère le point où en était la science quand il commença ses recherches, il n'en mérite peut-être pas moins pour avoir dissipé les ténèbres de l'hypothèse et de la métaphore qui enveloppaient ce sujet, et pour nous avoir enseigné à exprimer les faits dont nous avons la conscience, non pas en style figuré, mais dans les termes propres au sujet. Il est de notre avantage de le suivre dans cette carrière; cela nous convient d'autant mieux que dans des théories précédentes on avait donné tant d'attention à l'introduction des *idées* et *images* comme éléments de nos connaissances, qu'on n'avait plus déduit la croyance dans l'existence ou le prototype extérieur que de l'*idée* ou *image*; tandis que cette déduction est si peu fondée, que beaucoup de ceux qui sont entrés dans l'examen de son évidence ont cru devoir la nier complétement. De là vient le scepticisme d'hommes ingénieux, qui, ne voyant pas la possi-

Quand je réfléchis à l'importance que le docteur Reid attache à cette partie de ses écrits, et à l'empressement avec lequel il revient au même argument toutes les fois que son sujet lui fournit l'occasion de le rappeler à l'attention de ses lecteurs, je ne puis voir sans étonnement que Kant et les autres philosophes allemands qui paraissent avoir étudié avec tant de soin dans Reid les passages relatifs à la théorie de la causation de Hume, aient entièrement laissé de côté ce qu'il considérait lui-même comme la partie la plus originale et la plus importante de toutes ses discussions, la conséquence qui en est déduite, ayant même déjà été admise depuis long-temps en Angleterre par les hommes les plus capables d'en juger, comme faisant partie du petit nombre des propositions mé-

---

bilité d'arriver convenablement à la science par l'intermédiaire des idées, et ne s'arrêtant pas à considérer si la route sur laquelle on les avait placés était bonne ou mauvaise, ont pris le parti de nier tout-à-fait la possibilité d'arriver à ce but. » (*Principes de la science morale et politique*, par le docteur Adam Ferguson, t. I, p. 73-76.)

L'ouvrage dont ce passage est extrait contient diverses observations importantes relatives à la philosophie de l'esprit humain. Mais comme l'auteur était entraîné par son goût plutôt vers les recherches morales et politiques que vers celles sur les facultés intellectuelles de l'homme, j'ai cru devoir réserver pour la dernière partie de cette Histoire les remarques que j'avais à faire sur son mérite philosophique.

taphysiques placées hors de l'atteinte de toute discussion. Même ceux qui affectent de parler avec le plus de légèreté des services rendus par Reid à la philosophie de l'esprit humain, n'ont rien trouvé autre chose à opposer à ses raisonnements contre la théorie idéale, sinon que les absurdités que cette théorie renferme sont trop évidentes pour demander un sérieux examen (1). Si on eût considéré en Allemagne ces raisonne-

(1) Je veux principalement parler ici du docteur Priestley, qui, dans un ouvrage publié en 1774, prétendait que quand les philosophes appelaient les idées des *images* des choses extérieures, on devait penser qu'ils s'exprimaient d'une manière figurée, et que c'était à tort que le docteur Reid avait gravement argumenté contre ce langage métaphysique, comme si on eût voulu expliquer ainsi une théorie de perception. La même remarque a été mille et mille fois répétée par d'autres depuis Priestley. J'ai déjà répondu à cela dans mes *Essais philosophiques* (voyez note H de ces *Essais*); je n'ajouterai ici à ma réponse que cette citation de Hume.

« Il paraît évident que les hommes, en suivant cet instinct de la nature, si aveugle et si puissant, qui les porte à s'en fier à leurs sens, supposent toujours que les images présentées par les sens sont les objets externes eux-mêmes; ils n'ont garde de soupçonner que ce n'en soient que des représentations. Cette même table dont nous voyons la blancheur et dont nous touchons la solidité, nous la jugeons existante, indépendamment de notre perception; nous la croyons quelque chose d'extérieur à l'âme qui l'aperçoit; notre présence ne la réalise pas, et notre absence ne l'anéantit point; elle conserve son être dans sa totalité et dans son uniformité, et cet être ne relève en au-

ments sous le même point de vue, il eût été tout-à-fait impossible de faire revivre le langage analogique dans lequel Leibnitz appelle l'âme *un miroir vivant de l'univers*, manière de parler soumise à toutes les objections que Reid a fait valoir contre la théorie idéale. Tel est cependant le fait. Le mot *représentation* (*vorstellung*) remplace en allemand le mot *idée*, et même un des ouvrages les plus distingués que l'Allemagne ait produit depuis le commencement de sa nouvelle ère philosophique est intitulé *Nova Theoria facultatis representativæ humanæ*. Dans le même ouvrage l'auteur (Reinhold) a pris pour épigraphe du second livre, dans lequel il traite de la faculté repré-

---

cune façon de la situation des intelligences qui l'aperçoivent ou qui la considèrent.

» Cependant cette opinion, bien qu'elle soit la première en date, et la plus universellement reçue chez les hommes, se détruit bientôt, à l'aide de la plus légère teinture de philosophie. Celle-ci nous enseigne que rien ne peut être présent à l'âme qui ne soit image et perception, et que les sens ne sont que des canaux qui transmettent les images, sans qu'ils puissent jamais servir de point intermédiaire entre l'esprit et les objets externes. A mesure que nous nous éloignons d'un objet, nous le voyons diminuer de grandeur ; et cependant cet objet réel, qui existe indépendamment de nous, ne souffre aucun changement : ce qui se présentait à notre esprit n'était donc autre chose que l'image : c'est là ce que nous dicte la plus simple raison. » (*Essai sur la philosophie académique*, t. II.)

Cette théorie analogique de perception n'est-elle pas le

sentative en général, la phrase suivante de Locke, qu'il s'est cru autorisé à prendre comme point de départ : « Puisque l'esprit, dans toutes ses pensées et tous ses raisonnemens, n'a d'autre objet *immédiat* que ses propres *idées* (*représentatives*) qu'il contemple ou puisse contempler, il est évident que nous ne pouvons connaître qu'elles. » (*Essai de Locke*, liv. IV, ch. I.) Il serait inutile d'attendre aucun progrès réel dans la philosophie inductive de l'esprit humain, d'un pays où ce jargon métaphysique est en usage parmi les écrivains les plus éminents. On peut étendre la même remarque à un autre pays où le mot *idéologie*, mot qui suppose la vérité de l'hypothèse que Reid

---

même principe sur lequel sont fondés tous les raisonnements de Berkeley contre l'existence du monde matériel et tout le scepticisme de Hume sur le même sujet?

La même analogie est encore sanctionnée aujourd'hui par l'autorité de quelques philosophes anglais d'une grande éminence. Long-temps après la publication des *Recherches* de Reid, Horne Tooke cita, en les approuvant, les expressions suivantes de J. C. Scaliger :

Sicut in speculo ea quæ videntur non sunt, sed eorum species, *ità quæ intelligimus ea sunt re ipsâ extra nos, eorumque* species *in nobis*; EST ENIM QUASI RERUM SPECULUM INTELLECTUS NOSTER, CUI NISI PER SENSUM REPRESENTENTUR RES NIHIL SCIT IPSE. (J. C. Scaliger, *de Causis*, l. I, c. 66.) Voyez Ἔπεα πτερόεντα d'Horne Tooke, t. I, p. 35, 2e édit.

avait principalement pour but de détruire, a été donné depuis peu à la science dans laquelle il a été si clairement prouvé que la théorie des *idées* avait été de tout temps la source la plus féconde d'erreurs et d'absurdités (1).

Je ne m'étendrai pas sur les autres ouvrages des métaphysiciens écossais qui parurent bientôt après la publication des *Recherches sur l'esprit humain*. Je n'en connais aucun duquel on ne puisse tirer quelque chose d'essentiel à savoir; plusieurs auteurs même, et particulièrement le docteur Campbell, ont présenté des aperçus très-neufs et très-intéressants. Tous méritent surtout un éloge, celui d'avoir constamment en vue l'avancement des connaissances utiles et du bonheur de l'humanité. Mais les principes d'après lesquels ils se sont guidés ont une affinité si étroite avec ceux du docteur Reid, que je ne pourrais, sans

---

(1) En critiquant ces expressions métaphoriques, je suis bien loin de supposer que les savants écrivains qui en ont fait usage se soient laissé égarer par les opinions théoriques qu'elles supposent. Reinhold a pris un soin particulier pour se mettre en garde contre cette fausse supposition. Mais on ne peut douter, je crois, que l'adoption d'une phraséologie semblable ne contribue à détourner l'attention, de la méthode exacte de considérer les phénomènes intellectuels, et à répandre, dans l'esprit des jeunes gens qui se livrent à ce genre d'étude, des notions très erronées sur la manière dont on doit observer ces phénomènes.

me répéter, entrer dans l'examen de leurs doctrines caractéristiques.

En comparant l'opposition que rencontra le scepticisme de Hume, parmi ses compatriotes, avec les essais des philosophes allemands pour réfuter sa *Théorie de la causation*, il est impossible de n'être pas frappé de l'identité qui existe entre les idées principales de ses plus redoutables adversaires. On aurait pu croire cette identité entièrement fortuite si, par ses railleries pétulantes contre Reid, Beattie et Oswald, Kant n'eût expressément avoué que leurs écrits ne lui étaient pas étrangers. Quant à la grande découverte qu'il semble réclamer comme sienne, que les idées de cause et d'effet, aussi-bien que plusieurs autres, procèdent de l'*entendement pur* sans aucun secours de l'expérience, ce n'est rien autre chose qu'une répétition, à peu près dans les mêmes termes, de ce qui avait été avancé un siècle auparavant par Cudworth en réponse à Hobbes et à Gassendi. Cudworth lui-même avoue qu'il l'avait emprunté des raisonnements de Socrate, rapportés par Platon, en réponse au scepticisme de Protagoras. Ce retour des mêmes controverses métaphysiques sous différentes formes, qui nous surprend et nous mortifie si souvent dans l'histoire de la littérature, est un mal qui continuera probablement toujours d'exister plus ou moins, même dans l'état le plus prospère de la philosophie.

Mais on n'en doit rien conclure contre l'utilité des recherches métaphysiques. Tant que les sceptiques occuperont le champ de bataille, il ne faut pas que les amis des bons principes l'abandonnent, il ne faut pas qu'ils se laissent décourager, dans la tâche ingrate qui leur est réservée, par la réflexion qu'ils ont probablement été devancés dans tout ce qu'ils ont à dire par un assez grand nombre de leurs prédécesseurs. Si quelque chose peut arrêter ce retour périodique d'un mal si fatal au progrès des connaissances utiles, ce doit être la propagation générale de ces renseignements historiques relatifs à la littérature et à la science des siècles précédents, dont j'ai eu pour but de présenter une esquisse dans cet ouvrage. Si cet essai ne réussit pas à empêcher le retour accidentel de paradoxes usés, il diminuera au moins, je l'espère, l'étonnement et l'admiration qu'ils ont coutume de produire sur la multitude.

Je ne puis m'empêcher de remarquer ici l'injustice avec laquelle ont toujours été traités les amis de la vérité, surtout par la classe d'écrivains qui professent le plus grand zèle pour son triomphe. L'importance de leurs travaux est décréditée par ceux qui font entendre le plus haut leurs déclamations et leurs invectives contre la philosophie licencieuse du siècle actuel; de telle sorte qu'un observateur superficiel serait tenté d'imaginer, pour me servir des expressions employées par Hume dans une autre occasion, « que la bataille était livrée non pas par les hommes d'armes qui savent manier la lance et l'épée, mais par les trompettes, les tambours et les musiciens de l'armée. »

Ces observations serviront en même temps à expliquer la marche lente et imperceptible, suivant quelques-uns, de la philosophie de l'esprit humain, depuis la publication de l'*Essai* de Locke. Il serait inutile de raisonner avec ceux qui s'attachent encore aux pas de cet auteur comme un guide infaillible en métaphysique ; mais je demanderai aux admirateurs raisonnables et éclairés de Locke, si ses successeurs, et particulièrement si les membres de nos académies septentrionales, n'ont pas fait beaucoup pour expliquer et corriger ceux de ses principes qui ont fourni aux sceptiques français et anglais la base de leurs théories (1). Si on convient de cette vérité, on avouera aussi que le chemin a été nettoyé et

---

(1) Suivant le docteur Priestley, les travaux de ces commentateurs de Locke ont fait plus de mal que de bien.

« Je pense, a-t-il dit, que Locke a été trop prompt à conclure qu'il y avait quelque autre source de nos idées que les sens extérieurs; mais le reste de son système me paraît, ainsi qu'à d'autres, la pierre angulaire *de toute connaissance juste et raisonnable de nous-mêmes.* Une secte de prétendus philosophes, dont le plus remarquable et le plus au-

aplani pour les travaux de notre postérité ; et que ni les sophismes des sceptiques, ni la réfutation qui en a été faite par des logiciens plus exacts, n'ont été inutiles à l'humanité. Rien n'est plus juste que la réflexion suivante de Reid : « Je me figure les sceptiques comme des hommes occupés à examiner l'édifice des connaissances humaines, et à faire des trous dans les endroits faibles et vicieux. Cependant on répare la brèche, et l'édifice entier en acquiert beaucoup plus de solidité qu'auparavant. » (*Recherches sur l'esprit humain ;* dédicace.)

Il y a toutefois un point de vue sous lequel il faut avouer que le *Traité* de Hume a eu une influence funeste, surtout en Écosse, sur les progrès de la métaphysique. Si quelques-uns de ses compatriotes n'eussent pas employé toute l'activité de leur esprit à s'opposer aux conséquences scep-

---

dacieux est le docteur Reid, professeur de philosophie morale à l'université de Glasgow, a cependant tenté depuis peu de renverser cette base solide. » (*Examen de Reid*, *Beattie et Oswald*, p. 5.)

Quant à Hume, le docteur Priestley s'exprime ainsi sur son compte : « Je m'imagine qu'on lui a répondu *avec beaucoup de talent*, à diverses reprises et sur des principes plus solides que ceux de ce nouveau *sens commun. Je demande la permission de renvoyer aux deux premiers volumes de mes* Instituts de la religion naturelle et révélée. » (*Examen de Reid, et Préface*, p. 27.)

tiques que Hume leur semblait vouloir établir, ils auraient pu diriger vers des recherches plus immédiatement applicables aux intérêts de la vie et plus conformes aux goûts du siècle présent, ces talents qu'ils ont consumés à réfuter ses sophismes, ou, pour parler plus exactement, à combattre les principes erronés d'après lesquels il procédait. Que n'aurait-on pu attendre de Hume lui-même si son esprit si vaste et si distingué eût été plus fréquemment dirigé vers l'étude de quelques parties de notre nature, de celles, par exemple, qui se lient aux principes de la critique? Son penchant au scepticisme eut moins d'occasions de se développer sur ce sujet que sur aucun autre. Lorsqu'on rencontre quelques-uns des fragments de ce genre qui ornent et animent sa collection d'*Essais*, on ne sait qu'admirer le plus, de la subtilité de son génie ou de la solidité et du bon sens de ses jugements critiques.

Les antagonistes de Hume n'ont pas complétement négligé eux-mêmes ces élégantes applications des recherches métaphysiques. En cela, comme en beaucoup d'autres occasions, l'esprit aventureux de lord Kames a frayé la route à ses compatriotes. Il obtint même un succès beaucoup plus grand qu'on n'aurait pu s'y attendre, en considérant la nouveauté et la grandeur de cette entreprise. Les *Éléments de critique*, considérés comme le premier essai systématique pour découvrir les principes métaphysiques des beaux-arts, ont un très-grand mérite malgré de nombreuses fautes de goût et des erreurs en philosophie, et ils seront toujours regardés comme un phénomène littéraire par ceux qui savent combien peu de son temps l'auteur a pu consacrer à cette composition au milieu des travaux indispensables et multipliés d'une vie active et utile. Campbell et Girard avec une philosophie plus saine, et Beattie avec un goût plus vif pour le beau et le sublime, le suivirent ensuite dans la même carrière, et tous ont contribué à créer et à répandre en Angleterre le goût d'une espèce de critique plus noble et plus éclairée que nos ancêtres n'en connaissaient. Parmi les nombreux avantages qu'on a déjà retirés de cette étude, le plus important est sans doute ce chemin nouveau et facile ouvert par elle à l'analyse des lois qui règlent les phénomènes intellectuels; et l'intérêt qu'elle a ajouté aux yeux des gens du monde, à des recherches qui, peu d'années auparavant, étaient retenues dans les coins des universités.

Les deux volumes d'*Essais sur les facultés intellectuelles et actives de l'homme* par Reid, sont les derniers ouvrages philosophiques d'Écosse dont je parlerai en ce moment (1). Ils sont moins

(1) Le premier volume parut en 1785, et le second en 1788.

parfaits, à la fois pour la forme et la matière, que ses *Recherches sur l'esprit humain.* Ils contiennent de plus quelques répétitions, et, je crains de le dire, quelques légères inconvenances d'expression que rend sans doute bien excusables l'âge avancé de l'auteur, qui approchait alors de quatre-vingts ans. Peut-être son désir d'établir quelque conséquence importante l'a-t-il aussi amené à se servir de raisonnements douteux qu'il aurait pu omettre sans faire tort à son argument général. Je répéterai toutefois ici ce que j'ai dit ailleurs à cet égard : « La valeur de ces deux volumes est inappréciable pour tous ceux qui se hasarderont dans ces pénibles recherches, non-seulement par le secours qu'ils fournissent, comme offrant un coup d'œil du champ d'observation qu'on se propose de parcourir, mais aussi par l'exemple qu'on y trouve d'une méthode d'investigation pour de semblables sujets, qui n'avaient été que fort imparfaitement compris jusqu'ici, même parmi les philosophes qui se prétendent disciples de Locke. C'est moins encore par l'importance de ses conséquences particulières que par cette méthode logique rigoureuse, suivie si systématiquement dans toutes ses recherches, qu'il s'est placé à un si haut rang parmi ceux qui ont suivi analytiquement la science de l'homme (1). »

(1) *Mémoires biographiques de Reid.*

Il ne paraît pas avoir eu une connaissance bien étendue des doctrines de ses prédécesseurs. Il connaissait bien moins encore celles de ses contemporains. Je ne me rappelle pas qu'il ait mentionné nulle part les noms de Condillac et de d'Alembert. Cette ignorance est réellement fâcheuse; en même temps qu'elle nous a privés de ses jugements critiques sur quelques théories célèbres, elle l'a empêché d'animer ses ouvrages par cette variété de digressions historiques si agréables dans des recherches aussi abstraites.

D'un autre côté, le peu d'érudition métaphysique de Reid, en le forçant à tirer les matériaux de ses recherches philosophiques presque entièrement de son propre fonds, a donné à sa manière de penser et d'écrire une unité et une simplicité tout-à-fait caractéristiques, et qu'on ne rencontre que bien rarement dans un auteur aussi fécond. Il redit, il est vrai, quelquefois avec un air d'originalité, des choses dites avant lui; mais dans ces occasions, comme toujours, il a au moins le mérite de ne penser que d'après lui et de sanctionner par la force de son jugement si ferme les conséquences qu'il adopte. C'est cette uniformité de pensée et de plan qui est, suivant Butler, le meilleur garant de la sincérité d'un auteur; et je la regarde moi-même dans ces questions abstraites comme une des marques les plus certaines d'une investigation libre et indépendante.

En comparant les ouvrages du docteur Reid aux différentes époques de sa vie, il est intéressant de voir s'accroître par degrés son penchant pour le style aphoristique. Quelques-uns de ses *Essais sur les facultés intellectuelles et actives de l'homme* ne sont guère qu'une série de paragraphes détachés, qui renferment des pensées dominantes sans aucune liaison apparente que celle que peut imaginer la sagacité du lecteur. Il serait assez probable qu'il eût été en partie amené à ce style aphoristique par la paresse d'esprit naturelle à la vieillesse; car, comme le remarquait fort bien Boileau, le plus difficile d'un ouvrage c'est l'adresse des *transitions* (1). Ce manque de continuité dans ses compositions leur fait nécessairement perdre beaucoup de leur effet; mais aussi ceux qui aiment de semblables recherches et ne voient dans les livres qu'un aliment de leurs propres pensées, trouvent un charme particulier dans une manière d'écrire si bien faite pour donner du relief aux idées de l'auteur et pour éveiller à chaque phrase les réflexions de ses lecteurs. Et il

---

(1) Le jeune Racine rapporte que Boileau disait, en parlant de La Bruyère, qu'il s'était épargné *le plus pénible d'un ouvrage*, en s'épargnant les transitions. (*Mémoires sur la vie de J. Racine.*)

faut dire que cette classe de lecteurs est la seule en état de prononcer sur les questions métaphysiques.

En relisant ce que je viens d'écrire sur l'histoire de la métaphysique en Écosse, depuis la publication du *Traité* de Hume, et en me rappelant en même temps les lauriers cueillis à la même époque par les écrivains écossais dans toutes les autres provinces de la littérature et de la science, je dois avouer que bien loin d'être honteux du peu qu'ils ont fait pour l'avancement de la philosophie de l'esprit humain, je suis au contraire émerveillé de l'heureuse persévérance avec laquelle ils ont poursuivi une carrière dans laquelle l'approbation d'un petit nombre de juges éclairés et de bonne foi est la seule récompense dont l'ambition puisse être flattée. Quelque faibles qu'aient été leurs progrès, ils n'ont rien à craindre d'une comparaison avec les travaux de leurs contemporains dans toute autre partie de l'Europe.

Il convient peut-être d'ajouter ici que si nous avons fait peu encore, nous avons ouvert un vaste champ à l'industrie de nos successeurs. Il serait fort à désirer que l'on compilât un *Manuel de logique rationnelle* adapté à l'état présent de la science et de la société en Europe; et peut-être ne s'écoulera-t-il pas long-temps avant que ce vœu soit exaucé. L'exécution d'un tel ouvrage est devenue bien plus facile depuis les travaux philosophiques du siècle qui vient de s'écouler.

La variété des caractères intellectuels parmi les hommes présente un autre objet fort intéressant à étudier, et qui, à considérer son utilité pratique, n'a pas excité aussi vivement qu'on aurait pu s'y attendre la curiosité de nos compatriotes.

Il y a encore d'importantes découvertes à faire pour compléter la théorie des preuves. Campbell a effleuré ce sujet avec sa sagacité accoutumée; mais il n'a essayé à jeter du jour que sur un très-petit nombre de principes généraux, et n'a pas songé à examiner les diverses illusions de l'imagination et des passions qui peuvent troubler le jugement et l'empêcher d'apprécier exactement l'évidence morale dans les affaires ordinaires de la vie. Cette recherche est d'un extrême intérêt. Combien de fois en effet la fortune et la vie des hommes ne sont-elles pas soumises aux décisions de personnes ignorantes qui ont à prononcer d'après les preuves que fournissent les diverses circonstances d'un fait! et combien le bon ou le mauvais succès d'un individu dans la conduite de ses affaires particulières n'a-t-il pas ensuite d'influence sur la sagacité ou la témérité avec laquelle il prévoit les événements à venir! Depuis l'ouvrage de Campbell, Condorcet (1) et

(1) *Essai sur l'application de l'analyse à la probabilité des décisions rendues à la pluralité des voix.*

plusieurs autres écrivains français ont essayé d'appliquer l'analyse mathématique aux vérités politiques et morales ; mais, bien qu'ils aient déployé beaucoup de sagacité métaphysique et d'adresse mathématique dans cette question, leurs travaux n'ont eu jusqu'aujourd'hui aucun résultat dans la pratique. Peut-être est-il douteux que dans des vérités de ce genre les facultés intellectuelles puissent retirer beaucoup d'avantages de l'emploi d'un tel moyen. On n'a pu du moins parvenir à tracer d'une manière exacte et distincte les limites de cette partie abstraite de la logique.

Les principes métaphysiques qui servent de point de départ dans le calcul mathématique des probabilités se rattachent de très-près à ce sujet ; mais, en énonçant ces principes, quelques mathématiciens étrangers, avec l'illustre Laplace à leur tête, ont mêlé à un grand nombre de conséquences sans réplique et pleines d'intérêt, divers paralogismes moraux de la tendance la plus pernicieuse. Un des services les plus essentiels qu'on pût actuellement rendre à la vraie philosophie serait sans doute, selon moi, de faire un examen critique de ces paralogismes qui échappent si aisément à l'attention du lecteur au milieu de la quantité de discussions originales et lumineuses qui les environnent. On peut avec toute justice les attribuer, chez Laplace, à une ambition assez naturelle dans un esprit aussi transcendant, d'étendre l'empire de sa science favorite au-dessus du monde moral aussi-bien qu'au-dessus du monde matériel (1).

Je viens d'indiquer quelques-uns des innombrables sujets qui se présentent à mon esprit comme des objets de recherches convenables à la génération qui s'élève (2) ; et le seul motif qui m'ait guidé dans ce choix, c'est qu'ils s'adaptent particulièrement aux circonstances dans lesquelles est actuellement placé le monde philosophique.

S'il venait à paraître de nouveau des hommes tels que Hume, Smith et Reid, leur curiosité s'exercerait probablement sur l'application de principes métaphysiques plus populaires dans leur nature et plus utiles dans la pratique que

---

(1) Les paralogismes auxquels je fais allusion ici ne rentraient pas dans les limites de l'admirable critique faite de cet ouvrage dans la *Revue d'Édimbourg*.

(2) Parmi les questions qu'il serait utile d'éclaircir est l'histoire naturelle ou théorique du langage, en comprenant sous ce titre le langage *écrit* aussi-bien que le langage *oral*. Ce sujet continuera probablement à fournir de nouveaux problèmes à la sagacité philosophique, même dans l'état le plus avancé des connaissances humaines. Il n'est pas surprenant qu'un art qui sert de base à tous les autres, et qui se lie si intimement à l'exercice de la raison elle-même, n'ait laissé que des traces si faibles et si obscures de son origine et de son enfance.

ceux dont ils se sont principalement occupés. N'oublions pas en même temps quel pas ils ont fait au delà de la philosophie scolastique du siècle précédent, et rappelons-nous combien ce pas était nécessaire pour marcher ensuite à d'autres recherches qui aient un rapport plus direct et plus évident avec les affaires humaines.

L'objection la plus populaire qu'on ait faite jusqu'ici contre nos métaphysiciens écossais, c'est qu'en parlant de la nature humaine, ils ont laissé entièrement de côté notre organisation matérielle. En voyant le mépris qu'ils professaient pour toutes les théories physiologiques relatives aux phénomènes intellectuels, on en a conclu qu'ils étaient disposés à considérer l'esprit humain comme tout-à-fait indépendant de l'action des causes physiques. M. Belsham a poussé ce reproche si loin, qu'il accuse ironiquement le docteur Reid d'avoir été peu conséquent avec lui-même en reconnaissant quelque part, en opposition à ses principes systématiques, qu'une certaine conformation du cerveau était nécessaire à la mémoire. On peut répondre hardiment à cette accusation que depuis lord Bacon aucune secte philosophique n'a eu de plus justes idées sur ce sujet que l'école à laquelle appartenait le docteur Reid. Il me suffit d'en appeler aux *Lectures sur les devoirs et les qualités d'un médecin*, par le savant et ingénieux docteur J. Gregory. Parmi les divers articles relatifs à l'histoire naturelle de l'espèce humaine, qu'il y recommande à l'examen des jeunes médecins, il attache une importance particulière aux lois qui règlent l'union entre l'esprit et le corps, et à l'influence réciproque qu'ils exercent l'un sur l'autre. « C'est là, remarque-t-il, une des plus importantes recherches qui aient jamais occupé l'attention des hommes : elle est presque aussi nécessaire dans la morale que dans la médecine. » Il faut dire cependant qu'il ne mentionne ici comme dignes de la curiosité des philosophes, que les *lois* qui déterminent l'union entre l'esprit et le corps : ce qui compose la même classe de *faits* que Bacon appelle *doctrina de fœdere*. Quant aux *hypothèses* sur la *manière* dont s'opère cette union, cet écrivain plein de sagacité sentait bien qu'elles ne sont pas moins opposées à l'amélioration de la logique et de la morale qu'à un exercice judicieux et bien entendu de l'art de guérir.

J'évalue peut-être trop haut les progrès de nos connaissances pendant les cinquante années qui viennent de s'écouler; mais je m'imagine apercevoir un perfectionnement réel introduit de notre temps non-seulement dans la philosophie de l'esprit humain, mais encore dans les recherches de ceux qui s'occupent de médecine. Les théories physiologiques sur les fonctions des nerfs dans la production des phénomènes intellectuels sont presque généralement tombées dans le mépris, et d'un autre côté la masse des faits authentiques et bien observés relatifs à l'influence de l'esprit sur le corps et du corps sur l'esprit s'est considérablement accrue. Il suffit de citer en preuve les observations expérimentales faites en conséquence des prétendus essais effectués par le magnétisme animal. L'esprit philosophique manifesté dans quelques publications récentes sur l'insanité en est une nouvelle preuve.

Une autre objection assez légitime faite aux philosophes de la même école, c'est que leur manière de philosopher les a amenés à multiplier plus qu'il n'est nécessaire *nos sens intérieurs et nos déterminations instinctives*. J'ai essayé ailleurs (1) d'expliquer et de justifier cette erreur. Je me contenterai de remarquer ici qu'au moins cette erreur est-elle moins propre à égarer que l'extrême opposé, si à la mode depuis peu chez nos voisins méridionaux, qui cherchent à nous débarrasser sans aucune exception de tous nos principes *instinctifs* en spéculation aussi-bien qu'en pratique. L'interprétation littérale du passage dans lequel Locke compare l'esprit d'un enfant *à une feuille de papier blanc*, comparaison qui, si je suis bien informé, n'a pas encore complétement perdu son crédit dans toutes nos universités, a naturellement

(1) *Mémoires biographiques*, p. 472.

disposé ses disciples à embrasser cette theorie, et les a mis en état de la dérober à un libre examen à l'ombre de la sanction supposée de son autorité. Le docteur Paley lui-même dans ses premiers écrits était si bien soumis à l'action des préjugés dans lesquels il avait été élevé, qu'il niait l'existence de la *faculté morale* (1). Il a cependant amplement expié

---

(1) Après avoir rapporté, d'après Valère Maxime, l'histoire si connue de Caïus Toranus, qui trahit son tendre et excellent père, et le livra aux triumvirs, le docteur Paley ajoute :

« Maintenant il s'agit de savoir si, dans le cas où cette histoire serait racontée à l'enfant sauvage attrapé il y a quelques années dans les forêts du Hanovre, ou à un sauvage sans expérience et sans instruction, séparé dès son enfance de toute communication avec son espèce, et libre par conséquent de toute influence possible de l'exemple, de l'autorité, de l'éducation, de la sympathie ou de l'habitude, un tel individu sentirait, en entendant ce récit, quelque chose *de ce sentiment de désapprobation de la conduite de Toranus*, que nous éprouvons, ou bien s'il ne le sentirait pas.

» Ceux qui soutiennent l'existence du sentiment moral, des maximes innées, d'une conscience naturelle, et ceux qui prétendent que l'amour de la vertu et la haine du vice sont instinctifs, ou que la perception du bien et du mal est intuitive, car ce sont là autant de manières différentes d'enseigner la même chose, prétendent qu'il le sentirait.

» Ceux qui nient l'existence du sentiment moral, etc., prétendent qu'il ne le sentirait pas; et l'événement vient à l'appui de l'opinion de ces derniers. » (*Principes de la philosophie morale et politique*, l. I, c. 5.)

Ceux qui connaissent un peu l'histoire de cette controverse

dans un âge avancé cette erreur de sa jeunesse par le talent et la perspicacité avec lesquels il a combattu les raisonnements employés par quelques-uns de

---

doivent bien voir que la question est ici présentée tout-à-fait à faux, et que dans tout le reste de son argument le docteur Paley combat un fantôme de sa propre imagination. L'opinion qu'il attribue à ses adversaires a été hautement désavouée à diverses reprises par les moralistes les plus distingués, qui ont combattu les raisonnements de Locke contre les *principes pratiques innés.* Cette opinion est si absurde, en effet, qu'il est évident qu'aucun homme sensé n'a pu y ajouter foi un instant.

Est-il jamais entré dans l'esprit du théoriste le plus extravagant d'imaginer que le sens de la vue mettrait un homme élevé depuis sa naissance dans la plus épaisse obscurité, en état de se faire une idée de la lumière et des couleurs? Mais n'y aurait-il pas aussi une grande imprudence à conclure de l'extravagance de cette supposition que le sens de la vue ne fait pas originairement partie de l'organisation humaine?

Cette citation de Paley me force de remarquer encore qu'en combattant la supposition d'un *sentiment moral*, il a confondu, comme n'étant, disait-il, qu'autant de manières différentes d'exprimer une même chose, une variété de systèmes, regardés par tous nos philosophes, non-seulement comme essentiellement distincts, mais comme contradictoires à quelques égards. Il identifie, par exemple, le système de Hutchinson avec celui de Cudworth; mais, quoique dans cette citation les talents logiques de l'auteur ne paraissent pas à leur avantage, cette censure générale d'un si grand nombre de nos théories morales les plus célèbres a du moins le mérite de jeter un grand jour sur le point de vue particulier de la question que le but de l'auteur est d'établir en opposition à tous les autres.

ses contemporains pour invalider les preuves fournies par les phénomènes de l'*instinct* en faveur de l'existence d'une cause prévoyante. Dans cette partie de son ouvrage, il avait évidemment en vue la Zoonomie de Darwin (1) dans laquelle on se sert, pour nier l'existence de l'*instinct* dans les brutes, des mêmes principes sur lesquels le docteur Paley et d'autres se fondent pour nier l'existence de l'instinct et des penchants instinctifs dans l'homme. Darwin vit clairement qu'on pouvait trouver des preuves suffisantes de l'existence d'une cause prévoyante dans les phénomènes fournis par les animaux d'ordre inférieur, sans qu'il fût besoin de donner une telle extension à l'argument mis en usage; aussi a-t-il montré avec beaucoup de sagacité qu'on pourrait expliquer tous ces phénomènes par l'expérience ou par l'influence des sensations du plaisir ou de la douleur, qui opéraient *à ce moment* sur la forme animale.

En opposition à cette théorie, le docteur Paley prétendait que ce n'est que par l'instinct, c'est-à-dire, suivant sa propre définition, « par un penchant antérieur à toute expérience et indépendant de toute instruction, que les animaux de différent sexe se cherchent l'un l'autre; que

---

(1) Voyez la section sur l'instinct. (Section 16 de cet ouvrage.)

les animaux chérissent leurs enfants ; que le jeune quadrupède cherche naturellement la mamelle de sa mère ; que les oiseaux se bâtissent un nid et couvent patiemment leurs œufs ; que les insectes qui ne couvent pas leurs œufs les déposent dans les lieux où leurs petits, aussitôt qu'ils sont éclos, puissent trouver une nourriture convenable ; que c'est l'instinct qui fait remonter le saumon et plusieurs autres poissons de la mer dans les fleuves pour déposer leur frai dans l'eau douce (1). »

Dans ses divers raisonnements, très-convaincants sur ces différents points, le docteur Paley s'est incontestablement rapproché de plus près de ce qu'on a ironiquement nommé la philosophie *écossaise* (2), qu'aucun des disciples anglais de Locke, depuis le docteur Butler. Quand on se

---

(1) *Théologie naturelle*, par le docteur Paley, p. 324.

(2) Je prierai mes lecteurs de vouloir bien comparer quelques pages de la section sur l'instinct, par le docteur Paley, commençant par ces mots, *Je sais que la théorie qui résout l'instinct en sensation*, etc., avec quelques remarques que j'ai faites dans mon *Mémoire sur Reid.* Ce passage se trouve à la seconde section, et commence ainsi : *Dans un ouvrage fort original que je me suis hasardé à critiquer quelquefois*, etc. Comme les deux ouvrages ont paru à peu près en même temps (en 1802), la coïncidence entre les idées ne peut avoir été qu'accidentelle, et serait un préjugé assez favorable en faveur de leur justesse.

rappelle la croyance métaphysique de ses premières années, cette circonstance fait le plus grand honneur à la bonne foi et à l'impartialité de son esprit, et doit faire espérer que cette philosophie, toutes les fois qu'elle s'appuiera sur des principes aussi raisonnables, pourra s'établir graduellement et silencieusement dans l'esprit de ceux qui cherchent la vérité avec bonne foi, et triompher enfin des préjugés enracinés que les Anglais paraissent conserver contre elle. Ce furent probablement les extravagances de Darwin qui commencèrent à ouvrir les yeux du docteur Paley, et à lui faire voir la tendance dangereuse de l'argument de Locke contre les principes innés, quand on ne le circonscrit pas dans les limites convenables (1).

---

(1) Lorsque le docteur Paley publia ses *Principes de philosophie morale et politique*, il s'attacha peut-être trop servilement aux opinions de l'évêque Law, à qui l'ouvrage était dédié. C'est à cela, sans doute, qu'il faut attribuer le soin qu'il prend de nier l'existence de la faculté morale. On peut juger, par une déclaration explicite de Law lui-même, jusqu'à quel point il était disposé à porter l'argument de Locke contre les principes innés.

« Je regarde les *sens, instincts, appétits, passions et affections innées*, comme un reste de la vieille philosophie, qui avait coutume d'appeler *inné* tout ce qu'elle ne pouvait expliquer; et je désirerais ardemment que tout cela fût déraciné en ce sens, ce qui était sans doute le grand but de Locke, et ce qui découle nécessairement de son premier livre. » (Traduction du

SECTION VI.

Réflexions générales sur la métaphysique.

Cette esquisse des recherches des principaux successeurs de Locke en Écosse, avant les dernières publications littéraires de Reid, terminera ma revue des travaux métaphysiques du dix-huitième siècle. Le long espace de temps qui s'est écoulé depuis a été rempli par de trop grands événements politiques pour avoir pu favoriser

---

Traité de l'archevêque King *sur l'origine du mal*, par Law, p. 79, note.)

Il faut cependant remarquer, à l'honneur du docteur Law, qu'il paraît avoir parfaitement compris qu'une dispute sur les principes innés n'était qu'une dispute de mots. « Quant aux attributs moraux de Dieu, dit-il, et à la nature de la vertu et du vice, que ce soit la Divinité qui ait placé elle-même en nous ces instincts et ces affections, ou qu'elle nous ait formés et disposés d'une telle manière, nous ait donné de telles facultés, et nous ait placés dans de telles circonstances que nous devions *nécessairement les acquérir*, tout cela revient absolument au même. » (*Ibid.*) Mais si telle était en effet l'opinion du docteur Law, pourquoi lui et ses disciples ont-ils attaché une importance si extraordinaire à cette controverse ?

les progrès des sciences abstraites dans aucune de leurs branches. L'interruption de toute communication entre l'Angleterre et le continent pendant si long-temps nous a laissés d'ailleurs dans une ignorance presque complète du peu qui avait été fait durant cet intervalle pour l'avancement de la vraie philosophie dans les autres parties de l'Europe. D'autres, plus jeunes que moi, pourront sans doute combler aisément ce vide dans notre instruction sur la littérature étrangère. Ce serait une folie de l'entreprendre à mon âge ; et peut-être un auteur qui s'est si souvent présenté au public n'est-il pas le mieux en état de prononcer un jugement impartial sur le mérite de ses contemporains. Aujourd'hui cependant que la paix est enfin rendue au monde (1), il est raisonnable d'espérer que l'esprit humain va se lancer avec une énergie nouvelle dans cette antique carrière, et que le dix-neuvième siècle ne fournira pas des matériaux moins abondants que le dix-huitième à ceux qui se complairont à tracer plus tard les améliorations progressives de leur espèce. Cependant, au lieu de tourner des regards d'espérance vers l'avenir, je terminerai cette section par quelques réflexions générales qui me sont suggérées par l'aperçu qui précède.

(1) Cet ouvrage de M. Dugald Stewart a été terminé en août 1821.

Ce qui me frappe surtout, c'est le changement extraordinaire qui s'est graduellement et insensiblement opéré depuis la publication de l'*Essai* de Locke, dans la signification du mot *métaphysique*. Ce mot, qui ne s'appliquait d'abord qu'à l'ontologie et à la pneumatologie scolastique, s'applique aujourd'hui également à toutes les recherches qui ont pour objet de ramener les diverses branches des connaissances humaines à leurs premiers principes puisés dans la constitution de notre nature (1). On ne peut expliquer ce changement que par celui qui s'est opéré dans les travaux philosophiques des successeurs de Locke qui ont renoncé aux vaines abstractions et

(1) Voici la définition que Hobbes donne de la métaphysique : « Il existe une certaine *philosophia prima* de laquelle dépend toute autre philosophie ; elle consiste principalement à bien circonscrire la signification des termes et noms les plus universels. Une telle limitation sert à éviter l'ambiguïté et les équivoques dans le raisonnement. On les appelle communément définitions : telles sont les définitions de corps, temps, lieu, matière, forme, espèce, sujet, substance, accident, faculté, acte, fini, infini, quantité, qualité, mouvement, action, passion, et divers autres mots nécessaires pour que chacun puisse expliquer ses idées sur la nature et la génération du corps. L'explication, c'est-à-dire la signification précise et convenue de ces termes et autres semblables, est ce qu'on appelle communément *métaphysique* dans les écoles. » (Hobbes, *Œuvres morales et politiques*, édit. in-folio, Londres, 1750, p. 399.)

aux subtilités du moyen âge pour s'occuper d'études subordonnées à la culture de l'intelligence, à l'exercice de ses facultés, et à la connaissance du grand but de la destination de notre être. On peut donc regarder un semblable changement comme une preuve palpable et sans réplique des progrès correspondants de la raison en Angleterre.

En comparant ensemble les nombreuses branches d'études classées aujourd'hui toutes ensemble sous le titre de *métaphysique*, il paraît difficile de trouver d'autre analogie entre elles, si ce n'est qu'elles exigent dans celui qui les cultive la même espèce d'exercice intellectuel; c'est-à-dire, l'action de cette faculté, nommée par Locke réflexion, et par laquelle l'esprit tourne son attention sur ses opérations intérieures et sur les sujets de sa conscience intime. Dans les recherches relatives à nos facultés intellectuelles et actives, l'esprit porte son attention sur les facultés qu'il met en action, ou sur les penchants qui agissent sur ces facultés. Dans toutes les autres recherches qui rentrent dans le domaine de la métaphysique, ce sont les ressources intérieures qui nous fournissent principalement les matériaux de notre raisonnement. Cette observation s'applique aux recherches relatives aux choses extérieures aussi bien qu'à celles qui se bornent au principe sentant et pensant en dedans de nous. Pour diriger notre attention, par exemple, sur la dureté, la mollesse, la figure, le mouvement, il n'est pas moins nécessaire de se retirer au-dedans de soi-même que pour étudier les lois de l'imagination et de la mémoire. Dans ce cas, en effet, le seul but de nos recherches est d'obtenir une définition plus précise de nos idées et de déterminer les occasions dans lesquelles elles se forment.

Cette explication de la nature et du but de la métaphysique peut raisonnablement faire penser que ceux qui s'en occupent habituellement avec zèle, acquièrent une grande facilité pour se retirer, quand ils le désirent, du monde extérieur dans le monde intérieur. Ils doivent nécessairement aussi acquérir une grande disposition à scruter jusque dans leur source toutes les combinaisons qu'ils peuvent trouver établies dans l'imagination, et une grande aptitude à triompher de ces associations accidentelles qui obscurcissent les intelligences ordinaires. Voilà ce qui leur donne de l'exactitude et de la finesse dans l'examen de toutes les questions, et ce qui fait que tous leurs aperçus annoncent une manière de penser originale et indépendante. Mais le fruit le plus précieux de leurs recherches est peut-être encore cette précision scrupuleuse dans l'emploi des mots, de laquelle dépend essentiellement, dans plus d'une circonstance, l'exactitude logique de nos raisonnements et la justesse de nos déductions. Si l'on jette donc un coup d'œil sur l'histoire des sciences morales, on trouvera que les pas les plus marqués faits dans quelques-unes des sciences les plus étrangères en apparence à la métaphysique, dans l'économie politique par exemple, ont été faits par des hommes façonnés à l'exercice de leurs facultés intellectuelles par des habitudes de méditations abstraites contractées de bonne heure. C'est probablement à cela que Burke faisait allusion, lorsqu'il remarquait qu'en tournant l'esprit sur lui-même, il concentrait ses forces et se préparait ainsi à un essor plus hardi et plus sûr dans le champ des sciences, et que, « soit que le gibier vous échappât ou non, la chasse n'en avait pas moins été fort utile. » Les noms de Locke, Berkeley, Hume, Quesnay, Turgot, Morellet, et surtout d'Adam Smith, prouveront la vérité de ces observations, et montreront qu'en combinant ensemble, dans cette Esquisse historique, la métaphysique, la morale et la politique, je n'ai pas adopté un arrangement qui fût tout-à-fait capricieux (1).

(1) La vérité de cette observation n'a rien à craindre de l'objection qu'on peut me faire que nous devons quelques-uns de nos meilleurs traités sur les questions d'économie politique à des hommes tout-à-fait étrangers aux études métaphysiques. Il suffit à mon but qu'on m'avoue que ce sont des habitudes d'études métaphysiques qui ont formé l'esprit des auteurs qui

Si je voulais justifier plus complétement l'arrangement que j'ai adopté, je pourrais en appeler aux préjugés populaires entretenus avec tant de soin par plusieurs individus, contre ces trois branches de nos connaissances qu'ils regardent comme des ramifications de la même pernicieuse racine. Combien de fois n'a-t-on pas ridiculisé comme *métaphysiques* et visionnaires les raisonnements de M. A. Smith contre la liberté du commerce! Il y a bien peu d'années encore que cette épithète, accompagnée de celle d'athéistes et de démocratiques, était appliquée à l'argument qu'on faisait valoir alors contre la morale et la politique du commerce des esclaves, et, généralement parlant, à toute spéculation dans laquelle on invo-

ont les premiers élevé l'économie politique à la dignité d'une science. Même pour un grand nombre d'hommes savants, les exemples sont les meilleures démonstrations des règles de la saine logique; et lorsqu'on a trouvé une fois une manière bien précise et bien décisive d'exprimer les choses, les spéculations des écrivains les plus vulgaires prennent une apparence, quelquefois trompeuse il est vrai, de profondeur et de fermeté.

Fontenelle remarque qu'un seul grand homme suffit pour opérer un changement dans le goût de son siècle, et que la clarté de la méthode que Descartes devait à ses études mathématiques fut copiée ensuite avec succès par plusieurs de ses contemporains tout-à-fait étrangers aux mathématiques. La même observation s'applique avec bien plus de force aux modèles d'analyse métaphysique et de discussion logique fournis par les ouvrages politiques de Hume et de Smith.

quait les arrangements bienfaisants de la nature et l'amélioration progressive de la race humaine. Ce langage était par trop absurde pour réussir un seul instant auprès de la multitude, s'il n'y eût eu une liaison apparente entre ces doctrines libérales et les habitudes connues d'études logiques qui distinguaient si éminemment leurs auteurs et leurs défenseurs. Quelques louanges qu'on doive donc aux créateurs de la science moderne de l'économie politique, on en doit du moins une partie, d'après l'aveu même des adversaires les plus décidés de la métaphysique, à ces études abstraites qui les avaient préparés à l'investigation analytique qu'ils firent de ses premiers principes.

D'autres affinités et d'autres liaisons entre l'économie politique et la philosophie de l'esprit humain se présenteront plus tard. Je me borne à présent, à dessein, à celles qui sont les plus claires et les plus incontestables.

On peut aussi apercevoir l'influence des études métaphysiques dans l'esprit philosophique qui a pénétré si profondément dans les meilleures compositions historiques du siècle dernier. On a sans doute appliqué quelquefois cet esprit philosophique à de pernicieux desseins; mais il est hors de doute qu'à tout prendre l'histoire et la philosophie n'aient infiniment gagné à cette alliance.

Il serait plus raisonnable de mettre en question jusqu'à quel point une semblable alliance a pu être avantageuse à la poésie. Mais, en admettant la supposition la plus défavorable, on avouera cependant que le nombre des lecteurs d'ouvrages poétiques s'est considérablement accru (1), et que les plaisirs de l'imagination se sont ainsi étendus à bien plus de lecteurs.

Il faut appliquer la même observation à la critique philosophique. Si cette alliance n'a pas secondé l'originalité du génie dans les beaux-arts, elle a produit un résultat bien plus favorable en propageant le goût du beau et de l'élégant, et elle a contribué à corriger et à fixer le goût public par la précision et la constance des principes sur lesquels elle se fonde (2).

Un autre exemple encore plus remarquable que l'on peut citer, de l'influence pratique de la métaphysique, c'est le perfectionnement introduit généralement depuis l'époque de Locke dans la direction de l'éducation publique et particulière. Les améliorations introduites dans l'é-

---

(1) Ces effets, sentis déjà depuis quelques années en Angleterre, ne commencent guère qu'à se faire sentir en France. Deux années de temps ont produit un grand changement pour le mieux à cet égard. (*Note du traducteur français.*)

(2) Voyez sur ce sujet quelques remarques admirables de Gray, dans son commentaire sur l'*Ion* de Platon (*édition de Gray donnée par Mathias*).

ducation particulière sont unanimement reconnues. Mais même dans nos universités, malgré l'aversion d'ancienne date de quelques-unes (1) pour tout ce qui a un air de nouveauté, quel changement n'a-t-on pas graduellement opéré depuis le commencement du dix-huitième siècle! L'étude de l'ontologie, de la pneumatologie et de la dialectique a été remplacée par celle de l'esprit humain, dirigée avec plus ou moins de succès d'après le plan de l'*Essai* de Locke, et dans quelques universités par l'étude de la méthode de recherche baconienne, des principes de la critique philosophique et des éléments de l'économie politique. Dans toutes ces études on a cherché à se rapprocher de ce que Locke recommandait si vivement aux parents, « de faire en sorte que leurs enfants employassent leur temps à acquérir ce qui pourrait leur être utile quand ils seraient hommes. » Plusieurs autres circonstances ont sans doute contribué pour leur part à amener cette révolution; mais quel homme a autant que Locke concouru à donner la première impulsion à l'esprit de réforme qui a amené tous ces résultats (2)?

---

(1) Il est question ici des deux universités anglaises d'Oxford et de Cambridge. (*Note du traducteur français.*)

(2) Sous le titre d'éducation, on peut ranger aussi les améliorations pratiques introduites pendant le cours du siècle der-

Par suite de toutes ces causes, un changement sensible s'est opéré aussi dans le style de la composition anglaise (1). Le nombre des idiomes particuliers à cette langue s'est diminué, et elle

---

nier dans ce que lord Bacon appelle la *partie traditive de la logique.* Je ne veux pas seulement parler ici des nouveaux arrangements des écoles à la Lancastre, qui ont répandu et facilité d'une manière si miraculeuse l'art de lire parmi les classes les plus pauvres, mais encore de ces excellents livres élémentaires qui ont ouvert un accès si rapide et si facile vers les vérités les plus secrètes des hautes sciences. On peut juger, par une assertion de Condorcet, combien ces ouvrages ont contribué à faciliter les progrès des sciences mathématiques en France. Il déclare que deux ans passés sous un maître habile suffisent pour pousser un jeune homme au-delà des connaissances qui formaient les dernières limites des recherches de Leibnitz et de Newton. Les Essais publiés depuis peu sur ce sujet par M. Lacroix, sous le titre d'*Essais sur l'enseignement en général, et sur celui des mathématiques en particulier* (Paris, 1807), contiennent quelques avis très-précieux; outre l'utilité dont ils sont à ceux qui sont chargés de l'instruction des autres, ils peuvent être regardés comme une addition importante aux richesses de la philosophie de l'esprit.

(1) Voyez quelques judicieuses remarques à ce sujet dans l'*Investigateur* de Godwin, p. 274. Selon lui, « la langue anglaise est maintenant écrite plus grammaticalement que ne l'ont jamais écrite nos plus savants ancêtres; elle a plus d'énergie et de vigueur. L'esprit philosophique a pénétré jusque dans la construction des phrases. » Il remarque de plus, en faveur du style anglais actuel, « qu'il satisfait à la fois l'entendement et l'oreille. » L'union de ces deux genres de mérite est ce qui constitue la

a pris une forme plus systématique, plus précise et plus lumineuse. Les transitions dans nos meilleurs auteurs sont devenues plus logiques, et ont moins dépendu d'associations capricieuses et

---

perfection du style. Johnson se vante, et avec raison, dans le dernier numéro du *Rambler*, « d'avoir ajouté quelque chose à la langue anglaise dans l'élégance de sa construction et l'harmonie de ses cadences; » mais il a sacrifié à ce genre de succès le mérite d'un style concis, simple, naturel et véritablement anglais. Le grand objet du plus distingué de ses successeurs a été d'arriver au même point sans aucun sacrifice de ces qualités de premier ordre.

Comme instrument de la pensée et moyen de communication scientifique, l'anglais me paraît, dans son état actuel, de beaucoup supérieur au français. Diderot, dont le témoignage est certainement d'un grand poids, a déclaré d'une manière très-prononcée le contraire. « J'ajouterais volontiers, dit-il, que la marche didactique et réglée à laquelle notre langue est assujettie la rend plus propre aux sciences, et que par les tours et les inversions que le grec, le latin, l'italien, l'anglais, se permettent, ces langues sont plus avantageuses pour les lettres; que nous pouvons, mieux qu'aucun autre peuple, faire parler l'esprit; et que le bon sens choisirait la langue française, mais que l'imagination et les passions donneraient la préférence aux langues anciennes et à celles de nos voisins; qu'il faut parler français dans la société et les écoles de philosophie, et grec, latin, anglais dans les chaires et sur le théâtre; que notre langue serait celle de la vérité, si jamais elle revient sur la terre, et que la grecque, la latine, et les autres, seraient les langues de la fable et du mensonge. Le français est fait pour instruire, éclairer et convaincre : le grec, le latin, l'italien et l'an-

verbales. Si par là l'anglais est devenu moins propre aux compositions légères, il a gagné immensément comme clef de la pensée et instru-

---

glais, pour persuader, émouvoir et tromper. Parlez grec, latin, italien ou anglais au peuple, mais parlez français au sage. » (*OEuvres de Diderot*, tom. II, pages 70, 71; Amsterdam, 1772.)

Diderot attribue ce mérite particulier du français à l'étude de la philosophie aristotélicienne (*ibid.*, p. 7). Je ne vois pas trop quel avantage la France pourrait avoir eu à cet égard sur l'Angleterre; mais depuis que cette doctrine est tombée en désuétude, on n'alléguera probablement pas que l'habitude d'idées des disciples de Locke ait pu être moins favorable à une logique rigoureuse d'expression que celle de la secte des métaphysiciens français contemporains.

Un écrivain français plus moderne a reconnu avec plus de justice les services importants rendus à la langue française par la société de Port-Royal. « L'école de Port-Royal, dit M. de Gérando, féconde en penseurs, illustrée par les écrivains les plus purs, par les érudits les plus laborieux du siècle de Louis XIV, eût déjà rendu parmi nous un assez grand service à la philosophie, par cela seul qu'elle a puissamment concouru à fixer notre langue, à lui donner ce caractère de précision, de clarté, d'exactitude, qui la rend si favorable aux opérations de l'esprit. » (*Hist. comparée*, t. II, p. 47.)

M. Gibbon a remarqué aussi combien la savante société de Port-Royal avait contribué à établir en France le goût de l'exactitude dans le raisonnement, de la simplicité du style, et de la méthode philosophique. Les progrès faits par les écrivains anglais durant la même époque me semblent bien plus remarquables.

ment de nos connaissances. J'ajouterai que l'étude en est aussi devenue bien plus facile aux étrangers, et qu'à mesure qu'elle se débarrasse de ces anomalies qu'introduit la conversation familière, elle devient plus riche en matériaux durables qui puissent fournir à la génération présente la facilité de léguer ses trésors intellectuels à la postérité.

Tout en reconnaissant la vérité de ces assertions, on demandera peut-être à quoi se réduisent les découvertes des métaphysiciens du siècle dernier, ou plutôt quels sont les principes admis, sinon par la totalité, au moins par la majorité de nos philosophes actuels. Un écrivain français a depuis peu présenté cette question avec beaucoup d'habileté.

« La diversité des doctrines, dit M. de Bonald (1), n'a fait de siècle en siècle que s'accroître avec le nombre des maîtres et les progrès des connaissances; et l'Europe, qui possède aujourd'hui des bibliothèques entières d'écrits philosophiques, et qui compte presque autant de philosophes que d'écrivains, pauvre au milieu de tant de richesses, incertaine de sa route avec tant de guides; l'Europe, le centre et le foyer de toutes les lumières du monde, attend encore une philosophie. »

(1) *Recherches philosophiques*, page 2.

M. de Bonald en appelle comme preuve à l'*Histoire comparée des systèmes de philosophie relativement aux connaissances humaines*, par M. de Gérando ; et, après un grand nombre de remarques piquantes sur les systèmes contradictoires successivement décrits dans cet ouvrage, il ajoute :

« Ainsi (1) l'*Histoire comparée des systèmes de philosophie* n'est en dernière analyse qu'une autre *Histoire des variations* des écoles philosophiques, qui ne laisse pour tout résultat qu'un découragement absolu, un dégoût insurmontable de toutes recherches philosophiques, et l'impossibilité démontrée d'élever désormais aucun édifice, que dis-je? de hasarder aucune construction sur ces *terres sans consistance*, pour me servir d'une belle expression de Bossuet, et qui *ne laissent voir partout que d'effroyables précipices*. Sur quoi donc sont d'accord les philosophes? Sur rien. Quel point a-t-on mis hors de dispute? quel établissement, comme dit Leibnitz, a-t-on formé? Aucun. Platon et Aristote se demandaient : *Qu'est-ce que la science? qu'est-ce que connaître?* et nous, tant de siècles après ces pères de la philosophie, après tant d'observations et d'expériences, après tant de systèmes et de disputes, de philosophies et de philosophes ; nous, si fiers des progrès de la raison humaine, nous demandons encore : Qu'est-

(1) *Recherches philosophiques*, pages 58, 59.

ce que la science ? qu'est-ce que connaître ? et l'on peut dire de nous que nous cherchons encore *la science et la sagesse*, que les Grecs cherchaient il y a deux mille ans (1). »

Pour réfuter cette attaque hardie contre l'évidence des sciences morales, il suffit de se rappeler quel était l'état des sciences naturelles il n'y a pas plus de deux siècles. L'argument de M. de Bonald contre les sciences morales est absolument le même en point de fait que celui attribué par Xénophon à Socrate contre les études qui ont immortalisé les noms de Boyle et de Newton, et qui de notre

---

(1) D'un autre côté, ne pourrait-on pas demander si le nombre des systèmes philosophiques est plus grand que celui des sectes entre lesquelles est aujourd'hui partagée l'église chrétienne ? L'allusion que M. de Bonald fait ici à la célèbre *Histoire des variations* de Bossuet montre évidemment que cet ingénieux écrivain n'a pas manqué d'apercevoir la ressemblance de ces deux faits. Suivant lui, le seul remède qu'on puisse appliquer à ces deux inconvénients serait de soumettre encore une fois la raison des philosophes et des théologiens à l'autorité suprême d'un guide infaillible.

Plusieurs conversions qui, par suite d'idées semblables à celles de M. de Bonald, ont eu récemment lieu en Allemagne et en Suisse, nous prouvent que dans l'état politique actuel de l'Europe, bien qu'il paraisse puéril de craindre que le catholicisme n'étende son domaine aux dépens des autres sectes chrétiennes, cette crainte est toutefois bien loin d'être absurde ou imaginaire. (Voyez *Lectures sur l'histoire de la littérature*, par Frédéric Schlegel, tome II, pag. 65, 88, 89, 175, 187.)

temps nous ont révélé toutes les merveilles de la chimie moderne. Quelles que soient donc les contradictions qui puissent exister dans nos doctrines métaphysiques (et on trouvera que bien plus de ces contradictions qu'on ne le pense sont uniquement des contradictions verbales), pourquoi désespérerions-nous des succès de nos descendants à tracer les lois du monde intellectuel, qui, quoique moins visibles que les lois du monde matériel, n'en sont pas moins des objets naturels et légitimes de la curiosité humaine?

Il n'est même nullement extraordinaire que les effets bienfaisants d'habitudes de penser métaphysiques se soient fait sentir d'abord dans l'économie politique, et dans quelques autres sciences avec lesquelles, à une première vue, elles ne paraissent avoir qu'un rapport très-éloigné, et que la production de la sève dans l'arbre de la science se soit manifestée par des bourgeons à l'extrémité des branches, avant qu'on ait pu apercevoir aucun changement visible au tronc de l'arbre. Les sciences dont les progrès, durant le dernier siècle, sont incontestables, sont celles qui sont le plus exposées à l'observation publique; tandis que les changements qui se sont opérés dans la situation de la métaphysique n'ont pu frapper les yeux que du petit nombre de ceux qui prennent un grand intérêt à ces recherches abstraites. L'état des bourgeons indique cependant assez que les racines sont bonnes, et permettent d'espérer que la croissance du tronc, bien que plus lente, sera aussi remarquable un jour que celle des feuilles et des fleurs.

Je terminerai en remarquant qu'on ne peut s'assurer de l'influence pratique de spéculations d'une nature semblable à celles de Locke et de Bacon, qu'en comparant sur une vaste échelle l'état de l'esprit humain à différentes époques. Ces deux philosophes paraissent avoir très-bien senti, ce que ne sentaient pas les philosophes qui les ont précédés, qu'on doit obtenir le perfectionnement progressif de l'espèce humaine moins en cultivant les *facultés rationnelles* proprement dites, qu'en s'opposant de bonne heure à ces impressions et associations artificielles qui, une fois enracinées par l'habitude, peuvent tenir la raison la plus vigoureuse dans une éternelle enfance. On pourrait comparer ces impressions et associations aux fils délicats qui attachaient Gulliver à la terre. Ce n'est pas par un effort soudain de force intellectuelle qu'on peut en triompher, mais par l'effet graduel d'une bonne éducation qui les rompt un à un. Depuis l'invention de l'imprimerie et la renaissance des lettres, ce perfectionnement s'est peu à peu, et sans relâche, étendu à tout le monde chrétien; mais c'est surtout dans le siècle dernier que le résultat en est devenu visible aux observateurs les plus inattentifs. Combien de ces fils délicats n'ont pas été brisés, même dans tous les pays, par les écrits de Locke! Combien n'en reste-t-il pas encore à briser avant que l'esprit de l'homme puisse conquérir cette liberté morale dont il est destiné à jouir quelque jour!

FIN.

SUPPLÉMENT.

Ainsi qu'on l'a vu dans la préface de ce troisième volume, le faible état de la santé de M. Dugald Stewart l'a empêché de compléter entièrement l'esquisse historique des progrès de la science morale et politique pendant le dix-huitième siècle. Afin de suppléer autant que possible à cette lacune, je donnerai ici l'analyse exacte d'un ouvrage dans lequel il a déposé le résumé de toutes ses opinions sur la *morale*. Quant à la politique et aux sciences qui s'y rattachent, il est fort à regretter que nous n'ayons pas sur ce sujet si intéressant les opinions d'un homme aussi éclairé : on trouvera cependant quelques-unes de ses idées dans ses *Recherches sur la philosophie de l'esprit humain*.

L'analyse de l'ouvrage de M. Dugald Stewart sur la morale fera mieux connaître encore tous les services que cet homme distingué a rendus à la science, et tous ceux qu'il aurait pu rendre encore, s'il ne se fût pas retiré trop promptement de la chaire d'Édimbourg, qu'il occupait d'une manière si illustre.

ANALYSE
D'UN OUVRAGE DE M. DUGALD STEWART,
INTITULÉ
ESQUISSE DE PHILOSOPHIE MORALE.

(Cette analyse est de mon ami M. Cousin, qui l'a publiée en quatre articles dans le *Journal des savants* pour 1817, et m'a permis de la reproduire ici.)

I.

La morale de M. Dugald Stewart dépend de sa philosophie générale. Pour comprendre l'une, il est nécessaire de connaître l'autre; et pour bien saisir la philosophie de M. Dugald Stewart, il faut avoir étudié la philosophie de l'école écossaise, à laquelle il appartient. On me permettra donc ici quelques considérations préliminaires sur l'école écossaise, sans lesquelles il serait à craindre que l'esprit de l'ouvrage que je dois faire connaître, c'est-à-dire ce qu'il y a de vraiment important dans cet ouvrage, n'échappât à quelques lecteurs.

Il y a deux sortes de philosophie. La première étudie les faits, les examine et les décrit, reconnaît les différences et les analogies qui les rapprochent ou les séparent; pose les faits primitifs comme faits primitifs, les faits dérivés comme faits dérivés, sans aucune vue systématique; établit des classifications exactes, et ne va pas plus loin. La seconde commence où s'arrête la première : elle sonde la nature des faits, et prétend pénétrer leur raison, leur origine et leur fin; elle ne se borne point au présent, elle remonte dans le passé, s'étend dans l'avenir, embrasse le possible comme le réel; et, au lieu de questions expérimentales que l'observation peut résoudre, elle élève des questions spéculatives, qu'elle aborde avec le raisonnement. La première a trouvé l'origine d'un fait quand elle l'a rapporté à la loi générale qu'il suppose; la seconde recherche l'origine de ce fait dans la raison même de la loi. Ainsi l'une reconnaît les actions vicieuses de l'homme, qu'elle rapporte au pouvoir de malfaire, à la liberté humaine; l'autre se demande pourquoi l'homme peut malfaire, quelle est la raison de la liberté, sa place dans l'ordre des choses morales, la place de la moralité dans l'ordre général des choses et dans la pensée de leur auteur. La première constate, la seconde explique. L'une peut être appelée philosophie préliminaire ou élémentaire; l'autre, philosophie transcendante ou transcendentale. Cette distinction s'applique également à la métaphysique et à la morale, qui se composent par conséquent de deux parties. La métaphysique comprend la psychologie ou la science des faits intellectuels, et la métaphysique proprement dite, qui agite les grands problèmes rationnels : la morale se divise de même en morale élémentaire et en morale transcendante.

Dans l'ordre logique, la philosophie transcendante vient après la philosophie élémentaire, qui lui sert de point de départ et d'appui. L'analyse doit précéder la théorie, car la théorie doit contenir l'analyse. La philosophie transcendante suppose donc nécessairement la philosophie élémentaire, et la connaissance préalable de celle-ci est la seule voie légitime pour parvenir à la première. Mais la marche réelle de l'esprit humain ne ressemble point à celle de la raison : on a voulu expliquer les faits avant de les bien connaître ; et, dans l'ordre historique, la philosophie transcendante a devancé la philosophie élémentaire. Il ne faut point s'en étonner ; les grands problèmes de la métaphysique et de la morale se présentent à l'homme, dans l'enfance même de son intelligence, avec une grandeur et une obscurité qui le séduisent et qui l'attirent. L'homme, qui se sent fait pour connaître, court d'abord à la vérité avec plus d'ardeur que de sagesse ; il cherche à deviner ce qu'il ne peut comprendre, et se perd dans des conjectures absurdes ou téméraires. Les théogonies et les cosmogonies sont antérieures à la saine physique, et l'esprit humain a passé à travers toutes les agitations et les délires de la métaphysique transcendentale, avant d'arriver à la psychologie. On a recherché les traits distinctifs de la philosophie ancienne et de la philosophie moderne ; on n'en peut trouver aucun qui les caractérise d'une manière plus frappante que l'adoption presque exclusive de la psychologie ou de la métaphysique. L'antiquité ne s'occupa guère que de questions transcendentales : l'analyse des faits nous appartient spécialement; et ce caractère, qui distingue éminemment l'antiquité des temps modernes, sépare aussi le dix-septième siècle du dix-huitième. La philosophie de Descartes et de Leibnitz, qui remplit tout cet âge, est une philosophie transcendante. Ces beaux génies, dont on ne saurait trop admirer la force et l'étendue, manquant de données exactes et complètes, tentèrent des solutions prématurées, et n'ont guère laissé que des hypothèses brillantes. Effrayé du peu de succès de ces tentatives ambitieuses, le sage et judicieux Locke se réfugia le premier dans la psychologie contre les erreurs alors inévitables du transcendentalisme; et, dès la fin du dix-septième siècle, l'Europe eut une analyse de l'entendement qui portait déjà quelques caractères de la méthode indiquée par Bacon dans le siècle précédent. Je ne dis point que l'analyse psychologique n'ait jamais été soupçonnée avant Bacon, ni pratiquée avant Locke ; je sais qu'il n'y a ni méthode ni théorie entièrement nouvelles dans l'histoire de l'esprit humain, et que chez les modernes et chez les anciens, dans Gassendi, dans Hobbes, dans Aristote, il y a d'assez beaux exemples et même des modèles partiels d'analyse psychologique. Mais quand on néglige les exceptions particulières pour considérer seulement la marche générale de l'esprit humain, il me semble que l'on peut dire avec exactitude que Bacon est le premier qui ait promulgué les lois de la méthode psychologique, et Locke le premier qui les ait suivies. Les nouveaux essais devaient être faibles, et ils l'ont été. Locke porte encore le joug des hypothèses. Sans doute il s'occupe des faits, mais il ne sait pas les décomposer ; il en laisse échapper un grand nombre ; et ceux qu'il atteint, il les aperçoit confusément et les décrit mal. Comme son but, assez manifeste, était d'établir un système qu'il pût opposer à celui de Descartes, il soumet les faits à ses vues particulières, les dénature, leur ôte leurs vrais caractères pour leur imposer ceux qui conviennent à sa théorie, et les plie aux proportions arrêtées d'une classification arbitraire. Ne reconnaissant que deux sortes de faits, Locke égara d'abord la psychologie dans une analyse systématique ; la philosophie de l'expérience devint entre ses mains ce que les Allemands ont depuis appelé l'empirisme. Cent cinquante ans après Bacon, et soixante ans après Locke, l'Écossais Reid démontra que la pratique de Locke était contraire aux principes même de sa méthode ; et, entrant le premier dans l'esprit de cette méthode, il l'appliqua à la science intellectuelle, il découvrit ou rétablit plusieurs faits de la plus haute importance, et fonda cette école nouvelle qui se prétend seule fille légitime de Bacon, et réclame le titre tant prodigué et si peu compris d'école expérimentale.

Parmi les successeurs de Reid, M. Dugald Stewart est un de ceux qui ont le plus honoré l'école écossaise, et de tous, sans contredit, celui qui a le mieux mérité de la psychologie, dans ses Essais philosophiques, où il a si bien combattu Locke et ses disciples, et dans son bel ouvrage sur la philosophie de l'esprit humain, où, après avoir tenté l'analyse de plusieurs facultés importantes trop négligées par Reid, il établit enfin la nouvelle logique que préparaient peu à peu les travaux de l'école d'Édimbourg. Mais c'est surtout dans la morale que M. Dugald Stewart a rempli heureusement les lacunes qu'y avaient encore laissées Reid, Smith et Ferguson. Guidé par les exemples de ses devanciers, riche de cette multitude d'expériences qu'avait fait éclore de toutes parts, pendant un demi-siècle, la méthode de l'école écossaise parmi des hommes auxquels on ne refuse pas le talent de l'observation, M. Dugald

Stewart en a composé un ouvrage qui, les renfermant toutes, ingénieusement et méthodiquement distribuées dans des classifications étendues, peut être considéré comme l'ouvrage de morale le plus complet qui ait encore paru en Angleterre.

La troisième édition de cet ouvrage a paru à Édimbourg en 1808. C'est une esquisse du cours public que M. Dugald Stewart y fit long-temps avec la plus grande distinction. Ce cours embrasse la métaphysique, la morale et le droit politique. L'auteur se contente de marquer les titres et les divisions de son droit politique ; et comme, dans ses autres ouvrages, il a traité à fond toute la psychologie, il consacre seulement quelques pages de celui-ci à l'indication de ses classifications psychologiques, et s'arrête principalement sur la morale, dont il ne donne encore qu'une esquisse (*outlines*), une analyse peu développée, mais complète, à l'usage des jeunes gens qui suivent son cours ; remettant à une époque plus reculée de sa vie le développement et le perfectionnement de son ouvrage.

Le traité de M. Dugald Stewart se divise en deux parties : la première renferme la classification et l'analyse de nos facultés morales, qu'il appelle principes actifs et moraux ; la deuxième comprend les diverses branches de nos devoirs.

Dans la première partie, l'auteur commence par quelques réflexions sur les principes actifs en-général. Le mot *action* se dit proprement de l'exercice de la volonté, soit que cet exercice se produise au dehors par des effets sensibles, soit qu'il ne passe point les limites du monde intérieur.

Le discours ordinaire confond souvent, il est vrai, l'action et le mouvement. Comme nous n'apercevons pas les opérations intellectuelles des autres hommes, nous ne pouvons juger de leur activité que par ses effets extérieurs. Le mot *activité* est employé par l'auteur dans son sens le plus étendu, pour désigner toute espèce d'exercice de la volonté. Ce qui nous fait vouloir est donc ce qui nous fait agir. Or, parmi les divers mobiles de la volonté, il en est qui tiennent au fond même de la nature humaine, et qu'on nomme pour cela *principes actifs;* tels sont la faim, la soif, la curiosité, l'ambition, la pitié, le ressentiment: et les principes d'action les plus importants peuvent être compris dans la classification suivante : les appétits, les désirs, les affections, l'amour propre, le principe moral.

Telle est la division de la première partie de l'ouvrage de M. Dugald Stewart. Ce premier extrait n'embrassera pas la première partie tout entière; je me contenterai de parcourir successivement les appétits, les désirs, les affections et l'amour propre.

Partout où il y a application des forces de l'esprit, il y a activité.

Voici les caractères que présentent nos appétits, selon M. Dugald Stewart.

1° Ils tirent leur origine du corps, et nous sont communs avec les animaux.

2° Ils sont périodiques.

3° Ils sont accompagnés d'une sensation pénible plus ou moins forte, selon l'activité de l'appétit.

Nous avons trois espèces d'appétits : la faim, la soif, et l'amour, c'est-à-dire l'appétit du sexe. Les deux premiers ont pour objet la conservation de l'individu ; le troisième, la propagation de l'espèce : soins importants que la raison seule aurait mal remplis, et que la sage nature a confiés à l'instinct.

Outre nos appétits naturels, M. Dugald Stewart en compte beaucoup d'autres factices, ceux des liqueurs fermentées, etc., etc. En général, dit-il, toute émotion nerveuse est suivie d'une sorte d'épanouissement et de langueur agréable qui fait naître le désir de renouveler l'acte qui les produit. Nos penchants périodiques à l'action et au repos ont de l'analogie avec nos appétits.

M. Dugald Stewart fait, sur cette classe de principes actifs, une observation importante, que nous le verrons étendre par la suite aux désirs, aux affections et à la faculté morale. Quelques philosophes prétendent que les affections de l'âme humaine sont intéressées. On accuse d'égoïsme les déterminations mêmes de la vertu. Cependant cela est si faux, selon M. Dugald Stewart, que l'intérêt, à proprement parler, n'entre pas même dans nos appétits. En effet, dit-il, chacun d'eux tend à son objet comme à sa dernière fin. Quand les appétits ont agi pour la première fois, il est évident qu'ils ont dû agir avant toute expérience du plaisir que procure leur satisfaction : souvent même nous sacrifions l'amour propre à l'appétit, quand nous cédons à l'attrait d'un plaisir présent dont nous n'ignorons pas les conséquences funestes.

Selon M. Dugald Stewart, les désirs diffèrent des appétits en ce que, 1° ils ne naissent point du corps, 2° ils ne sont pas périodiques, 3° ils ne cessent point quand ils ont obtenu un objet particulier.

Les principes actifs les plus remarquables qui appartiennent à cette classe sont le désir de connaissance, le désir de société, le désir d'estime, le désir de puissance ou le principe d'ambition, le désir de supériorité ou le principe d'émulation.

En parlant du désir de curiosité, l'auteur montre fort bien que ce n'est point un principe intéressé. « Comme l'objet de la faim, dit-il, n'est pas » le bonheur, mais la nourriture, de même l'ob- » jet propre de la curiosité n'est pas le bonheur, » mais la connaissance. » Le désir de société est instinctif. Indépendamment de la bienveillance naturelle et des avantages que nous trouvons dans la société, un penchant invincible nous fait rechercher la compagnie de nos semblables, parce que l'expérience du plaisir de la vie sociale et des biens de toute espèce qui en sont inséparables, et l'influence de l'habitude, fortifient et accroissent en nous le désir de société. Quelques philosophes ont prétendu que c'est un sentiment factice. Mais, que le désir de société soit primitif ou factice, toujours est-il vrai qu'il faut le ranger parmi les principes qui aujourd'hui gouvernent universellement la conduite des hommes. Ici se découvre le caractère de la philosophie de M. Dugald Stewart, plus occupé à constater la vérité des faits actuels qu'à rechercher leur origine. « Ce » qui prouve que le désir de l'estime est un désir » originel, c'est l'empire suprême qu'il exerce sur » l'âme. On voit tous les jours l'amour même de » la vie céder au désir de l'estime, et d'une estime » qui, ne regardant que notre mémoire, ne peut » être accusée d'intéresser notre amour propre. » Si le désir de l'estime n'est point un principe primitif, il est difficile de concevoir qu'aucune association d'idées eût pu produire un nouveau principe plus fort que tous les autres. Comme nos appétits de la soif, de la faim, sans être des principes intéressés, servent immédiatement à la conservation de l'individu, de même le désir de l'estime, sans être un principe social ou bienveillant, sert immédiatement au bien de la société.

M. Dugald Stewart rapporte au désir du pouvoir et au plaisir d'orgueil qu'excite en nous la conscience de nos forces, l'audace de la jeunesse pour tous les exercices violents, « l'ambition de » l'âge mûr, les jouissances de l'orateur, celles » même du philosophe, l'amour de la propriété, » de l'argent, de la liberté même. »

« L'esclavage, dit M. Dugald Stewart, nous dé» plaît, en ce qu'il borne notre pouvoir. » Ce n'est point que M. Dugald Stewart fonde uniquement l'amour de la liberté sur le désir du pouvoir; il ne prétend qu'indiquer un certain rapport entre ces deux principes. De même il rattache en partie au désir du pouvoir l'amour de la tranquillité et le plaisir même de la vertu. « Une certaine » élévation d'âme et un noble orgueil, dit-il, » sont les sentiments naturels de l'homme qui se » sent la force de maîtriser ses passions et de » n'obéir qu'aux conseils du devoir et de l'hon» neur. »

M. Dugald Stewart place avec raison parmi les désirs l'émulation ou le désir de supériorité, que l'on a coutume de ranger parmi les affections, parce qu'elle est ordinairement accompagnée de malveillance pour nos rivaux : mais l'affection malveillante n'est qu'une circonstance particulière; le désir de supériorité est le principe actif.

Quand l'émulation est accompagnée d'une affection malveillante, ce qui n'arrive pas toujours, elle prend le nom d'*envie*. M. Dugald Stewart distingue soigneusement, d'après Butler, ces deux principes d'action. « L'émulation est proprement » le désir d'être supérieur à ceux avec qui nous » nous comparons : chercher à obtenir cette su» périorité en rabaissant les autres, voilà la no» tion distincte d'envie. »

Comme M. Dugald Stewart distingue des appétits factices, il distingue aussi des désirs factices : ce qui nous fait obtenir l'objet de nos désirs naturels est, par cela même, désiré à son tour, et acquiert souvent avec le temps, dans notre opinion, une valeur indépendante et absolue. De là le désir de l'argent, des meubles riches, etc. Ce sont les désirs secondaires du docteur Hutcheson : leur origine s'explique aisément par le principe d'association.

M. Dugald Stewart entend par affections tous les principes actifs dont la fin et l'effet direct est de causer du plaisir ou de la peine à nos semblables : de là la distinction de nos affections en bienveillantes et malveillantes.

Les plus importantes de nos affections bienveillantes sont toutes les affections de famille, l'amour, l'amitié, le patriotisme, la bienveillance universelle, la pitié envers les malheureux, et les affections particulières qu'excitent les qualités morales, telles que le respect, l'admiration, etc.

M. Dugald Stewart reconnaît que les recherches sur l'origine de nos affections sont très-curieuses : mais, toujours dirigé par l'esprit général de sa philosophie, il leur préfère de beaucoup celles qui ont pour objet la nature des affections, leurs lois et leur usage. Il admet bien que les diverses affections bienveillantes qu'il énumère ne sont pas toutes des principes primitifs et des faits irréductibles ; il dit lui-même que plusieurs de ces affections peuvent se résoudre dans le même principe général, différemment modifié, selon la circonstance où il agit : mais il n'entre pas dans ces discussions intéressantes, et se contente de présenter de sages réflexions sur la nature et le caractère général des affections bienveillantes.

« L'exercice de toute affection bienveillante, » dit-il, est accompagné d'un sentiment ou d'une » émotion agréable ; nous leur devons une si » grande partie de notre bonheur, que les écri» vains dont l'objet est d'occuper l'âme agréable» ment s'adressent surtout aux affections bien» veillantes. De là le principal charme de la tra» gédie, et de toute espèce de composition pathé» tique. »

Après avoir remarqué que les plaisirs des affections bienveillantes ne sont pas bornés aux affections vertueuse, et qu'ils se mêlent souvent à des faiblesses coupables, l'auteur ajoute que, « lors » même que les affections bienveillantes sont » trompées et n'obtiennent pas leur objet, il y a » encore un secret plaisir mêlé avec la peine, et » que le plaisir même domine ; mais, malgré le » plaisir attaché à l'exercice des affections bien- » veillantes, l'intérêt n'est point la source de ces » affections. »

M. Dugald Stewart arrive aux affections malveillantes. Il doute qu'il y ait dans l'âme d'autre principe inné de ce genre que le ressentiment. Le ressentiment est instinctif ou délibéré. Le ressentiment instinctif agit dans l'homme comme dans l'animal ; il est destiné à nous garantir de la violence soudaine, dans les circonstances où la raison viendrait trop tard à notre secours ; il s'apaise aussitôt que nous apercevons que le mal qu'on nous a fait était involontaire. Le ressentiment délibéré n'est excité que par l'injure volontaire, et par conséquent il implique un sentiment de justice, de bien et de mal moral. Le ressentiment qu'excite en nous l'injure faite à un autre s'appelle proprement *indignation*. Dans ces deux cas, le principe d'action est au fond le même ; il a pour objet, non de faire souffrir un être sensible, mais de punir l'injustice et la cruauté. Comme toutes les affections bienveillantes sont accompagnées d'émotions agréables, toutes les affections malveillantes sont accompagnées d'émotions pénibles. Cela est vrai même du ressentiment le plus légitime.

L'auteur termine la revue des principes actifs précédents par quelques réflexions sur les passions. « Le mot *passion*, dit-il, ne s'applique, dans » sa première rigueur, à aucun de ces principes » actifs en particulier, mais à tous en général, » quand il passe les bornes de la modération. » C'est la théorie d'Aristote.

Le chapitre de l'amour propre est le dernier de ceux que nous nous sommes proposé d'analyser dans cet article. « Si la constitution de l'homme, » dit M. Dugald Stewart, n'était composée que » des principes précédents, elle différerait peu de » celle des animaux ; mais la raison met entre » l'homme et l'animal une différence essen- » tielle. L'animal est incapable de prévoir les » conséquences de ses actions ; autant que nous » en pouvons juger, il cède toujours à l'impul- » sion du moment : mais l'homme est capable » d'embrasser d'une seule vue ses divers prin- » cipes d'actions, et de se faire un plan de con- » duite. Or tout plan de conduite suppose le pou- » voir de résister à un principe d'action particulier. » Cette force de résister est l'amour propre. Ce » qui distingue encore, en général, l'homme de » l'animal, c'est que l'homme est capable de » mettre à profit l'expérience du passé, de fuir » les plaisirs dont il connaît les suites fâcheuses,

» et de se résigner à quelques maux présents dans » l'espérance de grands avantages futurs ; en un » mot, l'homme est capable de se former la notion » générale du bonheur, et de délibérer sur les » moyens les plus sûrs pour y parvenir ; l'idée » même du bonheur implique que le bonheur est » un objet désirable par lui-même, et par consé» quent l'amour propre est un principe d'action » très-différent de ceux que nous avons considérés » jusqu'ici. Ceux-ci pouvaient venir de disposi» tions naturelles arbitraires ; voilà pourquoi » on les appelle principes ou penchants innés : » mais le désir du bonheur appartient nécessai» rement à toute créature raisonnable, et on peut » l'appeler principe raisonnable d'action. » Le germe de cette remarque ingénieuse et profonde se trouve dans Price.

Dans le prochain article, je rendrai compte du travail le plus important de M. Dugald Stewart, l'analyse de la faculté morale. C'est surtout là que paraîtront les services que l'auteur a rendus à la science. Déjà l'on a pu reconnaître le caractère général et la méthode de l'ouvrage. Il y a plus d'observations que de théories, plus de classifications heureuses que de discussions profondes. Cependant ceux qui se sont long-temps occupés de ces matières ne refuseront point à ces analyses peu ambitieuses une véritable originalité, le mérite de détails ingénieux et de généralisations aussi exactes qu'étendues. On consulterait avec fruit, sur le même sujet, un ouvrage allemand qui appartient à la philosophie élémentaire, l'*Essai sur les passions*, publié à Halle, en 1805, par M. le professeur Maass.

II.

Dans un premier extrait j'ai fait connaître les quatre premières classes de phénomènes moraux analysés par M. Dugald Stewart : les appétits, les désirs, les affections, et l'amour propre. J'arrive à cette classe de phénomènes qui constituent spécialement la moralité de l'homme, et que pour cette raison l'auteur rapporte à un principe particulier, qu'il appelle le principe moral par excellence. Voici les considérations, c'est-à-dire les faits, qui séparent le principe moral de tous les autres principes, aux yeux de M. Dugald Stewart.

1° Il y a dans toutes les langues humaines deux termes qui correspondent à ceux de devoir et d'intérêt, lesquels ont une signification tout-à-fait distincte.

2° Le spectacle du bonheur et celui de la vertu excitent en nous des impressions qu'il est impossible de confondre.

3° Quoique le devoir et l'intérêt bien entendus s'accordent généralement, et qu'après tout, même ici-bas, la vertu soit la vraie sagesse, ce n'est pas là une vérité qui se présente immédiatement à tous les hommes; elle est le fruit d'une longue expérience de la vie, et ne se découvre que très-tard à la réflexion. On ne peut donc ramener à cette connaissance tardive et assez rare de l'utilité de la vertu, le sentiment du devoir qui est commun à tous les hommes, et qui se produit dès la première période de l'existence, dans l'enfance même de la raison, avant que l'homme soit capable de s'élever à la notion générale de bonheur.

On a prétendu que les lois de la morale sont l'ouvrage des philosophes et des politiques, qui les ont répandues de bonne heure dans l'espèce humaine, et que ces lois ne paraissent naturelles qu'à la faveur de l'éducation, qui les enracine d'abord dans tous les cœurs; on invoque en témoignage de cette doctrine la diversité des opinions morales qui partagent les peuples, et celle des jugements moraux dans des cas semblables. Mais d'abord le pouvoir si vanté de l'éducation a ses limites; l'éducation n'agit et ne peut agir qu'à l'aide de principes naturels dont elle présuppose l'existence. Ensuite comment l'éducation met-elle tant de variété parmi les caractères humains? C'est par l'association des idées. Or l'association des idées présuppose elle-même l'existence de sentiments primitifs, avec lesquels les circonstances extérieures doivent nécessairement se combiner pour agir sur l'homme, et lui imprimer des formes accidentelles.

L'éducation diversifie les applications d'un principe, mais elle ne peut créer le principe. Les faits historiques que l'on allègue pour prouver que nos sentiments moraux sont des sentiments factices se trouvent faux à l'examen, ou conduisent même à des conclusions entièrement opposées à celles qu'on en prétend tirer ; et quant à la diversité de nos jugements moraux, on peut l'expliquer sans détruire les distinctions morales. M. Dugald Stewart la rapporte à trois causes générales : 1° la diversité de civilisation ; 2° la diversité d'opinions sur d'autres sujets ; 3° la différence de l'importance morale que présente la même action envisagée sous des points de vue différents.

Enfin, la doctrine qui réduit le devoir à l'intérêt mène immédiatement et inévitablement à cette conséquence, que le motif des actions humaines est au fond le même que ce qu'on appelle vice et vertu, bien et mal, mérite et démérite ; tout cela part du même principe. Or c'est un fait, que la nature humaine envisagée dans un pareil système excite en nous une profonde mélancolie ; et comment expliquer le fait incontestable de cette impression pénible autrement que par un sentiment naturel du bien moral qui se révèle en nous ? S'il est vrai qu'il n'y ait aucune distinction réelle entre la vertu et le vice, pourquoi y a-t-il des caractères que nous estimons et d'autres que nous méprisons? Pourquoi l'orgueil et l'intérêt nous paraissent-ils des motifs de conduite moins honorables que le patriotisme, l'amitié, et un attachement désintéressé à ce que nous croyons notre devoir? Pourquoi l'espèce humaine nous plaît-elle plus dans un système que dans un autre? C'est l'artifice ordinaire de certains moralistes de confondre le fait et le droit, et de substituer sans cesse une satire du vice et de la folie à une analyse philosophique de nos principes naturels. Mais quand on admettrait la vérité de leur peinture, la tristesse et le mécontentement qu'elle laisse dans l'âme démontreraient assez que nous sommes faits pour aimer et admirer le beau moral, et que cet amour et cette admiration sont des lois originelles de la nature humaine.

L'extrême simplicité de ces considérations n'en diminue point la solidité et la force. Pour les développements dont elles auraient besoin, et qui leur manquent ici nécessairement, nous renvoyons le lecteur aux grands ouvrages de morale qui ont paru en Europe dans ces derniers temps, et qui tous, composés dans des vues si diverses par des hommes d'un esprit très indépendant, étrangers l'un à l'autre ou adversaires déclarés, se rencontrent pourtant sur ce point, que la vertu n'est point l'égoïsme. Qu'il nous soit permis d'en indiquer deux : l'un qui appartient à la France, et que pour cette raison nous nous faisons un devoir de tirer de l'injuste oubli où il est tombé, c'est une lettre de M. Turgot à M. de Condorcet, sur le livre d'Helvétius ; l'autre est *la Critique de la Raison pratique de Kant*, ouvrage que nous ne craignons pas de signaler comme le monument le plus imposant et le plus solide que le génie philosophique ait jamais élevé à la vraie vertu, à la vertu désintéressée.

S'il est facile de reconnaître que le principe moral est indépendant de l'amour propre, il l'est beaucoup moins de déterminer la nature de ce principe, et de bien voir si ce que nous avons appelé indifféremment jusqu'ici sentiment ou notion du devoir est un sentiment ou une notion ; si la loi morale est fondée sur la raison ou sur cette partie secrète de notre nature qu'on appelle sensibilité morale ; si enfin la connaissance du bien et du mal est un instinct du cœur ou un jugement intellectuel.

Pour résoudre cette question il faut analyser exactement l'état de notre âme, lorsque nous sommes spectateurs d'une bonne ou d'une mauvaise action faite par nous-mêmes. Nous avons alors, selon M. Dugald Stewart, la conscience de trois choses distinctes : 1° la perception absolue d'une action comme juste ou injuste en soi; 2° un sentiment de plaisir ou de peine qui varie dans ses degrés selon la délicatesse de notre sensibilité morale ; 3° une perception du mérite ou du démérite de l'agent.

Avant d'exposer son opinion particulière sur la perception du juste et de l'injuste, M. Dugald Stewart commence par une revue ingénieuse et profonde des principales opinions philosophiques qui ont tour à tour régné en Angleterre sur la nature de la justice. Hobbes la fondait sur les lois positives et les coutumes de chaque pays; Cudworth, qui le réfuta très solidement et rétablit la justice dans son indépendance absolue de toute circonstance externe, en rapporta l'origine à la raison, qui la découvre, selon lui dans la nature même des choses. La théorie générale de Locke conduisait à placer l'origine des distinctions morales dans les idées du juste et de l'injuste. Si ce ne sont point des idées simples et irréductibles, mais des idées complexes et déduites, comme le prétend Locke, il faut bien qu'elles soient le développement plus ou moins éloigné d'un principe étranger qu'il s'agit de déterminer. L'*Essai sur l'entendement humain* ayant introduit dans la philosophie une précision de langage jusqu'alors inconnue, on était porté à rejeter l'opinion de Cudworth, parce qu'elle était enveloppée dans des termes vagues et obscurs. D'un autre côté, on repoussait les conséquences de la théorie de Locke, qui détruisait la réalité et l'immutabilité des distinctions morales. Afin donc de concilier Cudworth et Locke, quelques philosophes, Wollaston et d'autres, placèrent la vertu dans une conduite conforme à la vérité ou à la convenance des choses. Cette théorie de la conformité rappelle celle de Locke sur le jugement, qui n'est selon lui qu'une comparaison, une perception d'un rapport de convenance ou disconvenance entre deux idées : or l'idée qui résulte de la comparaison de deux idées ne peut être une idée simple : ainsi l'idée du bien et du mal moral n'est plus une idée simple, originelle, primitive, ce qui satisfait la théorie de Locke ; et cependant, comme cette idée est l'expression d'un rapport aperçu par la raison selon les dernières théories, et conséquemment comme cette idée est vraie de toute vérité, la vérité n'étant et ne pouvant être qu'une perception de rapports, il s'ensuit que la vérité des idées morales est sauvée, et que l'esprit de la morale de Cudworth se trouve réconcilié avec l'esprit de la psychologie de Locke. Hutcheson a très-bien montré que l'idée qui résulte de la perception d'un rapport entre deux idées, peut se résoudre dans l'une ou l'autre de ces idées ; que le procédé qui la découvre, c'est-à-dire qui perçoit le rapport, est un procédé ultérieur qui distingue et classe les idées premières, lesquelles sont fournies par les sens externes ou internes ; c'est donc là, et dans les sens internes, selon Hutcheson, qu'il faut chercher les notions premières du bien et du mal, comme celles du beau. De là la théorie du sens moral. Or, comme les sens externes ou internes ne donnent et ne peuvent donner rien d'absolu, les notions du bien et du mal, dans la théorie de Hutcheson, ne sont, par rapport à leur sens, que ce qu'une saveur est par rapport au sien. Dès lors les distinctions morales relatives à notre sensibilité interne, et soumises par là à toutes ses variétés et ses inconstances, deviennent arbitraires, différentes chez les différents hommes et dans le même homme ; et si l'on soutient avec Burke, dans sa Dissertation sur le goût, que la sensibilité est la même chez tous les hommes en état de santé et de raison, on ne peut nier toutefois que ces perceptions ne soient purement humaines et subjectives, comme parle Kant, et conséquemment qu'elles ne peuvent fonder des vérités immuables et éternelles.

C'est pour éviter ces conséquences, qui découlent de la théorie de Hutcheson, que Price a fait revivre la doctrine de Cudworth, et qu'il a érigé la raison en une faculté spéciale, de laquelle dérivent des idées simples. Cette théorie est très-différente de celle de Locke, qui place les idées morales sous l'empire de la comparaison, et de cette comparaison quelquefois appelée comparaison discursive ou raisonnement, laquelle, comme l'a montré le docteur Hutcheson, tire des conséquences, mais ne fournit point de principes. La raison de Price ne travaille pas sur des principes étrangers; elle-même suggère des idées simples qui deviennent les principes du raisonnement.

Elle n'agit pas consécutivement, mais primitivement, et ses produits sont des rapports immuables et éternels. M. Dugald Stewart ne s'éloigne point de cette opinion ; il ne voit aucun inconvénient à appeler raison en général notre nature intellectuelle, et à lui rapporter immédiatement ces notions simples et primordiales, qui ne dérivent ni de l'opération des sens, ni de déductions rationnelles, mais qui se développent d'elles-mêmes dans l'exercice de nos facultés intellectuelles. C'est à la raison ainsi considérée qu'on peut rapporter le principe de causalité, et plusieurs autres qui ne sont le fruit ni du raisonnement ni de l'exercice des sens.

Peu importe, dit M. Dugald Stewart, de quelle expression particulière on désigne cette faculté qui perçoit le juste et l'injuste, pourvu qu'on admette ce fait psychologique incontestable, que nous percevons les notions du juste et de l'injuste immédiatement et intuitivement, sans les déduire d'aucune autre notion ou principe, et que ces notions simples nous paraissent revêtues du caractère de la nécessité et de l'immutabilité, comme les notions fondamentales des mathématiques. L'immutabilité des distinctions morales n'a pas été seulement mise en question par les moralistes sceptiques, mais par quelques philosophes, qui, pour glorifier la Divinité, n'ont pas vu que ce qu'ils ajoutent à la puissance de la Divinité, ils le retranchent à sa justice, qui n'a plus de base si les distinctions morales ne sont point immuables et éternelles.

M. Dugald Stewart décrit avec la même précision les deux autres parties du fait moral, confondues jusque-là dans le phénomène complexe qui les enveloppe. Le philosophe écossais les dégage, les distingue et les classe. Il analyse d'abord les sentiments attachés à la perception absolue du juste et de l'injuste.

Il est impossible, dit-il, de voir ou de faire une bonne action sans avoir la conscience d'une affection bienveillante envers l'agent; et comme toutes nos affections bienveillantes sont agréables, toute bonne action est une source de plaisir pour l'auteur et pour le spectateur. En outre, les sentiments agréables d'ordre, de paix, d'utilité universelle, s'associent par la suite à l'idée générale d'une conduite vertueuse; et c'est ce cortége de sentiments agréables qui constitue ce que les moralistes ont appelé les beautés de la vertu.

Le sentiment qui dérive de la contemplation de la beauté morale étant infiniment plus délicat et plus exquis que celui de la beauté physique, quelques philosophes ont avancé que la beauté physique n'est autre chose qu'une application et en quelque sorte un reflet de la beauté morale, et que les formes des objets matériels ne nous plaisent que par l'entremise des idées morales qu'elles éveillent en nous. C'était la doctrine favorite de l'école de Socrate. Quelque opinion que l'on adopte sur cette question spéculative, on ne peut nier que la justice et la vertu ne soient le spectacle le plus touchant pour le cœur de l'homme, et que leur beauté n'efface toutes les beautés de l'univers matériel.

Non-seulement les actions vertueuses sont accompagnées d'un sentiment agréable, elles sont encore inséparables du sentiment du mérite de l'agent, c'est-à-dire qu'il nous est impossible de ne pas croire que l'agent vertueux mérite l'amour et l'estime, et qu'il est digne de récompense : nous sentons que c'est un devoir pour nous de faire connaître, d'appeler sur lui la faveur et le respect; et si nous négligeons de le faire, nous sentons que nous commettons une injustice. Au contraire, lorsque nous sommes témoins d'un trait d'égoïsme, et, en général, d'une action criminelle, qu'elle tombe sur d'autres ou sur nous, nous avons de la peine à retenir l'emportement naturel qui nous saisit, et à ne pas punir le coupable. Nous-mêmes, quand nous avons bien fait, nous sentons que nous avons des titres légitimes à l'estime de nos semblables; et quand cette estime nous manque, nous croyons que nous sommes approuvés par le témoin invisible de toutes nos actions; nous anticipons les récompenses dont nous nous jugeons dignes, et nos regards se portent vers l'avenir avec confiance et espérance. Il ne faut pas confondre les remords qui accompagnent le crime, avec les sentiments désagréables qui en sont inséparables.

Le remords, qui implique pour le coupable le sentiment du mérite et du démérite, est une terreur d'un châtiment futur. Le sentiment du mérite et du démérite est une preuve de la liaison que Dieu a établie entre la vertu et le bonheur; mais l'homme sage et vertueux ne doit pas attendre en sa faveur des interventions miraculeuses : il sait qu'une récompense lui est due; et quand elle lui échappe ici-bas, il reconnaît l'effet des lois générales de l'univers, il se soumet sans murmure à l'ordre des choses, songe à l'avenir, et se console. C'est une erreur du vulgaire de croire que la bonne ou mauvaise fortune est attachée sur la terre au crime et à la vertu; mais cette erreur naturelle et universelle est une preuve frappante de la liaison qui existe dans l'esprit humain entre les notions de bien et de mal et celles de mérite et de démérite.

Tels sont les trois phénomènes distincts dont se compose le phénomène moral, selon M. Dugald Stewart; j'ajoute que c'est pour ne l'avoir point embrassé dans toutes ses parties, et pour avoir considéré une de ces parties exclusivement à toutes les autres, que les philosophes ont été si long-temps divisés sur le principe constitutif de la morale. Comme il y a trois parties dans le fait moral, de même il y a trois systèmes qui correspondent à ces trois phénomènes. Le stoïcisme et le kantisme, ne considérant que la perception absolue du juste et de l'injuste, la loi immuable et éternelle du bien et du mal, négligent les deux circonstances qui accompagnent les notions du devoir, et se renferment dans cette inflexibilité morale qui n'est ni exagérée ni fausse, comme on l'a répété trop souvent, mais qui ne rend point compte du cœur humain tout entier. Le seul défaut de la morale de Zénon et de Kant est d'être exclusive; mais elle est très vraie dans ce qu'elle admet, et si elle ne reproduit pas toutes les parties du fait moral, elle établit admirablement la partie fondamentale de ce fait, sans laquelle les deux autres ne peuvent avoir lieu. D'un autre côté, les disciples de Socrate, Platon, Shaftesbury, Rousseau, Mendelshon, frappés de ce phénomène singulier de bonheur attaché à l'exercice de la justice, se sont plus occupés du beau que du sublime en morale. Mais cette école, qui se recommande par un enthousiasme si noble et si pur, ne l'établit pas toujours assez rigoureusement, et tombe quelquefois dans la déclamation. On a fait contre la morale de cette école, qu'on peut appeler la morale du sentiment, une objection assez spécieuse, qui tend à la ramener, par un détour, à la morale de l'intérêt. Chercher les plaisirs de la vertu, a-t-on dit, c'est encore chercher le plaisir; c'est l'amour propre sous une autre forme, un égoïsme un peu plus délicat, le raffinement et la perfection de l'épicuréisme. C'est toujours l'intérêt, mais l'intérêt bien entendu. Voici ma réponse: Sans doute le bonheur le plus pur, la volupté la plus exquise, sont attachés à l'exercice de la vertu, mais de la vertu désintéressée; c'est là ce qu'il faut bien saisir: et la vertu n'est plus désintéressée quand on ne la pratique point pour elle-même, mais pour ses résultats, qui nous échappent alors; de sorte que le moyen infaillible de manquer les plaisirs de la vertu, c'est de les rechercher immédiatement.

La troisième partie du phénomène moral, considérée exclusivement, a donné naissance à cette école de philosophes qui, convaincus du mérite absolu des actions vertueuses, et les trouvant mal appréciées par les hommes, se réfugient dans l'espoir d'une autre vie, et s'appliquent à mériter d'avance les récompenses futures de la justice divine.

La troisième partie du fait moral est la partie religieuse de ce fait. On voit de suite que la morale religieuse présuppose la morale de la justice qu'elle accompagne, mais qu'elle ne constitue point la religion, qui est le complément et non la base de la justice. La justice même est plus indépendante de la religion que la religion de la justice, la partie intégrante du fait moral étant la loi absolue du devoir; celle-ci existe, ou du moins peut exister sans les circonstances qui l'accompagnent, mais les circonstances ne sont rien sans elle. Comme il y a des philosophes qui ont placé trop exclusivement la morale dans la religion, il y en a aussi qui ont trop séparé la religion de la morale, et qui, sans ôter à la vertu sa base, l'ont dépouillée de ses hautes perspectives, et l'ont involontairement affaiblie en la mutilant. La justice, ses jouissances et ses mérites, voilà la morale tout entière. Les trois parties du fait moral existent très réellement, puisqu'on les retrouve isolément dans le cœur de tous les hommes et dans les livres des philosophes. Les âmes religieuses démontrent que le sentiment religieux est un fait incontestable. L'enthousiasme de la beauté morale démontre que la beauté morale n'est point une chimère; et l'âpre attachement de certains caractères à la loi absolue du devoir, sans regard aux jouissances externes ou internes qu'elle procure, ni même à l'approbation et aux récompenses divines, cet attachement désintéressé prouve l'existence de la loi du devoir.

La psychologie morale, qui n'a aucune vue systématique, qui constate ce qui est et tout ce qui est, recueille ces trois phénomènes, les décrit avec les caractères qui leur sont propres, marque leurs rapports et leur harmonie, parce que cette harmonie est encore un fait; et le phénomène moral, ainsi analysé, rapproche tous les hommes vertueux, en expliquant les différences de sentiment et de principes qui les séparent, et concilie toutes les doctrines morales dans un centre commun, où chacune d'elles rencontre son complément et sa perfection.

Après avoir décrit le principe moral, l'obligation qu'il implique et les trois faits qu'il comprend, M. Dugald Stewart passe à quelques autres principes particuliers, qui concourent avec le principe moral, et facilitent son action. Les principes les plus importants de cette espèce sont : 1° le regard à l'opinion, ou la décence, 2° la sympathie, 3° le sentiment du ridicule, 4° le goût, 5° l'amour propre. L'auteur revient sur ce dernier principe, qui, dans l'économie morale, sert aussi à la vertu. Nous ne suivrons pas l'auteur dans les développements intéressants auxquels il se livre sur chacun de ces principes; son objet spécial est de montrer que ces principes accessoires secondent le principe moral, mais ne peuvent le constituer; et cette impossibilité a été suffisamment démontrée d'avance par l'analyse fidèle et complète de la perfection morale.

M. Dugald Stewart termine la première partie de son ouvrage par quelques mots sur la liberté, qui se trouvent dans tous les livres de métaphysique. Je ne les répéterai point ici : l'auteur avoue lui-même qu'il indique son opinion sans la prouver; et je ne crois pas qu'elle ait besoin de preuve; car si la liberté n'est pas sentie irrésistiblement, c'est une chimère qu'aucun argument ne pourra réaliser.

Dans un troisième extrait, je suivrai M. Dugald Stewart dans l'analyse de nos devoirs particuliers, c'est-à-dire dans les détails qui composent la seconde partie de son ouvrage.

III.

Le principe moral obligatoire établi, M. Dugald Stewart recherche quels sont les différents objets auxquels il s'applique. Il entre dans l'examen de nos devoirs particuliers; et d'abord il écarte les systèmes qui tirent tous les devoirs d'un devoir unique, soit l'amour propre, soit la bienveillance; il attribue ces différents systèmes à la manie de l'unité, et montre qu'en voulant ramener tous les devoirs à un seul, on est contraint d'en défigurer un grand nombre pour les soumettre au principe unique, et de détruire ceux qui résistent à ces transformations systématiques; mais il n'atteint pas le vrai principe du mal, qui est et plus profond et plus funeste. La plupart des philosophes ayant rejeté ou négligé la notion absolue du devoir, et n'ayant pu voir par conséquent que tous les devoirs particuliers sont également obligatoires par leur rapport immédiat au devoir absolu, ont cherché à transporter l'obligation des uns aux autres, en en faisant une chaîne rattachée à un devoir spécial, qui engendre et qui soutient tous les autres. Mais les devoirs sont égaux, quoiqu'ils soient différents; ils ont la même autorité, puisqu'ils obligent immédiatement et par eux-mêmes; et c'est l'abus de cette vérité qui avait produit le principe stoïque, que les fautes sont égales, parce que les devoirs sont égaux. En effet, toutes les fautes sont également des fautes, c'est-à-dire des infractions à la loi absolue du devoir, contenue tout entière dans chaque devoir particulier: mais toutes les fautes ne déméritent pas également, comme toutes les vertus ne sont pas également méritoires. La loi du devoir n'admet ni plus ni moins en présence de telle ou telle action; elle éclaire et elle oblige; elle ne s'occupe ni des difficultés, ni des moyens, ni des suites; elle ne calcule point avec nous, elle nous commande; parce qu'elle n'a pas, à proprement parler, de rapport avec nous, mais avec l'action, dont elle nous manifeste le caractère obligatoire. Quand la loi est accomplie, le principe du mérite et du démérite intervient, qui apprécie les efforts et les sacrifices de l'agent moral, et lui distribue à proportion le blâme ou l'éloge; de sorte que tous les devoirs, quoique également obligatoires en eux-mêmes, n'ayant pas toujours imposé à la passion ou à l'amour-propre les mêmes sacrifices, ont plus ou moins mérité ou démérité. La loi qui oblige un homme riche à rendre à son ami malheureux les soins qu'il en reçut jadis est la même que celle qui oblige le citoyen à se déchirer les entrailles quand la patrie a parlé, qui envoie Régulus mourir à Carthage, et qui expose le sein de d'Assas aux baïonnettes de l'ennemi. Ces devoirs sont égaux, puisqu'ils sont devoirs; mais leur accomplissement n'est pas également méritoire.

Pour avoir méconnu le principe du mérite ou du démérite, le stoïcisme s'est ruiné lui-même, et cette haute morale n'a été qu'un système philosophique, quand elle eût pu devenir une des formes de l'humanité. Kant aurait dû méditer plus long-temps l'exemple de Zénon et les résultats de sa doctrine. Moins forte, mais plus prudente que le portique et le criticisme, l'école écossaise, en reconnaissant la loi du devoir, ne rejette point celle du mérite ou du démérite; peut-être trop peu absolue pour l'esprit humain, cette sage école se contente de prévenir les écarts systématiques et de repousser les fausses théories, sans atteindre toujours à leur véritable racine. Ici, comme ailleurs, M. Dugald Stewart, sans assigner l'origine philosophique des systèmes qui font dériver les devoirs d'un devoir unique, condamne ces tentatives ambitieuses et frivoles, et adopte la division ordinaire, qui classe les devoirs par rapport à leurs objets les plus importants; savoir, Dieu, les autres, et nous-mêmes.

Avant d'examiner les devoirs de l'homme envers Dieu, M. Dugald Stewart établit d'abord l'existence de Dieu. C'est ici la théologie naturelle de l'école écossaise: elle fera le sujet de cet article.

Du milieu des preuves diverses employées pour établir l'existence de Dieu, M. Dugald Stewart, après Reid, dégage les deux arguments ou principes sur lesquels elle repose; savoir, le principe de causalité et celui des causes finales. Une fois que ces principes sont établis et leur autorité absolue démontrée, la religion naturelle est hors de péril. Il s'agit donc d'établir solidement le principe de causalité et celui des causes finales.

Hume est le premier qui, en réduisant la notion de cause à l'idée de succession, ait détruit l'autorité du principe de causalité, et, par là, ébranlé toutes les existences qui reposent sur ce principe. Hume emploie constamment une méthode fautive en elle-même, et dangereuse par ses conséquences. Au lieu de constater d'abord, en observateur sévère, quels sont les principes qui existent aujourd'hui dans l'intelligence humaine développée, de les distinguer et de les classer selon leurs caractères actuels, et de remonter ensuite à leur origine, seule marche qui soit rigoureuse et vraiment philosophique, le disciple de Locke commence par chercher l'origine de nos connaissances, avant de les avoir bien reconnues, s'exposant au risque de rencontrer une fausse origine, qui corrompe à leur source toutes les connaissances, et de perdre la réalité actuelle pour avoir voulu obtenir trop tôt ses caractères primitifs ; car on peut ne pas trouver d'origine à un principe, et, par là, être conduit à le rejeter ; ou on obtient une fausse origine, qui ne rend pas la réalité actuelle, qui lui ajoute ou qui lui ôte ; ou, enfin, lors même qu'on a obtenu le primitif véritable, on peut encore ne pas saisir ou mal saisir le procédé qui le développe et nous conduit aux connaissances actuelles. On peut se tromper et sur le point de départ et sur la route ; et, dans ces deux cas, on ne peut arriver philosophiquement où nous nous trouvons aujourd'hui. Il est donc plus sage de reconnaître d'abord où nous en sommes, et de rechercher ensuite le point d'où l'esprit humain est parti, et la route qu'il a suivie. Si on se trompe dans ces diverses recherches, on manque la vérité primitive, mais du moins on conserve la vérité présente ; et quand celle-là nous reste, on peut toujours regagner l'autre, tandis que la perte de la première nous enlève le point fixe et le centre de toute recherche. Locke, qui s'occupa d'abord de l'origine des connaissances humaines, leur ayant trouvé une fausse origine, une origine incomplète, ce qui était inévitable, puisqu'il n'avait pas commencé par reconnaître toutes nos connaissances actuelles, refusa d'admettre celles qui ne dérivaient pas de son hypothèse, et rejeta tous les principes qui ne pouvaient être expliqués par l'origine générale qu'il avait assignée à tous les principes ; de là ses omissions étranges, ses assertions sceptiques, tristes fruits de l'esprit de système, et les contradictions fréquentes que son bon sens arrache à sa logique. Le système de Locke conduit logiquement au scepticisme ; mais Locke était trop sage pour être conséquent. Deux hommes d'une raison plus forte, c'est-à-dire plus sévère, ont poussé le système de Locke à ses conséquences légitimes. Personne n'ignore aujourd'hui que c'est en partant des principes de Locke que Berkeley détruisit l'existence des corps, et ne conserva que des apparences extérieures. Hume acheva ce qu'avait commencé Berkeley, et, toujours conséquent aux principes de Locke, ne reculant devant aucun résultat avoué par la logique, il aboutit au scepticisme universel. De toutes ses dissertations sceptiques, la plus conséquente et la plus forte est celle dans laquelle il attaque le principe de la causalité. Il ne s'occupe point de savoir si ce principe est ou n'est pas dans l'intelligence humaine, et quels y sont ses caractères actuels; il recherche d'abord son origine.

Comme toutes nos idées dérivent de la réflexion ou de la sensation, selon la théorie de Locke, adoptée par Hume, l'idée de cause doit dériver de l'une ou de l'autre de ces deux sources, ou c'est une chimère.

Or, on ne peut montrer mieux que Hume ne l'a fait, que l'idée de cause ne peut venir de la sensation, qui nous manifeste des conjonctions accidentelles, et non pas des connexions réelles. Reste donc la réflexion. Mais sur quoi s'exerce la réflexion? Sur des sensations. Or les sensations ne contiennent pas l'idée de cause; la réflexion ne peut donc l'y découvrir. L'idée de cause se réduit donc à celle de succession ; et les mots de pouvoir, d'efficacité, de causalité, de connexion, sont des mots vides de sens. M. Dugald Stewart n'a besoin que du plus simple bon sens pour rétablir l'autorité de ces notions, en dépit de la théorie de Locke, à laquelle il vaut encore mieux renoncer que de révoquer en doute ou de traiter d'extravagance les conceptions de l'esprit humain. La question, dit M. Dugald Stewart, est de savoir s'il est certain que nous attachons au mot *pouvoir* une idée différente de celle de simple succession : or, si l'idée de cause est celle de succession, il serait aussi absurde de supposer désunis deux événements jusqu'alors conjoints, que de supposer qu'un changement arrive sans cause ; cependant la première supposition se fait tous les jours, et le bon sens prononce que la seconde est impossible.

L'école d'Édimbourg a rendu à la philosophie

des services inappréciables, en donnant à ses méthodes l'exactitude et la rigueur de la méthode des sciences naturelles; mais elle s'est renfermée trop scrupuleusement dans les limites de ses prudentes observations : de peur de s'égarer, elle s'est arrêtée devant la question de l'origine de nos connaissances. Cependant l'esprit humain ne peut se reposer dans la tranquille contemplation de ses connaissances actuelles; il veut savoir ce qu'elles furent à leur origine : tant que ce besoin n'est pas satisfait, il lui reste une inquiétude vague, qui trouble la sécurité de sa conviction sur tout le reste. C'est pour avoir négligé le problème de l'origine des connaissances et pour s'être trop aisément satisfaite sur un autre problème plus difficile encore, celui de leur légitimité, que l'école écossaise n'a pas joué dans la philosophie européenne un rôle plus considérable. Pourquoi M. Dugald Stewart, après avoir solidement établi l'existence actuelle du principe que rien ne commence à exister sans cause, ne cherche-t-il pas plus profondément l'origine de ce principe? « Ce » qu'on peut dire de plus probable, selon lui, » semble être que l'idée de cause ou de pouvoir » accompagne nécessairement la perception d'un » changement, comme toute sensation implique » un être qui sent, et toute pensée un être qui » pense. Le pouvoir de commencer le mouvement, » par exemple, est un attribut de l'âme, aussi

» bien que la sensation et la pensée ; et toutes les » fois que le mouvement commence, nous avons » l'évidence que c'est l'âme qui le produit. »

Ce passage, que je traduis littéralement, est très-remarquable par l'incertitude même de l'opinion qu'il contient, le soupçon qu'il indique, et les idées qu'il peut faire naître. M. Dugald Stewart a très-bien vu que l'idée de cause est d'abord puisée à l'interne ; c'est déjà un grand pas : mais on voudrait savoir si c'est la conscience qui l'y saisit par une aperception immédiate, ou si c'est une loi spéciale de notre nature qui nous y fait croire, comme paraît l'insinuer M. Dugald Stewart, en rapprochant l'idée de cause de celle de substance, laquelle, selon lui, est de croyance et non d'aperception. Il aurait aussi fallu reconnaître et décrire avec une psychologie plus profonde que celle de M. Dugald Stewart, les circonstances internes qui accompagnent cette aperception ou cette croyance ; il aurait fallu examiner si le mouvement qui en est l'objet est un mouvement intellectuel ou un mouvement physique, et, supposé qu'il soit physique, si c'est un mouvement externe, visible aux yeux du corps, ou un mouvement interne, seulement aperceptible et appréciable par la conscience ; question psychologique très-épineuse, et dont la solution même ne lèverait pas encore toutes les difficultés relatives au principe de causalité ; car, supposé que l'idée de cause soit une aperception primitive, comment de l'aperception de la cause sommes-nous parvenus à la conception du principe nécessaire de causalité ? Il ne suffit point, en effet, d'avoir atteint le primitif ; il faut saisir aussi le procédé par lequel nous parvenons du primitif à l'actuel, si je puis m'exprimer ainsi. Le principe actuel de causalité à établir, tel est le premier problème ; la première idée de cause à acquérir, voilà le second problème ; et le procédé intermédiaire, qui lie l'actuel au primitif, à reconnaître et à décrire, constitue un troisième problème plus difficile que les précédents. Sur le premier, l'école écossaise est admirable ; elle est faible sur le second : elle n'a pas aperçu le troisième, qui peut-être aussi ne devait pas exister pour elle. Passons au principe des causes finales.

Le chapitre de M. Dugald Stewart n'offre sur les causes finales rien de remarquable. Les arguments sceptiques de Hume y sont réfutés avec le bon sens ordinaire à l'auteur ; cependant le principe reste obscur, parce que M. Dugald Stewart a négligé de l'énoncer sous une forme plus simple et plus rigoureuse, de décrire avec plus de précision ses caractères actuels, et de remonter à ses caractères primitifs.

Le principe de causalité et celui des causes finales appliqués à la nature, nous manifestent un Dieu, et un Dieu intelligent. Appliquez-les à la nature morale de l'homme, ils nous révèleront un Dieu juste ; induction rigoureuse et sublime, qui rattache la justice humaine à la justice suprême. L'auteur rencontre sur son chemin la question du bien et du mal, qui a fatigué tant d'esprits supérieurs, et la résout simplement pour le bien et le mal moral par la liberté, pour le bien et le mal physique par les lois générales du monde et les conseils particuliers de Dieu sur l'homme ; dernière raison, qui vaut bien mieux que la première : car des lois générales, souvent funestes aux individus, seront difficilement conciliées avec la bonté et la puissance suprême ; mais quand les lois de la nature, qui nous imposent la souffrance, sont rattachées à la loi morale, qui nous impose la résignation, le courage, l'humanité, et au dessein d'un Dieu moral, qui a fait l'homme dans un but moral, alors beaucoup de difficultés sont écartées : le voile se lève, ou du moins s'entr'ouvre, et les ténèbres de la vie s'éclaircissent.

Dans un dernier article, je ferai connaître l'opinion de M. Dugald Stewart sur l'immortalité de l'âme, nos devoirs envers Dieu, envers les autres et envers nous-mêmes.

IV.

Pour compléter la théorie de la religion naturelle, il reste au philosophe écossais, après avoir établi l'existence de Dieu et ses attributs moraux, à établir l'existence d'une vie future ou l'immortalité de l'âme.

On se fonde trop, selon M. Dugald Stewart, sur l'immatérialité de l'âme pour démontrer son immortalité. De ce que l'âme est immatérielle, il ne s'ensuit pas qu'elle soit nécessairement immortelle, mais seulement qu'il est possible qu'elle existe indépendamment du corps, et par conséquent qu'elle lui survive, ce qui est un degré pour arriver à concevoir qu'elle lui survit en effet.

Pour reconnaître que l'âme est immatérielle, il suffit de considérer attentivement les qualités par lesquelles nous connaissons l'âme et la matière; car toutes nos idées des êtres sont purement relatives, et nous ne les distinguons que par la diversité des caractères qu'ils nous présentent. Or, à moins de confondre les opérations internes que la conscience nous manifeste, avec les qualités extérieures que les sens nous font apercevoir, on est forcé de reconnaître la distinction des deux mondes. Si nous les confondons quelquefois aujourd'hui, c'est que, dès nos plus tendres années, les opérations de notre esprit, sans cesse dirigées vers les objets extérieurs, et appliquées à l'observation de qualités sensibles, se sont, pour ainsi dire, teintes de leurs couleurs et confondues avec elles par des liens qui, resserrés de jour en jour et prolongés à travers les années de l'âge mûr par l'inattention et l'habitude, enchaînent et subjuguent la raison elle-même. La tendance qu'ont tous les hommes à rapporter la sensation de couleur aux objets qui l'excitent est un exemple célèbre de cette illusion naturelle, qui confond les caractères des phénomènes internes avec ceux des phénomènes extérieurs. Mais quand on sort des habitudes de l'enfance, quand on résiste enfin à cette pente de l'imagination qui entraîne l'intelligence faible encore et mal assurée, quand on rentre en soi-même et qu'on se replie sur ses facultés, sur leurs opérations et sur leurs lois, la réflexion détruit bientôt ce tissu de vaines analogies qui éblouissent des regards superficiels; les phénomènes internes se dégagent, et le matérialisme paraît dans toute son absurdité. Il paraît alors si absurde que la raison a peine à le concevoir; et ce n'est plus le matérialisme qu'il faut craindre pour elle; c'est bien plutôt l'excès contraire, qui ne reconnaît dans l'univers d'autre existence que celle de l'esprit, système qui ne contredit que les perceptions des sens, tandis que l'autre contredit celles de la conscience elle-même, et qui a du moins pour lui quelques arguments tirés du phénomène du rêve; au lieu qu'aucun exemple ne nous montre le sentiment et la pensée sortant de la combinaison de particules matérielles.

L'âme peut donc être immortelle, puisqu'elle est immatérielle; mais quelles sont les raisons directes qui établissent l'immortalité de l'âme? Voici celles que je trouve dans M. Dugald Stewart:

1° Le désir naturel de l'immortalité, et les idées d'avenir qui sont contenues implicitement dans l'espérance. 2° Les appréhensions naturelles de l'âme dans le phénomène du remords. 3° Ce contraste de la convenance parfaite de la condition des animaux avec leurs instincts et leurs facultés sensitives, et de la disconvenance de l'état actuel de l'homme avec ses facultés et les notions de félicité et de perfection dont il est capable. 4° Les préjugés légitimes que nous fournissent les principes de notre nature, en faveur d'un perfectionnement progressif et illimité. 5° L'explication naturelle que l'hypothèse d'un état futur présente à la raison de ce pouvoir qu'elle a d'atteindre dans ses conceptions les parties les plus éloignées de l'univers, de se frayer des routes à travers l'immensité de l'espace et du temps, et de s'élever à l'idée de l'existence et des attributs d'une providence suprême; pouvoir extraordinaire, qui, sans l'hypothèse d'une autre vie, ne semble nous avoir été accordé que pour nous faire prendre cette vie en mépris et en dégoût. 6° Le contraste de nos sentiments et jugements moraux, avec le cours des affaires humaines. 7° L'inconséquence qu'il y a de supposer que les lois morales, qui président aux affaires humaines, n'ont aucune portée au-delà des limites de leur scène actuelle, lorsque toutes les lois qui président à cette partie du monde physique que nous apercevons paraissent tenir à un système universel.

M. Dugald Stewart termine ces différentes considérations en disant qu'il n'y en a pas une peut-être qui soit capable par elle-même d'établir la vérité qu'elle concourt à démontrer; mais que l'harmonie de toutes ces considérations réunies devient un argument irrésistible: car non-seulement elles donnent toutes la même conclusion, mais elles s'éclairent et se soutiennent l'une l'autre, et elles ont entre elles un accord qu'on ne peut supposer à une série de fausses propositions.

Des principes de la religion naturelle, l'auteur passe aux devoirs qu'ils imposent.

Comme c'est l'étude de la puissance, de la sagesse et de la bonté divine manifestées dans ce monde, qui est le fondement de nos sentiments et de nos devoirs religieux, cette étude elle-même est un devoir pour tout être raisonnable et moral, qui reconnaît l'existence d'un Être suprême.

Suivent divers préceptes que M. Dugald Stewart donne pour des propositions évidentes par elles-mêmes. 1° La Divinité étant le type de l'excellence morale, nous devons ressentir pour elle l'amour, la confiance et la reconnaissance qu'obtiennent de nous les qualités morales de nos semblables; car c'est en concevant tout ce qu'il y a dans l'homme de plus honorable et de plus aimable, porté à la plus haute perfection, que nous pouvons nous faire une idée de la sainteté divine. Un respect habituel et une sorte d'amour pour la Divinité peuvent donc être considérés comme un complément nécessaire à la vertu de l'homme, et un devoir spécial. 2° Bien que la religion ne soit pas l'unique fondement de la morale, cependant lorsqu'on est convaincu que Dieu est infiniment bon, qu'il est l'ami et le protecteur de la vertu, cette croyance est d'un grand secours dans la pratique de nos devoirs; alors nous considérons la voix de la conscience comme celle de Dieu lui-même; et les devoirs qu'elle impose, comme les ordres de l'Être infiniment bon, qui n'a d'autre objet que le plus grand bonheur et la plus grande perfection de toutes choses. 3° L'espérance du bonheur dans une autre vie, et la crainte des châtiments futurs, font de la religion une sanction à la vertu extrêmement utile, peut-être même nécessaire.

Enfin, le sentiment religieux, quand il est profond et sincère, doit nous faire soumettre entièrement notre volonté à celle de Dieu, et nous faire considérer les événements même les plus affligeants comme destinés à notre perfection et à notre bonheur.

Je suis loin de contester ce qu'on vient de lire sur nos devoirs religieux; cependant je demanderai si, dans une classification générale de nos devoirs, ceux envers la divinité ne devraient pas venir à la suite de tous les autres, puisqu'ils en sont et le couronnement et la fin. Nos devoirs directs et immédiats sont envers les autres et envers nous-mêmes : comme toute vertu a, pour raison, pour substance et pour idéal, la divinité elle-même, accomplir nos devoirs envers les autres et envers nous-mêmes, c'est accomplir la loi divine et nos devoirs envers la sainteté suprême. Nos devoirs qui, sans la connaissance de Dieu, seraient encore obligatoires comme devoirs de conscience, deviennent des devoirs religieux quand nous nous élevons à l'idée de Dieu. On aurait pu commencer par développer nos devoirs humains, directs et immédiats, et leur donner ensuite pour complément la volonté divine ; et quand Dieu aurait été conçu comme l'auteur même de la loi morale et le dispensateur de la vie future, c'est alors qu'avec les devoirs humains, qui se rapportent à lui, puisqu'ils sont la voix de la divinité elle-même, on aurait établi des devoirs spéciaux et immédiats envers Dieu, dérivés du nouveau rapport sous lequel il aurait été conçu : ce serait suivre plus rigoureusement l'ordre d'acquisition de nos différents devoirs. Le philosophe écossais a préféré suivre l'ordre de leur importance, et il y a sans doute de la grandeur à placer ainsi la divinité à la tête de la morale ; mais il y a aussi cet inconvénient, qu'on fait rejeter la morale à ceux qui rejetteraient la religion, et la religion à ceux qui ne l'admettent qu'avec la morale ou après la morale. Encore une fois, nous n'allons pas de la conception de Dieu à la conception de l'obligation morale, car ce serait aller de la conséquence au principe. Otez le devoir du cœur de l'homme, et je défie qu'on obtienne jamais Dieu.

Passons à nos devoirs envers les autres et envers nous-mêmes. Les principaux devoirs qui nous sont imposés envers les autres sont, d'après M. Dugald Stewart, la bienveillance, la justice et la véracité.

Ces devoirs sont distincts les uns des autres, et l'objet spécial de M. Dugald Stewart est de marquer leur différence. Le système philosophique qui tire la vertu de l'égoïsme, effraya tellement quelques moralistes, que, pour l'éviter, ils se jetèrent dans le système contraire, qui tire toutes les vertus de la bienveillance, et l'obligation que nous imposent les devoirs moraux, de leur utilité générale pour la société. Mais si ces derniers devoirs, la reconnaissance, la véracité, la justice, ne sont point immédiatement obligatoires, s'ils ne tirent leur obligation que de l'utilité générale qu'ils procurent, il faut admettre cette maxime, que la bonté de la fin justifie les moyens, c'est-à-dire, en d'autres termes, que, selon les diverses circonstances, on peut être fidèle ou infidèle à la reconnaissance, à la vérité, à la justice. Mais, dira-t-on, jamais un but d'utilité ne peut détourner de ces devoirs : car on gagne toujours plus à les suivre qu'à les enfreindre ; et c'est cette idée d'utilité qui constitue d'abord leur obligation à nos yeux ; ensuite, par une association d'idées assez ordinaire, on considère le principe sans songer à ses conséquences. Mais les partisans de cette théorie ne s'aperçoivent-ils point qu'ils la soutiennent par les mêmes arguments qu'ils combattent avec force dans les partisans de l'égoïsme, et qu'on peut tourner contre eux les objections qu'ils faisaient à leurs adversaires ? Que la véracité et la justice, et tous les devoirs, soient utiles au genre humain, c'est ce que personne ne conteste ; et si l'on pouvait prévoir toutes les conséquences de ses actions, il est à croire qu'on verrait toujours l'intérêt dans le devoir ; il est même possible que, dans la divinité, le seul principe d'action soit la bienveillance, et que le bonheur de l'espèce humaine soit la raison dernière pour laquelle Dieu lui ait imposé le devoir de la véracité et de la justice : mais il n'en est pas moins certain que la véracité et la justice sont pour nous en elles-mêmes des devoirs rigoureux, car nous avons une perception immédiate de leur obligation ; et, en vérité, s'il n'en était pas ainsi, si nous n'étions conduits au bien que par les conséquences d'utilité que nos faibles yeux y découvrent, on peut douter que tous les calculs les plus profonds rendissent assez de vertu pour soutenir la plus petite société. Cette remarque s'applique à tous les systèmes de morale qui, sous des formes diverses, déduisent les maximes de la vertu de la considération de leur utilité. Tous ces systèmes ne sont que des modifications de la vieille doctrine qui résout toute vertu dans la bienveillance.

Ce n'est point que l'auteur décrie la bienveillance ; il l'admire et il la loue ; mais il distingue la bienveillance, comme vertu, du sentiment de bienveillance. La bienveillance, dit-il, qui est l'objet de l'approbation morale, est la détermination ferme de procurer le plus grand bonheur de nos semblables, et non pas l'affection qui s'y joint et qui rentre dans la classe générale des affections bienveillantes, qui accompagnent tous les principes moraux. Ces affections sont aimables et non respectables : elles sont innées et instinctives ; elles ne sont donc pas méritoires : elles prouvent une bonne nature, et non pas un caractère vertueux. C'est là ce que n'ont point vu les écrivains qui, en parlant de la bienveillance, emploient sans cesse les expressions d'affection vicieuse ou vertueuse, tandis que ces expressions ne s'appliquent pas légitimement aux affections, mais aux actions, ou plutôt aux dispositions de l'agent moral, et à la fin qu'il se propose. L'amabilité, la douceur, l'humanité, le patriotisme, la bienveillance universelle, sont des modifications différentes de la même disposition intérieure.

La justice, dans sa signification la plus étendue, exprime cette disposition qui nous détermine à agir indépendamment de toute considération personnelle. Pour bien voir ce que c'est que la justice, il faut la considérer dans les autres plutôt que dans nous-mêmes, où la passion l'altère trop souvent ; mais il ne faut pas prendre ce moyen pour un principe, et ériger en maxime philosophique, comme l'a fait Smith, que les notions du juste et de l'injuste, relativement à notre propre conduite, ne sont qu'une application des sentiments qu'excite en nous le spectacle de la conduite d'autrui.

Le détail des maximes de justice est infini ; on peut les ramener aux deux suivantes : 1° réprimer les influences de la passion et du caractère ; 2° réprimer l'influence de l'amour-propre dans les différents où nos intérêts sont opposés à ceux de nos semblables. Le philosophe écossais appelle la première disposition, *candour* ; et la seconde, *integrity* ou *honesty*. Le premier terme n'a guère d'équivalent exact en français ; c'est à la fois la candeur, la modestie, la modération, etc. : il regarde principalement les jugements que nous portons sur les talents des autres ou sur leurs intentions ; enfin, les dispositions que nous apportons dans les discussions. L'autre forme de la justice est la probité, devoir spécial et si important, qu'il comprend à lui seul la partie de la morale appelée *jurisprudence* ou *droit naturel*.

Les observations de Hume et Smith sur la différence qui sépare la justice de toutes les autres vertus, s'appliquent à cette modification de la justice, appelée *probité*. Voici les deux caractères qui la distinguent : 1° on peut tracer ses règles avec une précision dont tous les préceptes moraux ne sont pas susceptibles ; 2° elle admet le secours de la force, c'est-à-dire que, lorsqu'elle est violée à l'égard d'une personne, elle l'autorise à employer la force pour maintenir ses droits. La première remarque appartient à Smith. A ces traits distinctifs Hume en ajoute un autre, que la probité est une vertu factice, et non pas une vertu naturelle ; et il se fonde, dit-il, sur ce que nous ne sommes pas portés instinctivement à l'exercice de la justice par une affection naturelle semblable à ces affections qui conspirent avec la bienveillance. M. Dugald Stewart reproduit ici la distinction importante qu'il a déjà établie entre une affection et ce qu'il appelle une disposition, une détermination; il écarte de la bienveillance le sentiment qui l'accompagne, et montre que la vraie bienveillance est précisément de la même nature que la probité ; que nous l'approuvons et pratiquons comme nous approuvons et pratiquons la probité, non parce qu'elle excite en nous un sentiment agréable, mais parce qu'elle nous apparaît comme un devoir. D'ailleurs, il n'est pas vrai que la probité ne soit point accompagnée d'une affection instinctive ; elle est aussi accompagnée d'une affection naturelle, qui paraît surtout lorsqu'elle est blessée, savoir le ressentiment, qui est une partie aussi réelle de la nature humaine que la pitié et la tendresse paternelle. D'où vient donc cette opinion assez générale, qu'il y a quelque chose de factice dans la probité, et qu'elle dérive des institutions sociales? Elle vient, selon M. Dugald Stewart, des formes arbitraires, des expressions scolastiques et des méthodes entièrement artificielles, employées par les philosophes qui ont traité de la probité, par les jurisconsultes qui l'ont considérée uniquement dans son rapport avec la loi, surtout par les jurisconsultes romains et ceux qui les ont servilement copiés. Je ne fais que traduire l'auteur écossais. De là, toujours selon l'auteur, sortirent de graves inconvénients: le droit naturel, une fois embarrassé dans les formes scolastiques de la jurisprudence, enveloppa de ces formes toutes les autres parties de la morale. Quoique la justice fût la seule partie de la morale qui admet des droits et des devoirs réciproques, on transporta dans tous les devoirs la réciprocité de droit et de devoir par la fiction de droits imparfaits ou externes.

Les avantages de la véracité sont évidents ; sans

elle, le langage tournerait contre sa fin, et l'expérience individuelle serait le seul moyen de s'instruire : cependant cette vertu, quelque utile qu'elle soit, n'a pas son fondement dans l'utilité ; indépendamment des résultats, il y a dans la sincérité et la candeur quelque chose d'aimable et de respectable, et l'équivoque et la tromperie font horreur. Hutcheson lui-même, ardent défenseur de la théorie de la bienveillance, admet un sentiment de la véracité distinct du sentiment des qualités utiles. Reid et Smith ont très bien vu que, sans une disposition naturelle à la véracité et une autre à la crédulité, l'éducation des enfants serait impossible, et qu'une certaine analogie rapproche ces deux principes de ce principe naturel qui nous fait croire à la stabilité des lois de la nature. La véracité n'est point le résultat de l'expérience ; elle est d'abord illimitée : l'expression spontanée est l'expression vraie ; la fausseté implique une certaine violence faite à notre nature, et cette violence est le fruit plus ou moins tardif de l'expérience et de la société. Aussitôt que l'homme ment, il couvre quelque intention perverse qu'il n'ose avouer ; et c'est là ce qui fait la beauté particulière de la franchise et de la candeur, qui réfléchissent en elles les grâces de toutes les autres qualités morales dont elles attestent l'existence.

On rapporte ordinairement à la véracité la fidélité à ses promesses. M. Dugald Stewart pense qu'elle appartiendrait mieux à la justice. Une personne, dit-il, qui promet avec l'intention de tenir, et qui cependant manque à sa parole, manque à la justice, à parler rigoureusement. Une personne qui promet sans avoir intention de tenir est coupable à la fois d'injustice et de tromperie. La véracité, selon M. Dugald Stewart, est le fond de l'honneur moderne.

L'auteur arrive aux devoirs envers nous-mêmes. Nos devoirs envers nous-mêmes nous imposent l'obligation de ne point négliger les moyens légitimes qui peuvent procurer notre bonheur. Il s'agit d'établir cette obligation, qui paraît étrange. Voici comme le fait M. Dugald Stewart. Le principe de l'amour-propre, ou le désir du bonheur, ne peut être l'objet ni de l'approbation ni du blâme; il est inséparable de la nature de l'homme, considéré comme être raisonnable et comme être sensible. Ce principe peut s'égarer, et nous écarter ou du bonheur ou de la vertu : or, même dans ce dernier cas, nous jugeons nous-mêmes, ou les autres jugent pour nous, que nous avons mérité d'être punis pour notre imprudence; alors le remords n'est pas seulement le regret d'avoir manqué le bonheur que nous espérions, il ne se rapporte pas seulement à notre condition présente, mais à notre conduite passée. Voyez, sur la nature du remords, la dissertation de Buckler sur *la nature de la vertu.* Il suit de là, dit M. Dugald Stewart, que toute personne qui croit à des récompenses ou à des punitions futures, doit croire aussi que le crime d'une mauvaise action est aggravé par l'imprudence avec laquelle on s'y est précipité.

En parlant du bonheur, il se défend de faire un système pour l'atteindre, et indique à cet égard les opinions contradictoires des épicuriens, des stoïciens, des péripatéticiens; il renvoie, pour la doctrine stoïque, à Ferguson, à Smith et à Harris, qui sont encore loin d'avoir pénétré la profondeur de cette doctrine, la plus mal appréciée, la plus inconnue de toutes les doctrines antiques. Il considère le bonheur par rapport au tempérament, à l'imagination, aux opinions, aux habitudes. Il répand dans toutes ses recherches une foule d'observations intéressantes, trop nombreuses pour trouver ici leur place, trop délicates pour être ramenées à des principes généraux.

Il entre dans une analyse rapide des différents plaisirs, qu'il distingue en plaisirs de l'activité, plaisirs des sens, plaisirs de l'imagination, plaisirs de l'entendement, plaisirs du cœur, et il montre toujours l'harmonie constante du bonheur et de la vertu. Il termine par quelques sages réflexions sur la nature générale de la vertu, sur l'ambiguïté des mots *vertu* et *vice*, et l'usage de la raison en morale. La définition la plus complète de la vertu, selon M. Dugald Stewart, est la définition pythagoricienne : ἕξις τοῦ δεόντος. En effet, la vertu n'est pas la prédominance de telle ou telle vertu particulière, mais la disposition constante d'obéir au devoir ; disposition qui devient moins pénible par l'habitude : ce qui d'abord était sacrifice finit par être satisfaction. Voilà ce qui justifie ou plutôt ce qui explique la maxime, en apparence si paradoxale, d'Aristote, que là où il y a renoncement à soi-même, il n'y a pas de vertu.

On applique, dit M. Dugald Stewart, les épithètes de juste et d'injuste, de vertu et de vice, tantôt aux actions, tantôt aux intentions : de là une confusion dans le langage et les idées, qu'il cherche à dissiper en distinguant le bien absolu du bien relatif. Le bien relatif consiste dans la bonté de l'intention de l'agent, sans que l'action soit convenable : le bien absolu est l'accord de la bonne intention et de l'action convenable. C'est la bonté relative d'une action qui détermine le mérite moral d'un agent ; c'est sa bonté absolue qui constitue son utilité pour la société du genre humain. M. Dugald Stewart remarque très-bien qu'un sentiment sincère du devoir doit nous faire tendre à la bonté morale absolue ; que la négligence à s'instruire, c'est-à-dire à éclairer ses intentions, est une négligence criminelle ; que, dans une circonstance particulière, nous devons faire ce qui nous paraît alors notre devoir; mais que si nous nous trompons et manquons la bonté absolue, pour n'être pas coupables de nous être trompés nous pouvons l'être de ne pas avoir employé antérieurement tous les moyens de rectifier, d'étendre et d'éclairer nos jugements. A l'appui de cette distinction importante, l'auteur cite le rapport et la différence qui se trouvent entre les expressions grecques καθῆκον et κατόρθωμα, et entre les phrases latines *officium medium* et *officium perfectum*, et les expressions scolastiques de la vertu matérielle et de la vertu formelle. Il termine par indiquer les différentes circonstances dans lesquelles le sentiment du devoir a besoin d'être dirigé par la raison. Je termine moi-même cet article, en soumettant aux lumières et à la bienveillante indulgence de l'auteur les remarques que je me suis permises dans l'analyse de son excellent traité : je ne finirai pas non plus sans recommander encore à ceux qui cultivent une science aussi importante que négligée, l'étude et la méditation d'un ouvrage qui, sous des formes très simples, cache souvent des vérités profondes, n'omet aucune vérité utile, contient une foule d'observations solides et ingénieuses, offre le modèle de la vraie méthode philosophique, et rend partout hommage à la raison et à la vertu.

IIe SUPPLÉMENT.

Les réflexions aphoristiques suivantes d'un ami particulier m'ont semblé se lier d'une manière assez étroite au sujet traité par M. Dugald Stewart, et surtout au système de philosophie allemande et écossaise dont il est question dans les derniers chapitres, pour me justifier de les insérer ici. Je prierai seulement le lecteur de se rappeler que ces réflexions ont été écrites en 1816, par un homme jeune encore; et que j'ai préféré laisser ces idées telles qu'elles lui apparaissaient dans leur premier développement, plutôt que d'en rompre l'unité, en introduisant au milieu d'opinions sorties, pour ainsi dire, d'un premier jet, des opinions nouvelles élaborées par plusieurs années d'un travail ultérieur.

RÉFLEXIONS

APHORISTIQUES.

On parle beaucoup des définitions et du soin qu'il faut prendre de déterminer le sens des expressions qu'on emploie. Je suis loin de contester l'avantage que peut retirer la science de définitions précises et rigoureuses; mais ne prend-on pas l'effet pour la cause, quand on attribue les progrès que les sciences physiques ont faits depuis deux siècles à la méthode des définitions? Définissez avec autant de soin qu'il vous plaira, empruntez le secours des langues les plus parfaites, de la géométrie et de l'algèbre; et la métaphysique pourra languir long-temps encore dans l'incertitude et les hypothèses. La racine du mal n'est pas là; le vice est dans nos méthodes, comme l'avantage de la physique et de la chimie sur la métaphysique est véritablement dans leurs méthodes, c'est-à-dire dans leurs habitudes expérimentales. Quelle illusion de croire que c'est à une nomenclature que la botanique et la chimie doivent leurs progrès! Mais cette nomenclature a sa raison aussi, et où est-elle ? dans des expériences bien faites. Quand les faits sont bien connus, on les décrit aisément, et la science avance. Mais que parle-t-on de bien décrire quand on n'a point encore observé ? Nous n'en sommes pas encore à disputer sur les formes : il faut d'abord acquérir le fond et nous procurer des expériences.

L'école écossaise ne s'occupe que des caractères actuels des connaissances de l'homme, elle ne se demande pas comment il a pu acquérir ces connaissances ; elle les décrit telles qu'il les possède aujourd'hui, sans rechercher leur origine. Pour cette école, rechercher l'origine de nos connaissances, c'est déterminer simplement les facultés auxquelles nous les devons, et les lois qui se rencontrent dans l'action de ces facultés. Ennemie des hypothèses, elle craint de s'y laisser entraîner en remontant au-delà du présent ; attachée à l'analyse, elle décompose sans cesse et rejette toute synthèse. On ne saurait trop louer une pareille méthode ; c'est le véritable instrument de la psychologie, qui elle-même est la véritable clef de toute saine philosophie ; et l'école écossaise, en l'appliquant avec sagesse, a bien mérité de la science. Mais si les résultats d'une pareille méthode éclairent beaucoup l'intelligence, ils sont loin de l'expliquer tout entière. L'homme ne veut pas connaître seulement l'état actuel de ses connaissances, mais leur origine et leur portée ; il veut savoir d'où il est parti, et jusqu'où il peut aller. L'infatigable curiosité humaine ne se repose point dans les sages analyses de la philosophie d'Écosse ; elle veut percer les ombres du passé et les ombres plus épaisses encore de l'avenir. Aussi les plus grands génies, quelque sévère d'ailleurs que fût leur méthode, n'ont pu s'empêcher d'essayer au moins de sonder les profondeurs de ces grands problèmes, et de rechercher la source et le terme du fleuve mystérieux de la pensée. Faut-il désespérer de tout résultat satisfaisant en ce genre ? je ne le crois point. La philosophie écossaise est le commencement de la science, elle n'en est pas la fin ; et on peut, on doit même chercher à réunir à la circonspection qui assure toutes ses démarches l'énergie et la fermeté qui avancent sans cesse les yeux fixés sur le but.

Étudier l'histoire de la philosophie, c'est, un modèle étant donné qui est nous-mêmes, reconnaître si le portrait est fidèle. Mais pour juger du portrait, il faut connaître l'original, et l'étude de l'histoire de la philosophie a besoin d'être précédée de l'étude approfondie de la philosophie elle-même.

L'harmonie préétablie, qui a été imaginée pour expliquer la connaissance des objets externes, n'explique rien. Que donne après tout l'harmonie préétablie? Des perceptions, qui sont le reflet des choses, le miroir des êtres. Mais reste toujours le mystère de la connaissance: comment *apercevons*-nous nos *perceptions?* comment l'âme aperçoit-elle que ces perceptions sont représentatives, qu'elles sont un reflet, un miroir, et qu'il y a quelque chose différent d'elles? L'harmonie préétablie est le pont entre les objets et les perceptions: mais où est le pont entre les *perceptions* et les *aperceptions?*

Le moi est une force, la matière est une force; ces deux forces agissent continuellement l'une sur l'autre, l'homme sur la matière et la matière sur l'homme dans le phénomène de la vie, qui est l'action de la force vitale contre l'action de la force extérieure. L'univers est le spectacle de deux forces en action; tout est force, tout est énergie; par conséquent tout est combat; la nature des êtres est une tendance contraire, leur harmonie une guerre, leur fin la destruction. Au-dessus de ces deux forces est la force divine, qui se joue d'elles, et s'amuse à les briser l'une contre l'autre.

Otez le mouvement du monde, plus de cause externe : le monde alors sera la substance de ses modifications; il ne sera plus la cause de ses effets. Au physique comme au moral, je distingue l'acte et le fait. C'est un fait que tel corps est rond, et c'est un acte que le corps gravite ; comme c'est un fait que je désire, et c'est un acte que je veux. Peut-être n'y a-t-il au fond qu'un seul ordre, et peut-être tout est-il acte : certainement tout n'est pas fait.

Toutes les idées que nous pouvons nous faire de la création sont empruntées, en dernière analyse, à la conscience de notre causalité personnelle. Or, dans la *causation*, il y a la création d'une détermination intérieure ou d'un mouvement externe, c'est-à-dire la création de quelque chose de phénoménal. Partant de là, qui peut nous permettre de concevoir légitimement la création de substance ?

Sans la force de causalité, sans la volonté, sans cette portion d'activité qui n'aperçoit pas seulement ce qui se fait en nous, mais qui fait elle-même, qui prémédite un mouvement et qui l'accomplit, que serions-nous? Des êtres passifs, dont l'intelligence se bornerait tout au plus à la conscience de leur passivité. L'influence extérieure jointe au *fatum* du corps, accablerait notre misérable existence. Témoins dans le drame infortuné de la vie, nous n'y jouerions aucun rôle que celui de la victime.

L'homme est si peu porté à la réflexion, que d'abord il attribue toutes ses connaissances aux influences extérieures; et c'est un rapport remarquable entre Aristote et Platon, que tous deux attribuent nos pensées à des causes externes. Aristote les fait venir du dehors par les sens; Platon, de Dieu, par l'intelligence. Les *espèces sensibles*, ou *les idées*, ne sont peut-être que des formes diverses d'une philosophie tout extérieure, qui ne reconnaît d'autre origine à la pensée humaine que l'*émanation*. Cette explication de l'intelligence est vieille. Il serait curieux de remonter à sa première origine; on la trouverait dans les doctrines orientales, qui passèrent dans les écoles de la Grèce, par la Phénicie et l'Égypte, et arrivèrent ainsi dans l'académie et le lycée, où elles prirent des formes particulières et se combinèrent avec les erreurs et les vérités enseignées dans ces deux écoles. J'attribue encore à la même faiblesse de l'esprit, qui cherche partout hors de lui l'origine de ses connaissances, cette vieille croyance à une révélation primitive par laquelle Dieu aurait donné à l'homme toutes ses connaissances. Socrate pensait que notre connaissance n'était que ressouvenance ; il plaçait dans une vie antérieure les éléments de nos connaissances actuelles. Faire penser, c'était, pour lui, rappeler, *faire accoucher;* expression plus juste dans ma théorie que dans la sienne : car on *n'accouche* que ceux qui peuvent produire, et se ressouvenir successivement n'est pas produire. Il est vrai pourtant que nous produisons, et selon moi toute connaissance est un vrai enfantement ; car toutes nos connaissances, ou du moins la plus grande partie, sont filles de la volonté humaine travaillant dans les profondeurs de la conscience.

Selon M. Degérando (*Sur l'origine des connaissances humaines*; prix remporté à Berlin), l'origine de nos connaissances est dans l'expérience extérieure. Cependant nulle connaissance n'est dérivée de l'expérience extérieure toute seule. Comment n'y aurait-il que l'expérience extérieure dans la conscience, théâtre et sujet de toutes nos connaissances?

Il y a deux sortes d'idées : idées intégrantes et primitives données dans le développement interne ; idées secondaires et adventices, qui se groupent autour des premières, se moulent sur elles, s'y adaptent, s'y incorporent pour ainsi dire.

Deux systèmes d'idées : l'ultérieur et le primitif, le simple et le composé, l'externe et l'interne. Il faut pour constituer la science, tirer l'externe de l'interne, de telle sorte qu'on puisse, en remontant, non par des hypothèses, mais par la conscience, à cet interne primitif, se retrouver toujours en présence du système originel de nos connaissances et les saisir à leur racine. L'idéologie est un système passif; c'est une classification de faits qui se passent en nous, sans nous, abstraction faite de la force active et des opérations qui participent à leur formation. D'un autre côté, Kant et Reid, qui posent *à priori* des formes ou lois qui ne *font pas l'expérience*, mais *qui la rendent possible*, qui, en se rencontrant avec elle, la reçoivent et lui communiquent une certaine forme, indépendamment de la volonté de l'être intelligent, Kant et Reid ne présentent encore que des systèmes abstraits passifs dans leurs bases. Oui, la philosophie doit atteindre les réalités extérieures, et s'élever jusqu'à l'être des êtres, mais sa racine est dans la conscience de l'homme.

Ce qui a égaré Locke, c'est son arbitraire division de l'homme en intelligence et en volonté. Locke a très bien vu ce que c'est que la volonté, qu'il définit la puissance de produires, de mouvoir; mais, plaçant la volonté hors de l'intelligence, il exclut la volonté de toutes nos premières idées, filles de la sensation et de la réflexion. Or, aussitôt qu'il n'y a pas de volonté dans la réflexion, on peut en faire aisément une modification de la sensation, ce qu'a fait Condillac; et M. de la Romiguière n'est pas conséquent, lorsque, séparant la volonté de l'attention, il fait de l'attention une faculté distincte de la sensation.

Il y a deux mémoires: l'une fille de la sensation, l'autre de la volonté. Une image qui revient n'est pas un souvenir, un souvenir implique l'idée du passé et l'identité du sujet. M. de Tracy ne considère, avec Condillac, dans la mémoire, que le produit de la réminiscence, qui est souvent une image; mais il ne parle pas de la force volontaire de se rappeler, ni de la connaissance du passé, ni de l'identité du sujet qui se rappelle ce qu'il a fait et voulu. La mémoire passive est à la mémoire volontaire ce que la vue est au toucher.

Rien n'induit plus à faire des cercles vicieux que l'habitude des abstractions logiques qui vous remènent d'ordinaire au point d'où vous êtes parti. M. de Tracy, analyste logicien, cherche la résistance, et la trouve par le mouvement, quand c'est le mouvement, qui est donné par la résistance. Il cherche pourquoi l'animal n'a pas de signes. C'est, dit-il, qu'il n'est pas capable de distinguer les sensations particulières renfermées sous une sensation complexe ; mais comme l'animal ne pourrait faire cette opération sans signes, il s'ensuit que l'animal n'a pas de signes parce qu'il n'a pas de signes. Toute institution suppose une puissance d'institution. Mais l'institution, réagissant sur la puissance qui l'institue, la développe, l'étend, de sorte que celle-ci lui doit ses progrès et paraît en dépendre. Mais comme la puissance d'institution a créé l'institution qui la fortifie, il est vrai de dire que c'est à elle-même qu'elle doit tous ses progrès ultérieurs. Ainsi le génie moral dicte les lois qui règlent la moralité et paraissent la faire, quand jamais ces lois n'eussent existé sans lui. Si l'on examinait ainsi les effets des grandes institutions naturelles, on verrait qu'ils ne sont point arbitraires, parce que leurs causes ne le sont pas ; et l'on ne confondrait plus les causes prochaines et immédiates avec les vraies causes plus éloignées.

Il est absurde de dire que l'homme ne pense qu'au moyen de signes, si l'on n'ajoute qu'il n'a des signes que parce qu'il pense. Les signes ne créent point de facultés ; ils supposent une activité intentionnelle antérieure, qui a pu les créer parce qu'elle l'a voulu ; et c'est de cette volonté productive qu'il faut nous relever, et non des signes qui n'en sont que les produits.

Pourquoi l'animal ne pense-t-il pas? Parce qu'il n'a pas de signes, dit-on. Mais pourquoi n'a-t-il pas de signes? Parce qu'il ne pense pas. Et il ne pense pas, parce qu'il ne veut pas, c'est-à-dire qu'il ne produit pas volontairement, et que, par conséquent, ce qu'il fait n'étant pas un effet qu'il puisse distinguer de sa cause, il est toujours sous la loi de l'affection passive, ne conçoit pas l'intention, et ne peut attacher une intention métaphysique à un son matériel.

On confond trop la vie et l'existence. La vie est l'exercice et le développement de nos facultés : l'existence en est la substance. Ma vie date du premier acte de conscience ; et dès que la conscience s'éteint en moi, la vie cesse, comme dans la léthargie, dans le sommeil, dans la mort. Mais puisque nous savons aujourd'hui que nous sommes, même alors que nous ne vivons pas, par exemple dans le sommeil, qui nous assure que nous n'étions pas avant de vivre, et que nous ne serons pas encore après avoir vécu? Oui, nous étions avant de vivre, et nous mourrons sans périr. La vie est au pouvoir de l'homme, de ses passions, d'un moment de délire, des tyrans, d'une balle de plomb, d'un caillou, d'un insecte, d'un gravier, dit Pascal : l'être est au pouvoir de Dieu seul. — L'être tend à l'être: naturellement le non-être ne sort pas plus de l'être, que l'être ne sort du néant; et nous ne pouvons pas plus cesser d'être sans Dieu que nous ne pouvions être sans lui : nous le retrouvons après comme avant.

La vie est un drame assez triste, qui se joue sur le théâtre de l'existence; la mort finit la pièce.

On demande si nous débutons par la sensation ou par la pensée. Par tous les deux. Nous ne trouvons pas d'abord le dehors tout seul, ce qui impliquerait contradiction: un non-moi sans moi, comme spectateur au moins, est absurde. Nous ne trouvons pas non plus le moi tout seul; mais nous le trouvons déjà lié à quelque chose d'étranger, qui le limite et en même temps le détermine.

Nous n'allons pas de la circonférence au centre, ni du centre à la circonférence : le cercle nous est donné tout entier en nous-mêmes.

L'expérience et les sens enseignent le matérialisme; l'expérience externe et le monde ne parlent que de mort et de destruction: l'âme seule parle d'immortalité.

Toutes nos notions négatives sont postérieures et logiques. Nos premières notions sont positives et absolues. Le oui avant le non; être d'abord, et non pas néant. Or de l'être on ne tire que l'être, et l'infini est une idée première.

Il y a toujours dans la conscience quelque exercice de l'activité personnelle appliquée à un objet quelconque avec la supposition vague de l'existence.

Il me semble que c'est l'idée de fini et de succession qui est une acquisition de l'expérience, et que la croyance à l'éternel et à l'infini est naturelle à l'âme. Interrogez habilement un enfant; vous verrez qu'il n'a aucune idée de la mort, et il faut bien des expériences pour l'introduire dans son esprit. En général, nous méprisons trop l'enfance. Souvent ses paroles révèlent une sagesse où l'esprit le plus indépendant et le moins crédule ne peut s'empêcher de soupçonner quelque chose d'admirable. Celui qui est venu imposer silence à la fausse sagesse des sens et à l'orgueil de l'esprit, confondant encore en cela nos préjugés, n'a-t-il pas recommandé aux hommes de se faire semblables à l'enfant? Qu'on y pense sérieusement. Pourquoi l'homme arriverait-il à la vie sans aucune dot? Les idées innées sont une expression inexacte : mais les croyances ou mieux encore les lois innées sont incontestables; et parmi ces lois ou croyances, je place celle de l'infini et de l'éternel. Étudions nos désirs instinctifs et ce qui se passe au fond de nos cœurs : nous y verrons et un besoin et une attente d'avenir infini qui nous étonnera. Vainement une philosophie superficielle vient se mettre en opposition avec la nature humaine ; à défaut d'arguments et de syllogismes n'avons-nous pas nos besoins les plus intimes, qui sont des droits légitimes? Disons, avec Hemsterhuis et Jacobi, qu'un soupir de l'âme vers le futur et l'infini est une démonstration plus que géométrique du temps sans borne et de son éternel auteur.

La notion du temps serait contradictoire avec elle-même si on la supposait dérivée de l'idée de succession. Toute succession est une durée limitée, et le temps n'a pas de limite. Multipliez tous les temps, et vous ne ferez pas encore le temps. Une somme d'instants, si considérable qu'elle puisse être, n'est pas plus de l'éternité, que la somme la plus considérable de zéros n'est un nombre. La succession mesure le temps, et ne le constitue pas.

La possibilité de la notion d'infini et d'éternel tient à la nature éternelle et infinie de l'âme.

Le passé et l'avenir sont deux rapports dans l'éternité, qui est un présent continuel.

La loi morale ne peut commander qu'à une volonté libre. Le monde moral est celui de la liberté. Là où il y a libre détermination, acte voulu et délibéré, est le monde spirituel. Or, nous ne vivons sur la terre, nous ne subsistons que par des actes continuels de volonté et de liberté. Le monde spirituel est donc déjà pour nous sur cette terre. Nous vivons au sein de deux mondes, sur les confins de deux empires séparés dont nous formons la mystérieuse réunion. La vie éternelle et spirituelle commence pour moi sur la terre, dans le monde de ma volonté et de ma liberté. Pour pénétrer dans le ciel, il n'est pas besoin de percer les ombres du tombeau; le ciel est déjà dans le cœur de l'homme libre : *et cœlum et virtus*, dit Lucain. Je suis citoyen du royaume invisible des intelligences actives et libres. Mais quelle est la détermination de ma volonté qui éclaire à mes yeux ce monde invisible? Demandez-le à la conscience. Examinez-vous quand vous faites votre devoir, et le ciel vous apparaîtra au fond de votre cœur. Ce n'est pas par des raisonnements qu'on acquiert la conviction du monde spirituel : c'est par un acte libre de vertu, qui est toujours suivi d'un acte de foi à la bonté morale, et d'une vue intérieure de Dieu et du ciel.

Le monde sensible agit sur moi, et l'impression que je reçois est pour moi une occasion de vouloir. Mon vouloir agissant à son tour détermine un changement dans le monde sensible. C'est là l'ordinaire de la vie humaine, où le vouloir ne se manifeste qu'à la suite de mouvements sensibles et par des mouvements sensibles. Mais déterminez-vous par vous-même, que votre vouloir n'ait sa raison qu'en soi? déjà vous sortez d'esclavage, votre vie s'épure et s'élève. Faites plus encore : contenez votre vouloir en lui-même, qu'il agisse sans se manifester au dehors, que ses libres déterminations ne sortent pas du sanctuaire intérieur; c'est-à-dire, ne cherchez point à imposer votre vouloir à la nature et à le marquer par des effets sensibles : et vous voilà tout-à-fait affranchis du monde matériel, votre vie est toute spirituelle, vous êtes parvenus à la source de la véritable activité, vous êtes en possession du saint, du pur et du divin; vous avez une vue intérieure de la vie divine qui se révèle dans la vôtre. Se placer hors de toute condition sensible; vouloir, sans égard pour les suites de son vouloir; vouloir, indépendamment de tout antécédent et de tout conséquent; replier ses déterminations sur elles-mêmes, c'est là la vraie liberté, le commencement de l'éternité. On peut parler de liberté, de sainteté, de pureté : mais on ne combine que des mots lorsqu'on ne s'est point affranchi soi-même. On n'obtient, dit le christianisme, le sens de la vie éternelle qu'en renonçant au monde et à ses fins. Alors la foi en l'éternel entre dans l'âme. Enfin, selon les images de la doctrine chrétienne, il faut mourir et être enfanté de nouveau pour entrer dan le royaume des cieux.

La philosophie n'est que la vue du cœur généralisée. Si la volonté est attachée au monde sensible, comment peut-on croire à la sainteté et à une autre vie? On traite l'éternité de fable, ou on y croit par préjugé. Réformez le cœur pour réformer la philosophie. Les lumières de l'esprit ne seraient que ténèbres sans la lumière de la vertu. O si l'âme de Caton, si l'âme de Socrate et de saint Louis s'étaient racontées elles-mêmes, quelle belle psychologie morale nous aurions! mais la bassesse s'analyse et s'érige en principe.

La volonté infinie et éternelle se révèle à nous dans la conscience morale, dans ce commandement suprême, *Veux le bien;* et la volonté humaine individuelle se mêle à la volonté infinie en obéissant librement à sa voix. Dieu s'incline vers l'homme dans la loi du devoir; l'homme s'élève à Dieu dans la soumission intérieure à cette loi. Là est le grand mystère de l'éternité se découvrant à l'humanité, et de l'humanité se revêtant librement de l'éternité. L'homme est tout entier dans ce mystère: donc la morale est la source de toute vérité, et la vraie lumière réside dans les profondeurs de l'activité volontaire et libre.

Voici un fait incontestable, simple, indécomposable, irréductible :

Fais le bien, sans égard aux conséquences; c'est-à-dire, Veux le bien.

Puisque ce commandement n'a pas d'objet terrestre, visible, matériel, applicable aux besoins de cette vie et de ce monde sensible, il suit que, ou il n'a pas de fin, de but; ou il a une fin, un but invisible, et qu'il regarde un monde différent du nôtre, où les mouvements qui résultent des volitions sont comptés pour rien, et où les volitions elles-mêmes sont tout.

S'il n'y a pas un monde mystérieux, invisible, où toutes nos bonnes volontés nous sont comptées, quel est donc sur la terre le but de la vertu?

1° Sert-elle au mécanisme de l'univers?

2° A-t-elle pour fin la civilisation du globe?

3° L'amélioration de la destinée humaine sous le rapport des commodités locales et physiques?

4° La paix du monde?

5° Le plus grand développement moral du genre humain, d'où sortirait sa plus grande perfection en général, avec son plus grand bonheur?

Pour tout cela il n'était pas besoin de vertu. Dieu n'avait qu'à construire des machines sans liberté; il aurait eu un aussi beau spectacle, s'il ne voulait que le spectacle du bonheur. Mais, dira-t-on, il le voulait produit par nous-mêmes. Il ne l'aura jamais; le bonheur universel sur la terre est une folie. Ensuite, Dieu pour arriver à ce but pouvait se dispenser de nous donner la loi morale, la conscience; il suffisait de l'égoïsme. Remarquez que dans le monde sensible peu importe pourquoi un fait a lieu, pourvu qu'il ait lieu. Donnez plus de lumière à mon égoïsme, ou augmentez la force de ma sympathie naturelle, je ferai autant ou plus de bien aux autres que par le seul sentiment du devoir.

L'induction a besoin d'une base dans un état à peu près semblable, et dans une donnée primitive.

Jamais nous ne concevrions des causes volontaires extérieures, si une cause volontaire interne ne nous était donnée. L'interne ne contient pas l'externe, mais il le révèle. Ainsi sur la terre nous ne pourrions nous élever à l'idée d'une autre vie toute spirituelle, si nous n'en trouvions déjà une image dans cette vie intérieure de la volonté, dans ce monde des déterminations libres et des intentions vertueuses, où ne pénètre rien de sensuel et de terrestre. Otez cette donnée humaine, la vie divine n'est pas seulement incompréhensible, mais inconcevable; l'induction n'y porte pas. et jamais l'homme n'en eût eu l'idée.

Descartes disait : Donnez-moi la matière et le mouvement, et je vais créer le monde. Je dirais volontiers : Donnez-moi la conscience et l'induction, je vais créer les connaissances premières et les connaissances ultérieures, le subjectif et l'objectif, *l'aperception* et *la croyance.*

Ainsi la vie future est *crue* dans la vie vertueuse *aperçue* par la conscience.

Je voudrais avoir toujours présentes à l'esprit les maximes suivantes :

1° Les conséquences d'une action, quelles qu'elles soient, ne la rendent ni bonne ni mauvaise moralement ; l'intention est tout. A parler rigoureusement, il n'y a pas d'action morale, il n'y a que des intentions morales.

2° Pour qu'une intention soit bonne moralement, il faut qu'elle ne soit pas intéressée.

3° Sont regardées comme intéressées toutes intentions où il y a un retour personnel. Ainsi, faire une chose pour avoir de l'argent, des honneurs, de la gloire, des applaudissements, des plaisirs, soit sensuels soit intellectuels, des plaisirs externes ou internes, pour entendre dire que l'on est généreux ou pour pouvoir se le dire à soi-même, pour avoir des récompenses sur la terre ou même dans le ciel, tout cela est également en dehors de la morale.

4° Sont regardées comme indifférentes les actions qui viennent de l'impulsion de l'organisation. Ainsi, l'homme qui, entraîné par un mouvement irrésistible de pitié et de sympathie, prodigue sa vie pour servir son semblable n'est pas encore un être moral.

5° Est regardé comme être moral celui qui après avoir pesé une action et l'avoir trouvée juste, la fait uniquement parce qu'il croit qu'il faut la faire, et par cette seule raison qu'elle est juste.

L'homme est un être qui peut être grand.

Quand un enfant naît au Mexique, on lui dit : Tu es venu au monde pour souffrir ; souffre et tais-toi. Le sauvage mexicain a-t-il résolu le problème de la vie ?

Quelle est la véritable fin des passions ? Sont-elles destinées à procurer à l'homme qui sait en user sobrement l'espèce de félicité dont il peut jouir sur la terre ? ou leur objet véritable n'est-il pas plutôt d'exercer l'homme par les combats qu'il est contraint de leur livrer pour sauver sa vertu de leurs attaques ? Des deux natures dont l'homme est composé, l'une est si supérieure à l'autre, que l'autre semble faite pour elle, et que les lois physiques ne servent peut-être qu'au développement des lois morales.

Y a-t-il une passion primitive et élémentaire ? ou y a-t-il des genres de passions essentiellement différentes ?

Ici la question de la matérialité ou de l'immatérialité de l'âme est fondamentale ; car si l'âme n'est pas spirituelle, si les passions appartiennent aux corps, elles doivent toutes être spécifiquement distinctes, comme toutes les qualités et propriétés de la matière, et la recherche de la passion élémentaire est une absurdité. Une fibre n'engendre pas une fibre. Si, au contraire, l'âme est une force spirituelle, les divers développements de cette force peuvent très-bien engendrer les diverses passions ; et alors rien de plus absurde encore que le système de Bonnet, ou de Gall, sur les fibres ou les bosses, dont la variété organique supposerait des foules de passions distinctes originellement.

DE L'HISTOIRE DE LA PHILOSOPHIE.

On peut résoudre le problème du principe des connaissances humaines par la raison ou par l'expérience. Cette différence se rencontre à la naissance de la philosophie entre les deux premières écoles grecques, celle d'Ionie et celle d'Italie. La science avance ; la difficulté reste, et les diverses manières de la résoudre caractérisent les diverses écoles. Pythagore revit dans Platon, qui voit tout *à priori*. Aristote reproduit Anaxagore ; observateur exact, il induit scrupuleusement ses principes de faits qu'il constate, et quand il expose une théorie il marche toujours *à posteriori*. L'académie et le lycée sont les deux écoles qui contiennent à peu près toutes les autres ; elles ont partagé l'antiquité et le moyen âge. Leurs doctrines, diversement accueillies selon les siècles, les lieux, le génie religieux des différents philosophes, composent toute la philosophie depuis Alexandre jusqu'à Bacon. Peut-on faire un plus grand éloge de deux hommes, que de pouvoir dire avec vérité que, pendant deux mille ans, l'esprit de leurs semblables a marché sur leurs traces, et n'a eu d'autre honneur que celui d'entendre plus ou moins profondément leurs pensées? L'éloge est immense, mais il est incontestable pour qui s'est engagé dans les obscurités de la philosophie chrétienne et arabesque. Platon est un père de l'église ; il règne long-temps à Alexandrie. Aristote reparaît et refleurit sous les Arabes, et donne naissance à la scolastique. Il est certain qu'avant l'apparition des Maures, Platon était à peu près le philosophe de l'Europe chrétienne ; tous ceux qui n'étaient point sceptiques, ceux qui avaient cherché à resoudre le problème fondamental, l'avaient résolu comme lui. Aristote l'emporte ensuite ; mais, mal étudié et mal compris, il n'engendre que la scolastique. On n'étudiait alors que la logique, et la logique du temps n'était guère que l'art de disputer sans s'entendre. Les grandes discussions avaient cessé, et, dans ce silence du génie sur les hauts intérêts de la science, on n'entendait que le bruit sourd et confus de la dialectique péripatéticienne, dégradée par toutes les petites inventions du bel esprit arabesque et de la subtilité monastique. Cependant la question fondamentale reparaît, avec les deux doctrines rivales, dans la célèbre querelle des *réalistes* et des *nominaux*, au renouvellement des sciences. Quand l'antiquité fut mieux étudiée, Platon et Aristote partagèrent encore les esprits. Aristote est expliqué par Pomponat et George de Trapezonte; Platon a pour lui Bessarion, et d'autres noms célèbres. Tel était l'état de la philosophie quand Bacon parut.

Enfin voici un homme de génie depuis Platon et Aristote ; l'espace intermédiaire est rempli par des beaux esprits ou des moines. Bacon mérite le nom de père de la philosophie moderne, en ce sens qu'il lui a donné les méthodes qui ont produit les plus belles découvertes des derniers temps. Il n'est pas le père de la philosophie moderne pour l'avoir enfantée, mais pour l'avoir inspirée. Si on me demandait quelle est la philosophie de Bacon, je me tairais par respect pour ce grand homme, ou je dirais qu'il n'en a point eue; son but n'était pas de faire adopter tel ou tel système, mais la méthode générale qui peut conduire à la vérité. Un orateur philosophe a comparé Bacon à une de ces statues qui, placées sur les grandes routes, enseignent par où il faut marcher, mais qui restent immobiles; et Bacon dit lui-même : *Je ne me propose pas d'éclairer tel endroit du temple; je veux allumer un grand flambeau qui illumine tout l'édifice.* On ne peut donc pas dire l'école de Bacon comme on dit l'école de Platon, parce que Bacon n'a point eu de doctrine positive qui ait trouvé des disciples et des propagateurs; mais c'est son esprit qui anime toute la philosophie moderne, et qui lui a donné ce caractère de sévérité et d'exactitude qui la distingue de l'antiquité. Toutefois on peut dire que Bacon, sans enseigner une philosophie spéciale, recommandant sans cesse l'expérience, engage à expliquer tout par elle; et c'est dans ce sens qu'il est le chef d'une école particulière, et que lui-même appartient à celle d'Aristote. Mais j'aime mieux considérer Bacon hors de toute école, au-dessus des disciples et des maîtres, dominant toutes les philosophies, sans pencher vers aucune. Cependant l'ardeur philosophique s'accroît, et la science fait de nouveaux pas. Le fatal problème se représente, et les anciennes solutions se reproduisent avec des combinaisons nouvelles. On a vu qu'Aristote était enfin resté vainqueur. Descartes arrive, qui lui arrache la victoire. Mais qu'a fait Descartes? Je parle ici de ses découvertes positives, et non de son esprit métaphysique, dont l'originalité est au-dessus de tout éloge : qu'a fait Descartes ? un commentaire de Platon. Les types primitifs sont remplacés par les idées innées. L'académie se relève, et compte d'illustres et nombreux disciples, Malebranche, Arnauld, Bossuet, Fénélon, et presque tout le siècle de Louis XIV. D'un autre côté, Locke combat Descartes, et fonde une école péripatéticienne, quoiqu'il se défend de suivre Aristote. Le génie vaste et conciliateur de Leibnitz essaie de réunir Locke et Descartes, Aristote et Platon ; mais, malgré son impartialité, il penche pour ce dernier. Le combat s'échauffe, la querelle se complique et s'étend. Toutes les philosophies qui s'élèvent, en dernière analyse, aboutissent à Locke ou à Descartes, ou à Leibnitz, qui forme une école séparée, laquelle hérite à peu près du cartésianisme, qui n'a plus de disciples après Fontenelle. Toute la philosophie française ou anglaise est fille de Locke, et toute la philosophie allemande est fille de Leibnitz. Or, Leibnitz et Locke relèvent eux-mêmes des deux philosophes grecs. C'est donc par ces deux grands hommes que doit commencer toute étude sérieuse de l'histoire de la philosophie.

DE LA PHILOSOPHIE DE L'HISTOIRE.

La vie de l'humanité se compose d'un certain

nombre d'événements qui se suivent, mais dont chacun, considéré en lui-même, forme un tout distinct qui a ses parties ; un drame plus ou moins long, qui a ses commencements, ses progrès et sa fin. Ces différents drames sont les différentes époques de l'humanité. Retracer chacune de ces époques, c'est la fonction de l'histoire : les idées de l'historien, c'est-à-dire les causes qu'il assigne aux événements qu'il décrit, sont donc nécessairement particulières, puisqu'elles sont relatives aux événements particuliers qu'elles embrassent. C'est surtout à la recherche et à l'examen de ces causes que l'historien doit s'attacher, s'il veut traiter son sujet et seulement son sujet. Dépasse-t-il ce cercle, cesse-t-il un instant d'être déterminé et particulier ; il devient général et vague ; ses réflexions, pour s'appliquer à tout, ne s'appliquent à rien, et son ouvrage n'a point de caractère. D'un autre côté, les couleurs de l'historien, c'est-à-dire la manière dont il décrit les événements, doivent être, comme ses idées, ou la manière dont il les explique, particulières et locales, puisqu'elles s'appliquent à quelque chose de particulier : chargées de rendre la vie au passé et de reproduire le réel, elles doivent s'empreindre fortement de ce qui constitue la réalité et la vie ; elles doivent être individuelles et déterminées. C'est à ce prix-là seul que les couleurs de l'historien seront brillantes et fortes et en même temps naturelles, et que l'historien pourra être peintre et poëte sans sortir de son sujet, sans manquer à la gravité de ses fonctions, ou plutôt précisément parce qu'il ne perdra de vue ni ses fonctions ni son sujet. Tel est, selon moi, la théorie de l'histoire ; elle découle de ce principe, que l'histoire est spéciale et particulière.

Ainsi la muse de l'histoire parcourt les temps, et va de générations en générations, d'époques en époques, les reproduisant successivement avec fidélité, et révélant les véritables causes qui, dans telle époque, préparèrent tels événements et leur imprimèrent tels caractères. L'histoire explique et elle peint. Mais quand elle aura expliqué et quand elle aura peint toutes les époques de l'humanité les unes après les autres, les événements qui les remplissent avec les causes de ces événements, ces tableaux et ces leçons n'auront reproduit qu'une succession de choses particulières : cette succession forme un ensemble qu'on appelle ordinairement l'histoire universelle. Mais est-ce bien là la véritable histoire universelle? Où est l'idée d'universalité dans une simple collection plus ou moins considérable? où est l'unité dans cette immense multiplicité? J'ai lu toutes les histoires; je sais tout ce qui s'est passé parmi les hommes; je sais quelles furent la Grèce, Rome, l'Égypte, la Judée, ce qui les a élevées, ce qui les a précipitées; je connais le moyen âge et les temps modernes ; nul peuple ne m'est inconnu ; nul événement ; nulle cause, nul historien ne m'a échappé : mais, enfin, que sais-je en dernière analyse ? que l'humanité a tel ou tel âge, qu'elle a éprouvé divers accidents plus ou moins remarquables, ici par telle cause, là par telle autre. L'histoire devait m'enseigner tout cela, et elle me l'a enseigné : là finit sa tâche. Mais mes besoins finissent-ils là, et n'ai-je plus rien à savoir et à chercher sur l'humanité et sur le monde ? Vous avez fait couler sous mes yeux le fleuve du passé ; vous m'avez fait connaître les pays qu'il a déjà traversés, les rivages qu'il a dévorés, les tempêtes qui ont soulevé ses flots, enfin l'histoire de son cours ; à moi, qu'il doit engloutir comme il a fait mes devanciers. Mais quelle est donc la nature du mouvement qui l'emporte et quel est le but où il tend ? Pourquoi son cours est-il tantôt paisible, tantôt orageux ? Ces irrégularités ne peuvent-elles être ramenées à quelque règle ? ses mouvements n'ont-ils pas des lois ? son existence même n'a-t-elle point sa raison ? Voilà ce que je veux savoir, ce qu'il m'importe de savoir ; car autrement je ne sais rien, je n'aperçois de tous côtés que des événements insignifiants, et les jeux accidentels d'une destinée capricieuse. Or qu'est-ce que la science de ce qui est accidentel ? une science de mémoire et non de raison, qui regarde ce qui fut, non ce qui devait être, et qui, ne s'appuyant sur aucun principe, ne fonde aucune conséquence. Mais cet accidentel, dira-t-on, c'est précisément le réel? Assurément; mais le réel est-ce le vrai? La science et la raison ne s'occupent point de ce qui passe, car ce qui passe est arbitraire; et ce qui est arbitraire, ne pouvant être ramené à un principe fixe, ne peut être compris véritablement: le fortuit ne frappe que les sens, qui le transmettent à la mémoire tel qu'ils l'ont reçu; et le fortuit et l'arbitraire comparés, combinés, tourmentés de toutes les manières, ne donneront jamais rien de fixe, ne deviendront jamais les objets de la science.

Le réel ne tombe sous la connaissance que par son rapport à la vérité qu'il réfléchit, à laquelle il est conforme. C'est dans cette conformité que le réel a sa vérité; c'est par le rapport éternel de la réalité à la vérité que la réalité est éternellement vraie; c'est par le rapport éternel de l'accidentel au nécessaire, que l'accidentel lui-même est nécessaire; c'est par le rapport de ce qui arrive à ce qui doit arriver, que ce qui arrive arrive parce qu'il doit arriver. Au-dessus du réel est sa raison d'être; ce monde qui passe en contient un autre qui ne passe point, et qui constitue l'essence de la vérité, la plus haute réalité de l'autre, ce qui lui donne son prix et sa dignité.

Connaître le vrai tout seul est impossible, puisqu'on ne peut arriver au vrai qu'en passant par le réel ; connaître le réel seul est peu de chose, le réel n'étant que la manifestation du vrai : prendre la manifestation, l'image, le symbole, le signe, pour la chose signifiée, pour la vérité elle-même, c'est une erreur grave et trop commune, et dans laquelle on tombe lorsqu'on étudie ou que l'on décrit la partie visible et sensible des choses humaines, sans remonter à leur raison et à leur but véritable. Illustres historiens qui avez immortalisé par votre génie les aventures et les lois de quelques peuplades de la Grèce, vos peintures sont brillantes, vos idées souvent profondes, vous me transportez réellement sur la place publique d'Athènes ou de Corcyre, sur les champs de bataille de l'Attique et de la Laconie ; vous me montrez fort bien ce qui a perdu Athènes, ce qui a fait triompher Lacédémone ; et vos leçons méritaient d'être mieux suivies par les peuples et par leurs chefs : mais, après tout, qu'est-ce qu'une nation de plus ou de moins dans l'humanité ? qu'est-ce que cette Athènes, cette Lacédémone, dans le sein de la civilisation générale ? Sont-ce des phénomènes passagers, produits hasardés, renversés par le hasard ? ou avaient-elles leur rôle à jouer, leur place à remplir ? représentent-elles quelque idée dans l'économie de la vie universelle ? Ce serait cette idée qu'il s'agirait de déterminer : ce seraient alors les idées diverses représentées par les divers peuples qu'il faudrait atteindre et décrire. Ce serait là la véritable histoire de l'humanité, son histoire intérieure, qui est à l'autre histoire ce que la minéralogie et la chimie sont aux simples perceptions des sens. Les historiens ont décrit la réalité, et ils ont bien fait; ils ont décrit l'extérieur de la vie, et il fallait que cet extérieur fût décrit: cette description est l'histoire proprement dite, qui a son génie et ses règles à part; règles d'autant meilleures, qu'elles sont plus précises et plus circonscrites. Il faut que l'histoire ne soit que ce qu'elle doit être, et qu'elle s'arrête dans ses limites; ces limites sont les limites mêmes qui séparent les événements et les faits du monde extérieur et réel, des événements et des faits du monde invisible des idées. Ce monde plane sur le premier, s'y réfléchit, s'y réalise; il suit l'autre dans tous ses développements et dans toutes ses révolutions; leur marche est relative et parallèle; ils se touchent et se pénètrent par tous les points: mais si l'un a ses observateurs et ses historiens propres, pourquoi l'autre n'aurait-il pas les siens? Pourquoi, comme on raconte les événements sans liaison nécessaire qui composent la vie extérieure du genre humain, ne rétablirait-on pas, entre ces événements arbitraires, l'ordre véritable qui les rapproche et les explique, en les rapportant au monde supérieur, duquel ils participent véritablement? Ce serait là la science historique par excellence, qui aurait ses commencements et son perfectionnement progressif et lent, comme toutes les autres sciences rationnelles dont se compose la philosophie. Celle-là, sans doute, ne serait pas la plus facile ; mais en est-elle moins importante, moins nécessaire? et est-ce une raison suffisante pour l'interdire à l'intelligence humaine, et ne pas oser la commencer?

Cette science historique, cette philosophie de l'histoire, fut ignorée des anciens, et devait l'être; les anciens n'avaient point assez vu, pour être importunés de la fatigante mobilité du spectacle, et de la stérile variété de ces fréquentes catastrophes, qui ne paraissent avoir d'autre résultat qu'un changement inutile dans la face des choses humaines. Plus jeunes, plus actifs, plus occupés à lutter contre les choses, plus contents que les modernes de l'ordre social tel qu'ils l'avaient fait, les anciens, en général plus calmes, se plaignaient peu de la destinée, parce que cette destinée ne les avait point encore frappés par des coups aussi terribles et aussi multipliés. Pour nous, qui avons vu passer cette noble antiquité, et que la tempête perpétuelle des révolutions a précipités tour à tour dans des situations si diverses; qui avons vu tomber tant d'empires, tant de sectes, tant d'opinions; qui ne nous sommes traînés que de ruines en ruines vers celle que nous habitons aujourd'hui sans pouvoir nous y reposer, nous sommes las, nous autres modernes, de cette face du monde qui change sans cesse; et il était naturel que nous finissions par nous demander ce que signifient ces jeux qui nous font tant de mal; si la destinée humaine reste la même, gagne ou perd, avance ou recule au milieu des révolutions qui la bouleversent; pourquoi il y a des révolutions, ce qu'elles enlèvent et ce qu'elles apportent; si elles ont un but, s'il y a quelque chose de sérieux dans toutes ces agitations et dans le sort général de l'humanité. Toutes ces questions, à peu près inconnues à l'antiquité, commencent à troubler les âmes et à agiter sourdement toutes les têtes pensantes. Tout le monde ne se rend pas compte de cette agitation intérieure : mais il est peu d'hommes distingués qui ne l'éprouvent; il en est peu qui ne roulent, souvent même sans le savoir, au fond de leur cœur, ces sombres problèmes, et qui même, jusqu'à un certain point, ne les résolvent d'une manière ou d'une autre. Une doctrine s'est élevée au milieu du dernier siècle, vaste comme la pensée de l'homme, brillante comme l'espérance, accueillie d'abord avec enthousiasme, aujourd'hui trop délaissée, et qui fera toujours l'asile de toutes les âmes d'élite. M. Turgot, qui apporta parmi nous la doctrine de la perfectibilité humaine, l'introduisit sans l'établir; et quant à l'homme célèbre qui, sous le glaive révolutionnaire, lui éleva un si noble monument, ses pensées consacrées, en quelque sorte, par la religion de la mort, toujours admirables de sérénité, de pureté et de grandeur, sont souvent plus hautes que profondes. (*Le reste manque.*)

FIN.

NOTES

DE L'ESSAI HISTORIQUE.

(Note A, page 42.)

La Harpe regarde le passage suivant, tiré des *Pensées philosophiques*, non-seulement comme un des morceaux les plus éloquents sortis de la plume de Diderot, mais encore comme un des meilleurs commentaires qui existent sur l'argument cartésien en faveur de l'existence de Dieu. Ce raisonnement fait certainement beaucoup d'honneur à Diderot, mais je ne vois pas comment on peut le considérer comme un commentaire sur l'argument de Descartes. Je doute même que ce genre d'éloquence soit aussi bien adapté au goût anglais qu'au goût français.

« Convenez qu'il y aurait de la folie à refuser à ses semblables la faculté de penser. — Sans doute : mais que s'ensuit-il de là ? — Il s'ensuit que si l'univers ; que dis-je, l'univers ! si l'aile d'un papillon m'offre des traces mille fois plus distinctes d'une intelligence que vous n'avez d'indices que votre semblable a la faculté de penser, il est mille fois plus fou de nier qu'il existe un Dieu, que de nier que votre semblable pense. Or, que cela soit ainsi, c'est à vos lumières, c'est à votre conscience que j'en appelle. Avez-vous jamais remarqué dans les raisonnements, les actions, et la conduite de quelque homme que ce soit, plus d'intelligence, d'ordre, de sagacité, de conséquence, que dans le mécanisme d'un insecte ? La divinité n'est-elle pas aussi clairement empreinte dans l'œil d'un ciron, que la faculté de penser dans les écrits du grand Newton ? Quoi ! le monde formé prouverait moins d'intelligence que le monde expliqué ? Quelle assertion ! L'intelligence d'un premier être ne m'est pas mieux démontrée par ses ouvrages, que la faculté de penser dans un philosophe par ses écrits? Songez donc que je ne vous objecte que l'aile d'un papillon, quand je pourrais vous écraser du poids de l'univers. »

Ce n'est certainement pas là la croyance que Diderot professait dans ses dernières années. Il y a au contraire tout lieu de penser que l'article qui suit exprime fidèlement ses idées véritables sur ce sujet. Il développe clairement et implicitement l'argument reproduit indirectement par un écrivain bien plus illustre dans un ouvrage récent.

« J'ouvre les cahiers d'un philosophe célèbre, et je lis : Athées, je vous accorde que le mouvement est essentiel à la matière : qu'en concluez-vous? Que le monde résulte du jet fortuit d'atomes! J'aimerais autant que vous me dissiez que l'Iliade d'Homère ou la Henriade de Voltaire est un résultat de jets fortuits de caractères. Je me garderai bien de faire ce raisonnement à un athée. Cette comparaison lui donnerait beau jeu. Selon les lois de l'analyse des sorts, me dirait-il, je ne dois pas être surpris qu'une chose arrive, lorsqu'elle est possible, et que la difficulté de l'événement est compensée par la quantité des jets. Il y a tel nombre de coups dans lesquels je gagerais avec avantage d'amener cent mille six à la fois avec cent mille dés. Quelle que fût la somme finie de caractères avec laquelle on me proposerait d'engendrer fortuitement l'Iliade, il y a telle somme finie de jets qui me rendrait la proposition avantageuse; mon avantage serait même infini, si la quantité de jets accordée était infinie, etc., etc. »

Ma principale raison pour considérer ce dernier morceau comme l'exposition de la croyance véritable de Diderot, c'est qu'il ne laisse passer aucune occasion de reproduire dans ses autres ouvrages la même série d'idées. On peut la retrouver d'une manière distincte dans son *Traité du beau*, dont on retrouve la substance dans son article sur le BEAU inséré dans l'*Encyclopédie.*

« Le beau n'est pas toujours l'ouvrage d'une cause intelligente; le mouvement établit souvent, soit dans un être considéré solidairement, soit entre plusieurs êtres comparés entre eux, une multitude prodigieuse de rapports surprenants. Les cabinets d'histoire naturelle en offrent un grand nombre d'exemples. Ces rapports sont alors des résultats de combinaisons fortuites, du moins par rapport à nous. La nature imite, en se jouant, dans cent occasions, les productions des arts; et l'on pourrait demander, je ne dis pas si ce philosophe qui fut jeté par une tempête sur les bords d'une île inconnue avait raison de s'écrier, à la vue de quelques figures de géométrie, *Courage, mes amis, voici des pas d'hommes*, mais combien il faudrait remarquer de rapports dans un être, pour avoir une certitude complète qu'il est l'ouvrage d'un artiste (1); en quelles occasions un seul défaut de symétrie prouverait plus que toute somme donnée de rapports; comment sont entre eux le temps de l'action, de la cause fortuite, et les rapports observés dans les effets produits; et si (à l'exception des œuvres du Tout-Puissant (2)) il y a des cas où le nombre des rapports ne puisse jamais être compensé par celui des jets. »

A l'égard du passage extrait ici de Diderot, il convient de remarquer que si cet argument présenté par les athées en faveur du hasard était concluant quand on l'applique à l'ordre des choses que nous voyons, il ne l'est pas moins quand on l'applique à toutes les autres combinaisons possibles d'atomes que

---

(1) N'est-ce pas là précisément la manière sophistique d'interroger connue par les logiciens sous le nom de *sorite* ou *acervus*. « Vitiosum sanè, dit Cicéron, et captiosum genus. » (*Acad. quæst.*, l. IV, XVI.)

(2) Il est inutile de faire remarquer à ceux qui entrent bien dans l'esprit du raisonnement précédent, que cette parenthèse n'est rien autre chose qu'une exception ironique. Si l'argument valait quelque chose, il mènerait à la conclusion générale que l'ordre apparent de l'univers ne prouve absolument rien en faveur de l'existence d'une cause intelligente.

l'imagination peut concevoir, et que c'est une preuve mathématique que les fables de la mythologie grecque, les contes des génies, et les rêves des rose-croix, *peuvent et doivent* même se réaliser quelque part dans l'étendue immense de l'univers. Si une telle proposition était vraie, elle détruirait tout argument pour ou contre un système donné d'opinions fondé sur la raison ou la déraison des faits qu'il contient; et elle amènerait conséquemment la subversion complète de la constitution de l'entendement humain (1).

Hume, dans son *Histoire naturelle de la religion*, sect. 11, a tiré de l'évidence interne de la mythologie païenne la déduction que cette mythologie pourrait bien, après tout, n'être pas aussi fabuleuse qu'on le suppose communément. « L'ensemble du système mythologique, dit-il, est si naturel que, dans l'immense variété des planètes et des mondes contenus dans cet univers, *il est plus que probable* que ce système est quelque part

(1) L'argument des athées, cité ici d'après Diderot, est au moins aussi ancien qu'Épicure :

Nam certè neque consilio primordia rerum
Ordine se quæque, atque sagaci mente locârunt;
Nec quos quæque darent motus pepigere profectò;
Sed quia multimodis, multis, mutata, per omne
Ex infinito vexantur percita plagis,
Omne genus motûs, et cœtûs experiundo,
Tandem deveniunt in taleis deposituras,
Qualibus hæc rebus consistit summa creata.

(LUCRET., lib. I, v. 1020.)

Et plus implicitement encore dans les vers suivants :

Nam cùm respicias immensi temporis omne
Præteritum spatium; tum motus materiaï
Multimodi quàm sint; facilè hoc adcredere possis,
Semina sæpè in eodem, ut unum sunt, ordine posta.

(*Ibid.*, lib. III, v. 867.)

mis à exécution. » L'argument de Diderot va encore plus loin, et étend la conclusion de Hume à tous les systèmes imaginables *naturels ou surnaturels*.

Mais, puisqu'on ramène, en dernière analyse, l'esprit humain et ses innombrables actes de sagesse et de pouvoir à un concours accidentel d'atomes, pourquoi l'Être-Suprême, tel qu'on nous apprend communément à le considérer, ne serait-il pas, aussi-bien que le dieu d'Épicure (1), le résultat de l'opération continue de la même cause aveugle? ou plutôt cet être ne *doit*-il pas nécessairement résulter de ces causes qui ont opéré de toute éternité dans l'immensité de l'espace? Pour le dire en passant, cette conclusion, en adoptant les principes de Diderot, nous amènerait à faire remonter l'époque de son origine à une période plus éloignée que toutes celles que l'imagination pourrait supposer, ou, en d'autres termes, à une époque à laquelle l'épithète d'*éternelle* pourrait parfaitement convenir. Tout cela revient donc à dire que le raisonnement des athées, tel qu'il est développé par Diderot, remet la religion naturelle, et je puis même ajouter la religion révélée, précisément sur le même pied où elle était auparavant, sans diminuer le moins du monde la force des preuves sur lesquelles s'appuient les doctrines liées avec l'une ou l'autre de ces deux religions. J'irai même plus loin, c'est qu'il ajoute à ces preuves une démonstration mathématique de la vérité *possible* de tous les articles de foi, que le but de Diderot était de détruire de fond en comble.

Il serait facile de démontrer que si l'on poussait ces principes jusqu'à leurs dernières conséquences, au lieu d'établir la juste autorité de la raison d'après notre constitution, on serait amené à la crédulité la plus illimitée sur toutes sortes de sujets; ou, ce qui revient absolument au même, à cette disposition d'esprit dans laquelle, pour me servir des mots de Hume, on ne

---

(1) Cicer., *De nat. deorum*; lib. I, XXIV.

considère aucune proposition comme plus certaine ni même plus probable qu'aucune autre.

L'anecdote suivante, aussi curieuse qu'instructive, se lie assez bien au sujet de cette note pour m'autoriser à l'ajouter aux observations précédentes. Elle est tirée des notes du poëme de la *Conversation* de l'abbé Delille (Paris, 1812).

« Dans la société du baron d'Holbach, Diderot proposa un jour de nommer un avocat de Dieu, et on choisit l'abbé Galiani. Il s'assit, et débuta ainsi : «Un jour, à Naples, un homme de la Basilicate prit devant nous six dés dans un cornet, et paria d'amener rafle de six. Je dis : Cette chance était possible. Il l'amena sur-le-champ une seconde fois. Je dis la même chose. Il remit les dés dans le cornet, trois, quatre, cinq fois; et toujours rafle de six. *Sangue di Bacco*, m'écriai-je, *les dés sont pipés!* et ils l'étaient.

» Philosophes, quand je considère l'ordre toujours renaissant de la nature, ses lois immuables, ses révolutions toujours constantes dans une variété infinie ; cette chance unique et conservatrice d'un univers tel que nous le voyons, qui revient sans cesse, malgré cent autres millions de chances de perturbation et de destruction possibles, je m'écrie : *Certes, la nature est pipée !* »

L'argument proposé ici me paraît irrésistible, et il ne perd rien de sa force pour être sorti de la bouche de l'abbé Galiani. J'aurai plus tard occasion de parler de cet homme extraordinaire, quand je traiterai de l'économie politique.

Quels que fussent les principes qu'il professait, cette théorie des *dés pipés* paraît avoir produit une profonde impression sur son esprit; car il y revient à différentes reprises dans sa correspondance particulière. (Voyez *Correspondance inédite* de l'abbé Galiani, tom. I, pages 18, 42, 141, 142; Paris, 1818.)

Comme l'ancien argument atomiste des athées est évidemment celui sur lequel l'école de Diderot continue à appuyer principalement son système, cette note ne paraîtra sans doute pas trop longue. Les observations *sceptiques* sur le même sujet qui se rencontrent dans l'*Essai* de Hume *sur l'idée de liaison nécessaire*, et qui ont donné lieu à tant de discussions en Angleterre, ne me semblent pas avoir jamais produit une bien forte impression sur les philosophes français.

(Note B, page 44.)

Parmi les contemporains de Diderot, l'auteur de l'*Esprit des lois* mérite une distinction particulière pour le respect avec lequel il parle toujours de la religion naturelle. On en trouve un exemple frappant dans une lettre écrite au docteur Warburton, à propos de son *Coup d'œil sur la philosophie de lord Bolingbroke*. Sa lettre annonce bien un peu l'homme religieux par politique; mais il eût été bien heureux pour la France que, pendant les divers gouvernements qui se sont succédé depuis la révolution, des sentiments semblables à ceux exprimés ici par Montesquieu eussent plus généralement prévalu. Voici cette lettre.

« J'ai reçu, monsieur, avec une reconnaissance très-grande, les deux magnifiques ouvrages que vous avez eu la bonté de m'envoyer, et la lettre que vous m'avez fait l'honneur de m'écrire sur les œuvres posthumes de milord Bolingbroke; et comme cette lettre me paraît être plus à moi que les deux ouvrages qui l'accompagnent, auxquels tous ceux qui ont de la raison ont part, il me semble que cette lettre m'a fait un plaisir particulier. J'ai lu quelques ouvrages de milord Bolingbroke, et, s'il m'est permis de dire comment j'en ai été affecté, certainement il a beaucoup de chaleur, mais il me semble qu'il l'emploie ordinairement contre les choses, et il ne faudrait l'employer qu'à peindre les choses. Or, monsieur, dans cet ouvrage posthume dont vous me donnez une idée, il me semble qu'il vous prépare une matière continuelle de triomphes. Celui qui attaque la *religion révélée* n'attaque que la religion révélée; mais celui qui attaque la *religion naturelle* attaque toutes les religions du monde. Si l'on enseigne aux hommes qu'ils n'ont pas ce frein-là, ils peuvent penser qu'ils en ont un autre; mais il est bien plus pernicieux de leur enseigner qu'ils n'en ont pas du tout.

» Il n'est pas impossible d'attaquer une religion révélée, parce qu'elle existe sur des faits particuliers, et que les faits, par leur nature, peuvent être matière de dispute : mais il n'en est pas de même de la *religion naturelle*; elle est tirée de la nature de l'homme, dont on ne peut pas disputer, et du sentiment intérieur de l'homme, dont on ne peut pas disputer encore. J'ajoute à ceci : Quel peut être le motif d'attaquer la religion révélée en Angleterre? on l'y a tellement purgée de tout préjugé destructeur, qu'elle n'y peut faire de mal, et qu'elle y peut faire au contraire une infinité de biens. Je sais qu'un homme, en Espagne et en Portugal, que l'on va brûler, ou qui craint d'être brûlé parce qu'il ne croit point de certains articles dépendants ou non de la religion révélée, a un juste sujet de l'attaquer, parce qu'il peut avoir quelque espérance de pourvoir à sa défense naturelle; mais il n'en est pas de même en Angleterre, où tout homme qui attaque la religion révélée l'attaque sans intérêt, et où cet homme, quand il réussirait, quand même il aurait raison dans le fond, ne ferait que détruire une infinité de biens pratiques pour établir une vérité purement spéculative. »

Dans cette lettre, Montesquieu s'arrête, d'une manière plus directe qu'on n'aurait pu s'y attendre d'un magistrat français, sur une considération dont on devrait toujours tenir compte en jugeant les ouvrages de ses compatriotes, toutes les fois qu'ils traitent de religion; je veux parler de l'esprit d'intolérance et de corruption du système de croyance immédiatement placé sous leurs yeux. L'éloge qu'il donne à l'église d'Angleterre est digne aussi d'attention, et devrait servir à engager les écrivains protestants à ne pas faire cause commune avec les défenseurs de l'église de Rome.

A l'égard de Voltaire, qui, au milieu de toutes ses extravagances et de ses impiétés, avait déclaré une guerre ouverte aux principes avancés dans le *Système de la nature*, madame de Staël a remarqué qu'on pouvait distinguer deux époques dans sa vie littéraire. Pendant la première, son esprit était encore tout rempli des leçons philosophiques qu'il avait puisées en Angleterre. Plus tard, il fut infecté de ces principes extravagants qui bientôt après sa mort jetèrent une tache momentanée sur le nom de philosophie. Comme cette femme ingénieuse étend cette observation à la nation française en général, et qu'elle trace une ligne de démarcation entre deux classes d'écrivains souvent confondues ensemble en Angleterre, je vais transcrire ses propres expressions :

« Il me semble qu'on pourrait marquer dans le dix-huitième siècle, en France, deux époques parfaitement distinctes : celle dans laquelle l'influence de l'Angleterre s'est fait sentir, et celle où les esprits se sont précipités dans la destruction. Alors les lumières se sont changées en incendie, et la philosophie, magicienne irritée, a consumé le palais où elle avait étalé ses prodiges.

» En politique, Montesquieu appartient à la première époque, Raynal à la seconde. En religion, les écrits de Voltaire qui avaient la tolérance pour but sont inspirés par l'esprit de la première moitié du siècle; mais sa misérable et vaniteuse irréligion a flétri la seconde. » (*De l'Allemagne*, t. III, pag. 37 et 38.)

Rien n'est plus frappant, en effet, que le contraste entre l'esprit des premières et des dernières productions de Voltaire. On trouve dans les premières quelques-uns des sentiments les plus sublimes en religion et en morale qu'il soit possible de citer. Dans quelques-unes des dernières, il paraît irrévocablement plongé dans l'abîme du fatalisme. Les exemples de ces deux genres sont si nombreux, qu'on n'est embarrassé que sur le choix. En citant les deux suivants, je ne suis guidé que par la brièveté de l'un et de l'autre de ces passages.

Consulte Zoroastre, et Minos, et Solon,
Et le sage Socrate, et le grand Cicéron:
Ils ont adoré tous un maître, un juge, un père.
Ce système sublime à l'homme est nécessaire.
C'est le sacré lien de la société,
Le premier fondement de la sainte équité;
Le frein du scélérat, l'espérance du juste.
Si les cieux, dépouillés de leur empreinte auguste,
Pouvaient cesser jamais de le manifester,
Si Dieu n'existait pas, il faudrait l'inventer (1).

Ce n'est pas seulement sur ce principe fondamental de la religion que Voltaire, dans sa jeunesse, se plaisait à s'étendre. L'existence d'une loi naturelle gravée dans le cœur humain, et la liberté de la volonté, tels étaient les sujets qu'il a souvent ornés de toute la puissance de ses talents philosophiques et poétiques. Que peut-il y avoir de plus prononcé, de plus fort que l'exposition suivante des inconséquences du fatalisme?

Vois de la liberté cet ennemi mutin,
Aveugle partisan d'un aveugle destin;

---

(1) On rencontre une pensée à peu près semblable dans un des sermons de Tillotson. « L'existence de Dieu est si commode, si convenable, si nécessaire à la félicité de l'homme, que, comme le dit admirablement Cicéron, *Dei immortales ad usum hominum fabricati penè videantur*. Si Dieu n'était pas en lui-même un être nécessaire, on pourrait dire qu'il est fait pour l'utilité et le bien de l'homme. » Voyez dans les *Traités de Jortin* (t. I, pag. 371) quelques remarques fort ingénieuses sur cette citation de Cicéron.

Entends comme il consulte, approuve ou délibère,
Entends de quel reproche il couvre un adversaire ;
Vois comment d'un rival il cherche à se venger,
Comme il punit son fils, et le veut corriger.
Il le croyait donc libre ? — Oui, sans doute, et lui-même
Dément à chaque pas son funeste système.
Il mentait à son cœur, en voulant expliquer
Ce dogme absurde à croire, absurde à pratiquer.
Il reconnaît en lui le sentiment qu'il brave ;
Il agit comme libre, et parle comme esclave.

Ce système, contre lequel Voltaire s'élève ici avec tant de sévérité, est le système qu'il professa comme sa croyance dans un âge plus avancé. Il met, il est vrai, cette profession de foi dans la bouche d'un personnage supposé ; mais il est évident que l'auteur voulait faire entendre que ce personnage était lui-même.

« Je vois, dit-il, une chaîne immense, dont tout est chaînon ; elle embrasse, elle serre aujourd'hui la nature, etc., etc. Je suis donc ramené malgré moi à cette ancienne idée, que je vois être la base de tous les systèmes, dans laquelle tous les philosophes retombent après mille détours, et qui m'est démontrée par toutes les actions des hommes, par les miennes, par tous les événements que j'ai lus, que j'ai vus, et auxquels j'ai eu part : c'est le fatalisme, c'est la nécessité, dont je vous ai déjà parlé. » (*Lettres de Memmius à Cicéron*. Voyez *OEuvres de Voltaire*, *Mélanges*.)

Malgré ce changement dans ses opinions philosophiques, Voltaire persiste jusqu'à la fin dans son ardente opposition contre l'athéisme (1). Il n'est cependant guère aisé de découvrir en quoi l'athéisme est plus dangereux que le fatalisme.

La Harpe a fait, au sujet de quelques observations de Voltaire

(1) Voyez le *Dictionnaire philosophique*, article *Athéisme*. Voyez aussi les observations sur le *Système de la nature*, dans les *Questions sur l'Encyclopédie*, qui est l'ouvrage même dont cette citation est extraite.

sur Montesquieu, une remarque qui s'applique aussi bien aux nombreuses inconséquences qui se représentent dans ses recherches métaphysiques.

« Les objets de méditation, dit-il, étaient trop étrangers à l'excessive vivacité de son esprit. Saisir fortement par l'imagination les objets qu'elle ne doit montrer que d'un côté, c'est ce qui est du poëte; les embrasser sous toutes les faces, c'est ce qui est du philosophe, et Voltaire était trop exclusivement l'un pour être l'autre. » (*Cours de littérature*, t. XV, pag. 46 et 47, édition de Verdière.)

Un auteur moderne (1) a blâmé avec justice cette *déification spirituelle de la nature* qui a été long-temps à la mode en France, et qui, suivant lui, n'est pas moins à la mode maintenant en Allemagne. Il faut toutefois remarquer que cette manière de s'exprimer a été employée par deux classes d'écrivains : par l'une, dans l'intention d'éloigner autant que possible l'idée de la divinité, tout en étudiant ses œuvres; par l'autre, comme une métaphore convenable et bien entendue, à l'aide de laquelle on évitait de mentionner fréquemment et irrévérencieusement le nom de la divinité dans des arguments philosophiques. C'est sans doute dans cette dernière vue que cette expression a été si souvent employée par Newton et autres philosophes anglais de la même école. En général, toutes les fois que nous trouvons un écrivain qui parle des *intentions sages et bienveillantes de la nature*, nous ne devons pas nous hâter de l'accuser de pencher vers l'athéisme. Plusieurs des plus brillantes illustrations des causes finales que le dix-huitième siècle ait mises au jour, ont été employées par des philosophes qui affectionnaient particulièrement cette phraséologie; et il serait possible que quelques-uns de ces philosophes eussent été

(1) Frédérick Schlegel, *Leçons sur l'Histoire de la littérature*, tom. II, pag 169.

moins empressés de porter témoignage en faveur de la vérité, s'ils eussent été forcés de faire usage du style des théologiens. Quelque répréhensible et quelque absurde même que soit, selon une logique rigoureuse, le style dans lequel sont exprimées les spéculations sur *les intentions* ou *les desseins de la nature,* elles peuvent cependant être et elles ont souvent été un acheminement vers quelque chose de plus haut et de meilleur; et il est au moins vrai de dire qu'elles diffèrent totalement de la chance aveugle des épicuriens ou des principes ennemis des manichéens.

(Note C, page 47.)

« Je suis fort éloigné d'adopter tous les dogmes des économistes; et je n'envisage pas leur système comme ayant acquis cette perfection de l'ensemble que lui attribuent quelques-uns de ses ardents admirateurs. Les économistes ont incontestablement réussi à établir, sur des preuves solides, quelques-uns des principes les plus importants de l'économie politique; mais la principale obligation qu'on leur a consiste à avoir créé une nouvelle science et ouvert une route à leurs successeurs. En indiquant le but de leurs travaux, je justifierai mes propres observations, et je répondrai à la question qui les a fait naître. Je m'arrête sur ce sujet d'autant plus volontiers, que les vues des défenseurs du système des économistes les plus anciens et les plus éclairés me paraissent avoir été mal exposées par ses adversaires, et mal comprises par plusieurs de ses partisans.

» Et d'abord, je dois commencer par dire qu'il ne faut point confondre, comme on le fait si souvent, l'objet du système des économistes avec des plans imaginaires de gouvernement, tels que l'Utopie, qu'on a proposés en divers temps, et que les hommes sages ont, avec raison, livrés au ridicule. La plupart de ces plans partent de la supposition que l'ordre social est en son entier l'effet de l'art; que, partout où cet ordre laisse voir quelque imperfection, le mal se trouve dans quelque défaut de prévoyance de la part du législateur, ou dans quelque défaut d'attention chez le magistrat chargé de surveiller tous les mouvements de cette machine compliquée. De tels projets de réforme méritent l'accueil qu'on leur a fait; car ils décèlent dans leurs auteurs la prétention vraiment ridicule d'élever leur propre sagesse au-dessus de la sagesse des siècles. Le système des économistes suit une route fort différente.

» Un écrivain veut faire sentir l'absurdité des règlements de commerce qui, pour encourager l'industrie domestique, mettent des entraves à l'importation. Il en appelle aux maximes de la vie privée. Il fait observer que le tailleur ne fait pas ses souliers, qu'il préfère les acheter au cordonnier; que le cordonnier ne veut pas se faire un habit, mais emploie le tailleur à ce travail. Il en conclut que ce qui est prudence dans la conduite d'une famille ne peut guère être folie dans la conduite d'un état. Lorsqu'il raisonne de la sorte, on peut dire en ce sens qu'il se fie à la théorie. En effet, il révoque en doute l'utilité de certaines institutions que le fait prouve être compatibles avec un certain degré de prospérité politique. Mais, en un autre sens beaucoup plus philosophique, on peut dire que cet écrivain oppose aux fausses théories des hommes d'état le sens commun du genre humain, et des maximes de prudence que tout homme peut vérifier par son observation journalière.

» Tracer le plan d'un état de société vers lequel doivent tendre les gouvernements, et dont ils doivent approcher toujours plus à mesure que la philosophie étendra son empire; tel était, si je ne me trompe, le but principal des premiers auteurs et des plus éclairés défenseurs du système des économistes. Ce plan, dont ils faisaient leur étude, ils ne l'indiquaient pas aux sociétés actuelles comme celui qu'elles devaient dès à présent s'empresser d'adopter, mais uniquement comme un ordre idéal vers lequel les sociétés tendent d'elles-mêmes, et que le législateur ne doit pas perdre de vue. C'est, pour parler le langage des mathématiques, une limite des progrès dans l'ordre politique. C'est aussi un modèle auquel il est bon de comparer les institutions particulières, afin de juger de leur mérite. » (Dugald Stewart, *Éléments de la philosophie de l'esprit humain*, traduction de Prévost.)

(Note D, page 65.)

« Les plus grandes difficultés sur la liberté, celles même qui paraissent insurmontables, tirent leur origine de ce qu'on ne distingue pas assez soigneusement la nature des esprits d'avec celle des corps. Les philosophes wolfiens vont même si loin, qu'ils mettent les esprits au même rang que les éléments des corps, et donnent aux uns et aux autres le nom de *monades*, dont la nature consiste, selon eux, dans la force de changer leur état; d'où résultent tous les changements dans les corps, et toutes les représentations et les actions des esprits. Puis donc que, dans ce système, l'état actuel des corps et des esprits tire sa détermination de celui qui a précédé, et que les actions des esprits dérivent comme celles des corps de leur état précédent, il est évident que la liberté ne saurait avoir lieu dans les esprits plus que dans les corps. Quant aux corps, il serait impossible d'y concevoir la plus légère ombre de liberté, puisqu'elle suppose toujours le pouvoir de commettre, d'admettre, ou de suspendre une action, ce qui est directement opposé à tout ce qui se passe dans les corps. Ne serait-il pas ridicule de prétendre qu'une montre marquât une autre heure qu'elle ne fait actuellement, et de vouloir la punir pour cela? N'aurait-on pas tort si l'on se fâchait contre une marionnette, de ce qu'elle nous tourne le dos après avoir fait quelques tours? Tous les changements qui arrivent dans les corps, et qui se réduisent uniquement à leur état de repos ou de mouvement, sont la suite nécessaire des forces qui agissent sur eux; et leur action une fois posée, les changements dans les corps ne sauraient arriver que comme ils arrivent : ce qui regarde les corps n'est donc ni blâmable ni louable. Quelque habilement qu'une machine soit exécutée, les louanges que nous lui prodiguons reviennent à l'artiste ; la machine elle-même n'y est point intéressée : c'est encore l'artiste qui est responsable des défauts d'une machine lourde et mal faite ; elle-même en est bien innocente ; ainsi, tant qu'il ne s'agit que des corps, ils ne sont responsables de rien ; aucune récompense, aucune punition ne saurait avoir lieu à leur égard ; tous les changements et les mouvements qui y sont produits sont des suites nécessaires de leur structure.

» Mais les esprits sont d'une nature bien différente, et leurs actions dépendent de principes directement opposés. La liberté entièrement exclue de la nature des corps, est le partage essentiel des esprits, de sorte qu'un esprit ne saurait être sans liberté ; et c'est elle qui le rend responsable de ses actions. Cette propriété est aussi essentielle aux esprits que l'étendue ou l'impénétrabilité l'est au corps ; et, comme il serait impossible à la toute-puissance divine même de dépouiller les corps de ces qualités, il lui est également impossible de dépouiller les esprits de la liberté. Un esprit sans liberté ne serait plus esprit, comme un corps sans étendue ne serait plus corps.

» Il y a eu de tout temps de grandes disputes entre les philosophes, pour expliquer comment Dieu avait pu permettre le péché dans le monde : S'ils avaient pensé que les âmes des hommes sont des êtres nécessairement libres de leur nature, cette difficulté aurait bientôt disparu à leurs yeux.

» Voici les objections qu'on fait communément contre la liberté. On dit qu'un esprit ou un homme ne se détermine jamais à une action que par des motifs, et qu'après avoir bien pesé les raisons pour et contre, il se décide enfin pour le parti qu'il trouve le plus convenable. On en conclut que les motifs déterminent les actions des hommes, comme le mouvement des billes sur le billard est déterminé par le choc qu'on leur imprime, et que les actions des hommes sont aussi peu libres que le mouvement des billes. Mais il faut bien considérer que les motifs qui engagent à entreprendre quelque action se rapportent tout autrement à l'âme que le choc à la bille. Ce choc produit son effet nécessairement; mais un motif, quelque fort qu'il soit, n'empêche pas que l'action ne soit volontaire. J'avais des motifs bien forts pour entreprendre le voyage de Magdebourg; c'était de dégager ma parole, et de jouir du bonheur de rendre mes respects à V. A.: je sens pourtant bien que je n'y ai pas été forcé, que j'ai toujours été le maître de faire ce voyage ou de rester à Berlin. Mais un corps poussé par quelque force obéit nécessairement, et on ne saurait dire qu'il soit maître d'obéir ou non.

» Le motif qui porte un esprit à régler ses résolutions est d'une nature tout-à-fait différente d'une cause ou force qui agit sur les corps. Ici l'effet est produit nécessairement; et là l'effet demeure toujours volontaire, et l'esprit en est le maître. C'est sur cela qu'est fondée l'imputabilité des actions d'un esprit, que l'on rend responsable, ce qui est le vrai fondement du juste et de l'injuste. Dès qu'on établit cette différence infinie entre les esprits et les corps, la liberté n'a plus rien qui puisse choquer.» (*Lettres d'Euler à une princesse d'Allemagne.*)

(Note E, page 67.)

Voici le passage de madame de Staël dont il est question dans le texte.

« Trois hommes principaux, Lessing, Hemsterhuis et Jacobi, précédèrent Kant dans la carrière philosophique. Ils n'avaient point une école, puisqu'ils ne fondaient point un système; mais ils commencèrent l'attaque contre la doctrine des matérialistes. Lessing est celui des trois dont les opinions à cet égard étaient les moins décidées : toutefois il avait trop d'étendue dans l'esprit pour se renfermer dans le cercle borné qu'on peut se tracer si facilement, en renonçant aux vérités les plus hautes. La toute-puissance polémique de Lessing réveillait le doute sur les questions les plus importantes, et le portait à faire de nouvelles recherches en tous genres. Lessing lui-même ne peut être considéré ni comme matérialiste, ni comme idéaliste; mais le besoin d'examiner et d'étudier pour connaître était le mobile de son existence. « Si le Tout-Puissant, disait-il, tenait dans une main la vérité, et dans l'autre la recherche de la vérité, c'est la recherche que je lui demanderais par préférence. »

» Lessing n'était point orthodoxe en religion; le christianisme ne lui était point nécessaire comme sentiment, et toutefois il savait l'admirer philosophiquement. Il comprenait ses rapports avec le cœur humain, et c'est toujours d'un point de vue universel qu'il considère les opinions : rien d'intolérant, rien d'exclusif ne se trouve dans ses écrits. Quand on se place au centre des idées, on a toujours de la bonne foi, de la profondeur et de l'étendue; ce qui est injuste, vaniteux et borné vient du besoin de tout rapporter à quelques aperçus partiels qu'on s'est appropriés, et dont on fait un objet d'amour-propre.

» Lessing exprime avec un style tranchant et positif des opinions pleines de chaleur. Hemsterhuis, philosophe hollandais, fut le premier qui, au milieu du 18e siècle, indiqua dans ses écrits la plupart des idées généreuses sur lesquelles la nouvelle école allemande est fondée. Ses ouvrages sont aussi très remarquables par le contraste qui existe entre le caractère de son style et les pensées qu'il énonce. Lessing est enthousiaste avec des formes ironiques; Hemsterhuis, avec un langage mathématicien. On ne trouve guère que parmi la nation germanique les phénomènes de ces écrivains qui consacrent la métaphysique la plus abstraite à la défense des systèmes les plus exaltés, et qui cachent une imagination vive sous une logique austère.

» Quoique Hemsterhuis ait trop souvent exprimé les vérités philosophiques avec des formes algébriques, un sentiment moral, un pur amour du beau se fait admirer dans ses écrits. Il a senti, l'un des premiers, l'union qui existe entre l'idéalisme, ou, pour mieux dire, le libre arbitre de l'homme, et la morale stoïque; et c'est sous ce rapport surtout que la nouvelle doctrine des Allemands acquiert une grande importance.

» Avant même que les écrits de Kant eussent paru, Jacobi avait déjà combattu la philosophie des sensations, et plus victorieusement encore la morale fondée sur l'intérêt. Il ne s'était point astreint exclusivement, dans sa philosophie, aux formes abstraites du raisonnement; son analyse de l'âme humaine est pleine d'éloquence et de charme... Plus instruit que personne dans l'histoire de la philosophie ancienne et moderne, il a consacré ses études à l'appui des vérités les plus simples. Le premier, parmi les philosophes de son temps, il a fondé notre nature intellectuelle tout entière sur le sentiment religieux, et l'on dirait qu'il n'a si bien appris la langue des métaphysiciens et des savants que pour rendre hommage aussi dans cette langue à la vérité et à la divinité.

» Jacobi s'est montré l'adversaire de la philosophie de Kant, mais il ne l'attaque point en partisan de la philosophie des sensations. Au contraire, ce qu'il lui reproche, c'est de ne pas s'appuyer assez sur la religion, considérée comme la seule philosophie possible dans les vérités au-delà de l'expérience. »

(Note F, page 90.)

« Dans l'essai fait par Kant pour énumérer les idées générales qui n'ont pas leur source dans l'expérience, mais qui ne proviennent que de l'entendement pur, Kant a droit de prétendre au mérite de l'originalité. » (Schulze, dans le *Synopsis* déjà cité.)

Le même auteur exprime ainsi qu'il suit le but de ce problème :

« Examiner toutes les idées primitives que l'on peut découvrir dans l'entendement à la base de toutes nos connaissances ; s'assurer en même temps de leur véritable origine, en montrant que ces idées n'ont pas leur source dans l'expérience, mais qu'elles sont de pures productions de l'entendement.

» 1° Les perceptions des choses contiennent bien en effet la matière de nos connaissances, mais elles sont en elles-mêmes sourdes et aveugles ; ce ne sont véritablement pas des connaissances, et notre âme est purement passive en ce qui les concerne.

» 2° Si ces perceptions doivent nous fournir nos connaissances, l'entendement doit s'occuper d'elles, et cela n'est possible qu'à l'aide de notions (conceptions), qui sont la forme propre de l'entendement, de la même manière que l'espace et le temps sont les formes propres de notre faculté sensitive.

» 3° Les notions sont des représentations actives de notre faculté intelligente ; et comme elles appartiennent *immédiatement* à la perception des objets, elles ne se rapportent que *médiatement* aux objets eux-mêmes.

» 4° Elles sont placées dans notre entendement à la base de toutes nos connaissances, comme de pures notions *à priori*. Ce sont autant de formes nécessaires, de notions radicales, de catégories, qui constituent les éléments de toutes nos connaissances. On les doit ranger selon la table suivante :

Quantité ; unité, pluralité, totalité.

Qualité ; réalité, négation, limitation.

Relation ; substance, cause, réciprocité.

Mode ; possibilité, existence, nécessité.

» 5° Or, penser et juger est la même opération. Donc toute notion contient une forme particulière de jugement sur les objets. Il y a quatre principaux *genres* de jugements, tirés tous des quatre fonctions possibles de l'entendement ci-dessus désignées; chacune de ces fonctions renferme trois espèces de jugements.

» En ce qui concerne la *quantité*, les jugements sont universels, particuliers, singuliers.

» En ce qui concerne la *qualité*, les jugements sont affirmatifs, négatifs, infinis.

» En ce qui concerne la *relation*, les jugements sont catégoriques, hypothétiques, disjonctifs.

» En ce qui concerne le *mode*, les jugements sont problématiques, affirmatifs, apodictiques. »

Ces tables parlent d'elles-mêmes, et n'ont pas besoin de commentaires.

(Note G, page 91.)

Les notions de KANT sur le *temps* sont contenues dans les sept propositions suivantes :

« 1. *Idea temporis non oritur, sed supponitur à sensibus.*

» 2. *Idea temporis est singularis*, non generalis. Tempus enim quodlibet non cogitatur, nisi tanquam pars unius ejusdem temporis immensi.

» 3. *Idea* itaque *temporis est intuitus*, et quoniam ante omnem sensationem concipitur, tanquam conditio respectuum in sensibilibus obviorum est *intuitus*, non sensualis, sed *purus*.

» 4. *Tempus est quantum continuum* et legum continui in mutationibus universi principium.

» 5. *Tempus non est objectivum aliquid et reale*, nec substantia, nec accidens, nec relatio, sed subjectiva conditio, per naturam mentis humanæ necessaria, quælibet sensibilia, certa lege sibi co-ordinandi, et *intuitus purus*.

» 6. *Tempus est conceptus verissimus* et per omnia possibilia sensuum objecta, in infinitum patens, *intuitivæ repræsentationis conditio.*

« 7. *Tempus* itaque *est principium formale mundi sensibilis* absoluti primum. »

A l'égard de l'*espace*, Kant met en avant une série de propositions semblables ; il lui donne, à peu de chose près, les mêmes attributs métaphysiques qu'au temps, et établit une espèce de parallèle entre eux.

« A. *Conceptus spatii non abstrahitur à sensationibus externis.*

» B. Conceptus spatii est singularis representatio omnia *in se* comprehendens, non *sub se* continens notio abstracta et communis.

» C. *Conceptus spatii* itaque *est intuitus purus ;* cum sit conceptus singularis, sensationibus non completus, sed omnis sensationis externæ forma fundamentalis.

» D. *Spatium non est aliquid objectivi* et realis, nec substantia, nec accidens, nec relatio ; sed *subjectivum*, et ideale à natura mentis stabili lege proficiscens, veluti schema, omnia omninò externe sensa sibi co-ordinandi.

» E. Quanquam *conceptus spatii*, ut objectivi alicujus et realis entis vel affectionis, sit imaginarius, nihilo tamen secius, respective ad sensibilia quæcumque, non solum est *verissimus*, sed et omnis veritatis in sensualitate externa fundamentum. »

Ces propositions sont extraites d'une dissertation écrite par Kant lui-même en latin (1). On ne peut donc pas attribuer leur obscurité à un traducteur qui les aurait mal comprises ; voilà ce qui m'a engagé à citer les expressions de Kant lui-même, de préférence au passage correspondant dans la version latine de la *Critique de la raison pure* par Born.

---

(1) *De mundi sensibilis atque intelligibilis forma et principiis*, dissertatio pro loco professionis log. et metaph. ordinariæ ritè sibi vindicando ; quam exigentibus statutis academicis publicè tuebitur IMMANUEL KANT, *Regiomonti*, 1770.

Je vais ajouter un léger commentaire à chacune des propositions de Kant sur l'*espace* et le *temps*, en suivant le même ordre qu'il leur a donné.

« I. On a souvent remarqué que l'idée de *temps* n'avait de ressemblance avec aucune de nos sensations, et qu'elle ne pouvait par conséquent être dérivée ni immédiatement ni directement de la sensation; et lors même que personne n'en aurait fait la remarque, ce fait est si facile à voir, qu'on ne mériterait pas de grands éloges pour l'avoir énoncé le premier. Soit donc que cette idée soit *supposée* dans toutes nos sensations, ou, comme Kant l'explique plus clairement dans sa troisième proposition, qu'elle soit conçue par l'esprit antérieurement à toute sensation, c'est ce qui me semble au moins douteux; et je ne pense pas d'ailleurs que l'opinion qu'on peut s'en former ait la moindre importance. Ce qu'il y a de certain, c'est que cette idée est inséparable de tout acte de la mémoire, relativement aux événements passés; et que, de quelque manière qu'on l'acquière, on est irrésistiblement amené à attribuer à la chose en elle-même une existence indépendante de tout être quel qu'il soit.

» II. Je n'ai rien à dire sur la seconde proposition. Voici la traduction la plus intelligible que j'en puisse donner. L'idée de temps est particulière et non générale; car on ne peut concevoir un certain temps donné que comme une partie d'un seul et immense tout.

» III. D'après ces principes, quels qu'ils soient, Kant conclut que l'idée de temps est *intuitive*, et que, comme cette intuition est antérieure à l'exercice des sens, elle n'est pas empirique, mais pure. Cette conséquence doit nécessairement conserver quelque chose de l'incertitude des principes desquels elle est déduite : mais l'intention de l'auteur ne paraît impliquer aucun principe erroné; elle revient seulement, à proprement parler, à l'explication de quelques-unes de ses expressions particulières.

» IV. On ne peut contester que le temps ne soit une *quantité continue*. Le seul sens que je puisse trouver dans cette proposition, c'est que le temps entre comme élément essentiel de notre conception de la loi de continuité, dans ses diverses applications aux changements qui ont lieu dans la nature.

» V. Dans cette proposition, Kant regarde comme prouvée cette doctrine, si contestée et si incompréhensible selon moi, qui nie la réalité objective du temps. Il semble ne le considérer que comme une *condition* objective inséparablement liée à la constitution de l'esprit humain, par suite de laquelle il distribue, dans l'ordre de succession et d'après une certaine loi, tous les phénomènes sensibles.

» VI. J'avoue que je ne comprends pas ce que Kant veut dire en appelant le temps une conception vraie. Le seul sens que me paraisse présenter le reste de la phrase est que nous ne pouvons fixer aucunes limites à la carrière qui s'ouvre dans notre conception à la succession des événements sensibles.

» VII. La conclusion du tout est que le temps est absolument le premier principe formel du monde sensible. Cette phrase ne m'offre encore aucun sens; mais j'ai traduit l'original mot pour mot, et je laisse mes lecteurs former eux-mêmes leurs conjectures. »

« A. Il paraît, d'après cette proposition, que, selon l'opinion de Kant, l'idée d'espace naît en même temps que l'esprit, ou que du moins elle est antérieure à toute information reçue par les sens. Mais cette doctrine me semble bien douteuse. Je pencherais plutôt vers l'opinion commune, qui suppose que nous formons nos premières idées d'espace ou d'étendue, en séparant par abstraction cet attribut des autres qualités de la matière. De quelque manière que se forme d'ailleurs l'idée d'espace, elle est évidemment accompagnée de la conviction irrésistible que l'espace existe nécessairement, et qu'il est impossible de l'anéantir. Cette idée me semble accompagnée de la conviction irrésistible que l'espace ne peut être étendu que sur trois dimensions. Mettez ces trois propositions en question, et vous ouvrez la carrière au scepticisme universel.

» B. Tout ce que je puis voir dans cet alinéa, c'est la proposition frivole que notre conception de l'espace nous conduit à le considérer comme *la place* dans laquelle toutes les choses sont comprises.

» C. La conception de l'espace est donc une pure intuition. C'est là, d'après la définition de Kant, un corollaire nécessaire de la proposition A. Que doit-on entendre par cette clause qui déclare que l'espace est la *forme* fondamentale de toute sensation? Cela n'est pas aisé à deviner. Veut-il dire simplement que la conception de l'*espace* est nécessairement comprise dans toutes nos notions des choses extérieures? Dans ce cas, il ne ferait que répéter, dans des termes différents et moins justes, ce qu'il a dit dans la proposition B. Que peut-il y avoir de moins logique et de plus incorrect que l'expression de *sensation extérieure?*

» D. On peut accorder que l'espace ne soit ni une *substance*, ni un *accident*, ni une *relation;* mais s'ensuit-il qu'il n'ait rien d'objectif, ou, en d'autres termes, que ce soit une pure création de l'imagination? Telle paraît être cependant l'idée de Kant; et cependant je ne puis concilier cette assertion avec ce qu'il dit dans la proposition E sur la conception. L'espace est le fondement de toute la vérité que nous attribuons à nos perceptions des objets extérieurs. (Les mots de Kant sont : *omnis veritatis in sensualitate externa fundamentum*) (1). »

(1) M. Nitsch a remarqué cette difficulté et a essayé d'en triompher. « L'objection la plus forte, dit-il, contre le système de Kant, c'est qu'il

A tout prendre, il me semble que parmi ces diverses propositions il en est quelques-unes qui sont complétement inintelligibles; que d'autres semblent vouloir dérober les vérités les plus simples et les plus faciles dans les mystères de l'obscurité, et qu'il n'en est pas une qui soit exprimée avec la simplicité et la précision qui sont les résultats nécessaires d'une manière de penser claire et exacte. En considérant le temps et l'espace comme les formes de tous les phénomènes sensibles, Kant veut dire sans doute que nous rapportons nécessairement tout phénomène sensible à quelque point de l'espace ou à quelque instant du temps. Si telle a été son intention, il n'a fait qu'exprimer plus obscurément les propositions suivantes de Newton. : « Ut ordo partium temporis est immutabilis, *sic* etiam ordo partium spatii. Moveantur luce de

---

conduit au scepticisme, en prétendant que les formes sous lesquelles les objets extérieurs se présentent à nous, ne sont point inhérentes à ces objets, et que, conséquemment, l'*espace* se trouve *en dedans* et non en dehors de l'esprit. » (Pag. 144-145). « On peut, ajoute-t-il, objecter encore que, s'il n'y a pas d'espace extérieur, il ne peut exister de monde extérieur. Mais ce serait trop conclure des prémisses. On peut dire que, s'il n'y a pas d'espace extérieur, nous ne devons pas attribuer l'*étendue* aux choses extérieures. Voilà l'unique conséquence nécessaire. » (Pag. 149.)

M. Nitsch cherche ensuite à répondre à ces objections; mais sa défense est loin d'être satisfaisante, et elle ne s'applique pas moins à la doctrine de Berkeley qu'à celle de Kant. Je ne prétends pas d'ailleurs discuter sur ce point. Les concessions faites par M. Nitsch me suffisent pour le moment; elles me servent au moins à me prouver que je n'ai pas défiguré les intentions de Kant.

N'était-ce pas pour éviter l'inexactitude de ce langage, que Kant a été conduit à substituer le mot *forme* au mot *place*. Le premier semble, plutôt que le dernier, capable de s'appliquer au temps et à l'espace commun; ou, pour parler plus justement, il est si vague, qu'il n'a pas plus de sens appliqué à l'un qu'appliqué à l'autre.

locis suis, et movebuntur (ut ita dicam), de seipsis; *nam tempora et spatia sunt sui ipsorum et rerum omnium quasi loca. In tempore, quoad ordinem successionis; in spatio, quoad ordinem situs locantur universa.* De illorum essentia est ut sint loca : et loca primaria moveri absurdum est. »

En citant ce passage, je n'ai pas cédé au désir de prouver la supériorité de Newton sur Kant, mais j'ai seulement voulu montrer que les immenses talents du premier retombent presque au niveau de ceux du dernier, quand ils s'appliquent à des recherches impénétrables aux facultés humaines. Y a-t-il un plus grand abus de mots que de dire que les parties du temps ni les parties de l'espace ne peuvent *changer de place?* Toutefois, dans les principes de Newton, cette discussion incidente n'est qu'une tache au soleil : dans la *Critique de la raison pure*, c'est un spécimen bien choisi du reste de l'ouvrage; c'est une des colonnes principales de tout le système métaphysique et moral.

(Note H, page 94.)

La citation suivante expliquera pourquoi j'ai placé M. Nitsch parmi ceux qui avaient développé la philosophie de Kant. Elle servira aussi à montrer que la *Critique de la raison pure* a encore en Angleterre *quelques* admirateurs non moins enthousiastes que ceux qu'elle avait autrefois en Allemagne.

« En soumettant, dit l'auteur des articles sur la philosophie de Kant dans l'*Encyclopædia Londinensis*, ce quatrième traité au lecteur, je ne puis me refuser la satisfaction de reconnaître publiquement les secours que j'ai retirés dans mes recherches littéraires, de mon excellent et estimable ami M. Henry Richter. C'est à lui que je suis redevable de la clarté avec laquelle j'ai pu rendre au public les pensées de l'immortel Kant. Sa connaissance profonde de ce système, aussi-bien que son admiration pleine d'enthousiasme pour sa vérité générale, en faisaient un collaborateur aussi savant qu'utile. Si donc l'humanité retire quelque bénéfice de nos travaux réunis pour le développement de ce vaste et profond système, il mérite de recevoir sa part de louanges. C'est avec un vif plaisir que je me reporte, par la pensée, vers l'époque déjà écoulée depuis vingt-deux ans, où nous commençâmes à étudier ensemble sous le même maître, Frédéric-Auguste Nitsch, qui le premier importa les germes de la PHILOSOPHIE TRANSCENDENTALE de son pays natal, pour la naturaliser sur notre sol. Et quoique, comme il arrive communément, quelques-unes des semences aient été dispersées par les vents, j'espère qu'un assez grand nombre aura pris racine pour faire croître cette plante vigoureuse, jusqu'à l'époque où, par sa culture générale, l'Angleterre sera devenue capable d'enrichir les autres nations de ses produits. Le professeur Nitsch, qui a donné à notre pays son premier élan dans cette province de la *pure science*, a payé sa dette à la nature. J'avoue avec peine que l'Angleterre s'est exposée au reproche de n'avoir pas accueilli et protégé ce disciple immédiat du père de la philosophie; et que cet homme savant et illustre fut malheureusement forcé d'aller chercher ailleurs les moyens de vivre qu'on lui refusait ici. Ce fut à Rostock, en 1813, que cet estimable membre du corps social, ce maître parfait de la philosophie qu'il avait entrepris d'enseigner, entra dans la carrière d'immortalité qui lui était due pour ses services sur la terre. Je ressens un véritable plaisir à donner une faible part d'éloges à sa mémoire respectée : sans lui, je serais toujours resté dans la région ténébreuse des sophismes et du doute. »

(Note I, page 115.)

Il y a erreur dans la citation de M. Dugald Stewart. Ce volume des mémoires de l'académie royale de Berlin ne renferme qu'un seul mémoire de MM. Prévôt et Lhuillier sur l'application du calcul des probabilités et la valeur des témoignages ; mais on y trouve plusieurs autres mémoires sur des questions de philosophie spéculative : tels sont entre autres le mémoire de M. Ancillon sur les pressentiments ; le parallèle historique des deux philosophies de Leibnitz et de Kant, par M. Merian, et quelques autres mémoires également fort intéressants.

(Note K, page 116.)

Parmi les inconvénients secondaires qui résultèrent de la vogue momentanée de Kant, ce qu'il y eut de plus fâcheux fut l'influence de ses ouvrages sur les habitudes de penser et d'écrire de quelques hommes fort distingués, qui ont depuis donné au monde des Histoires de la philosophie. Celle de Tenneman en particulier, ouvrage, dit-on, d'un grand mérite, paraît avoir été gâtée par ce malheureux penchant des vues de l'auteur. Un homme fort en état d'en juger a dit de cet ouvrage qu'il présente, dans l'époque qui y est traitée, le coup d'œil le plus complet, le plus exact, le plus minutieux et le plus judicieux que nous ayons jusqu'ici sur les divers systèmes de philosophie. Mais, comme Tenneman a choisi la *philosophie critique* pour embrasser de là l'ensemble de tous les systèmes des prédécesseurs de Kant, et qu'il se sert toujours des expressions de Kant quand il renvoie à ses propres doctrines, il devient souvent impossible à ceux qui n'ont pas étudié les ouvrages obscurs de ce moderne Héraclite, de comprendre les remarques de l'historien, même sur les systèmes d'Aristote et de Platon. (Voyez l'article *Brucker* dans le *Supplément à l'Encyclopédie britannique.*)

Le même écrivain ajoute que Brucker n'a jamais joui d'une bien grande réputation parmi les savants d'Allemagne. Je le crois ; mais cela me semble faire plus de tort au goût allemand qu'à la réputation de Brucker. Brucker n'a, il est vrai, ni beaucoup de sagacité ni beaucoup de profondeur; mais il ne le cède qu'à peu d'auteurs en travail, en fidélité et en jugement. De telles qualités sont préférables sans doute pour la composition d'un ouvrage historique à cette passion pour les raffinements systématiques qui entraîne si facilement les écrivains les mieux intentionnés dans de faux raisonnements sur les opinions qu'ils retracent.

P. S. Je n'avais pas encore lu l'ouvrage de Buhle lorsque j'ai écrit ce qui précède. J'ai, depuis, eu l'occasion d'en voir une traduction publiée à Paris en 1816, et j'avoue franchement que je n'ai jamais été plus désappointé. La première chose que je fis fut de consulter avec empressement l'analyse qu'il fait de la philosophie de Kant. Mais le compte qu'il en donne me paraît avoir obscurci davantage encore cette mystérieuse doctrine. Je ne crus pas toutefois ce morceau suffisant pour me mettre en état de prononcer sur le mérite de l'auteur comme historien de la philosophie; mais quelques autres articles que je lus ensuite m'ont aidé à m'en former une opinion exacte.

Le court extrait suivant suffira, sans qu'il soit besoin d'autre commentaire, pour aider aussi ceux de mes lecteurs qui ont quelque connaissance de l'histoire littéraire d'Écosse, à se former une opinion sur ce point.

« Reid n'attaqua les systèmes de ses prédécesseurs, et notam- » ment celui de Hume, que parce qu'il se croyait convaincu de » leur défaut de fondement. Mais un autre antagoniste, non » moins célèbre, du scepticisme de Hume fut, en outre, guidé » par la haine qu'il avait vouée à son illustre compatriote; *le- » quel lui répondit avec beaucoup d'aigreur et d'animosité.* » James Beattie, *professeur de morale à Edimbourg*, puis » ensuite de logique et de morale à l'université d'Aberdeen, » *obtint la préférence sur Hume lorsqu'il fut question de » remplir la chaire vacante à Édimbourg.* Cette circonstance

» devint sans doute la principale source de l'inimitié que les » deux savants conçurent l'un pour l'autre, et qui influa » même sur le ton qu'ils employèrent dans les raisonnements » par lesquels ils se combattirent. » (T. V, p. 235, traduction de Jourdan.)

Que l'on veuille bien me pardonner si j'ajoute à cette citation quelques phrases qui me sont personnelles.

« L'ouvrage de Dugald Stewart, intitulé, *Éléments de la* » *philosophie de l'esprit humain*, est un synchretisme des opi- » nions de Hartley et de Reid. Stewart borne absolument la » connaissance, tant de l'âme que des choses extérieures, à ce » que le sens commun nous en apprend, et croit pouvoir ainsi » mettre l'étude de la métaphysique à l'abri du reproche de rou- » ler sur des choses qui dépassent la sphère de notre intelligence » ou qui sont tout-à-fait inutiles dans la pratique de la vie..... » Les chapitres suivants renferment le développement du prin- » cipe de l'association des idées. Ils sont presque entièrement » écrits d'après Hartley. Stewart fait dériver de ce principe » toutes les facultés intellectuelles et pratiques de l'homme. » (Tom. V, p. 330, 331, trad. de Jourdan.)

On trouvera dans le titre donné par Buhle à son 19e chapitre un échantillon du discernement dont cet auteur a fait preuve dans la classification des systèmes et des auteurs. Voici ce titre : *Philosophie de Condillac, d'Helvétius, du baron d'Holbach, de Robinet, de Bonnet, de Montesquieu, de Burlamaqui, de Vattel et de Reid.*

Mais le défaut essentiel du travail de Buhle consiste en une absence presque totale de renvois aux auteurs originaux. Cet écrivain ne nous présente que le résultat général de ses lectures, sans nous faciliter en aucune manière les moyens de confirmer ses conclusions quand elles sont justes, ou de les redresser quand elles sont fausses. Cette circonstance suffit seule pour détruire le mérite de toute composition historique.

Sismondi, en parlant de l'Histoire de la littérature moderne par Bouterweck, en prend occasion d'adresser un éloge (très mérité sans doute) aux savants d'Allemagne en général. Il remarque que cet auteur a exécuté son plan « avec une étendue d'érudition et une loyauté dans la manière d'en faire profiter ses lecteurs, qui semblent propres aux savants allemands. » (*De la littérature du midi de l'Europe*, tom. I, p. 13, Paris, 1813.) Je regrette que mon ignorance de la langue allemande m'ait empêché de profiter d'un ouvrage dont Sismondi a porté un jugement si favorable; et je regrette encore plus que la seule histoire de la philosophie due à la plume d'un savant allemand de notre siècle qu'il m'ait été possible de consulter forme une exception si remarquable à l'observation de M. Sismondi.

Le contenu de cette note me met dans la nécessité de relever, pour ma propre justification, la remarque suivante, faite sur la première partie de cette *Histoire abrégée*, par un critique anonyme. (Voyez le *Quarterly Review*, t. XVII, p. 42.)

« Si M. Dugald Stewart n'a pas consulté ses *forces* dans le plan qu'il a choisi, il a du moins consulté sa *commodité*; car, en supposant qu'il eût les talents et la science requise, la tâche dont il s'est chargé ne pouvait demander des méditations bien sérieuses, après les secours fournis par les analyses historiques de Tenneman et de Buhle. »

Je ne ferai aucune remarque sur l'insinuation contenue dans le passage qui précède. Tout ce que j'ai à dire, c'est que voilà la première fois (1) que je puis me procurer l'ouvrage de Buhle, et que je n'ai pas encore eu l'occasion de voir celui de Tenneman. D'après ce que j'ai trouvé dans l'un, et ce que j'ai entendu dire de l'autre, je suis fort tenté de croire que, lorsque le critique anonyme a écrit la phrase ci-dessus, il ne connaissait pas mieux que moi les ouvrages de ces deux historiens.

(1) Ce morceau a été écrit pendant l'été de 1820.

J'ajouterai d'ailleurs, et avec une parfaite confiance, qu'aucune personne, en état de prononcer sur de telles matières, ne pourra lire mon *Histoire abrégée* sans être convaincue que, quels que soient son mérite et ses défauts, ils m'appartiennent certainement en propre.

(Note L, page 120.)

M. Salfi, dans les notes de son éloge de Gaetano Filangieri, édition de Dufart, avec les commentaires de M. Benjamin Constant, a donné des détails sur quelques autres philosophes de l'école napolitaine qui ont précédé ou suivi Filangieri. D'après le plan qu'il s'était tracé, il ne pouvait parler de l'école milanaise, et n'avait pas l'occasion de rendre justice au célèbre idéologue Melchiore Gioja, auteur du Traité du mérite et des récompenses, à Mariano Gigli, à Natale Ferri, à Cavriani, et à plusieurs autres écrivains distingués; mais les renseignements qu'il nous donne sur Gravina, Vico, Pagano, Cirillo, Baffi, Pacifico, Delfico, Genovesi, sont fort intéressants. Je citerai ce qu'il dit de Vico, parce que ce philosophe est celui qui a formé l'école la plus nombreuse et la plus célèbre.

« Depuis quelque temps, dit-il, on parle trop souvent de Vico, et même encore plus de la singularité de son mérite que de celui de ses théories ou de ses hypothèses : il ne faut se laisser entraîner ni par les éloges de ses admirateurs, ni par les prétentions de ses adversaires. Souvent il n'est compris ni par les uns ni par les autres. Je ne prétends point pour cela en donner une idée plus complète et plus juste; mais je crois utile d'indiquer ici l'objet principal de son *Histoire idéale*, tel qu'il m'a semblé l'apercevoir dans sa *Scienza nuova*.

» Ce que surtout Polybe, parmi les anciens, et depuis Machiavel, parmi les modernes, avaient tracé des vicissitudes du gouvernement, Vico osa le premier le faire aussi des vicissitudes du monde entier. Il avait été d'abord frappé de ce que

Varron avait avancé des trois âges du monde et des trois langues respectives qu'il appelait âges et langues des *dieux*, des *héros*, et des *hommes*. C'est là, ce me semble, le germe primitif de tout son système, qu'il a développé dans l'ouvrage que nous venons de citer.

» En caractérisant ces trois âges ou époques générales et successives du temps, désignées par les noms de *divine*, d'*héroïque*, et d'*humaine*, il marque, dans la marche uniforme de toutes les nations, trois espèces analogues ou parallèles, de *natures*, de *mœurs*, de *droits*, de *gouvernements*, de *langages*, de *caractères*, de *jurisprudence*, d'*autorités*, de *raisons*, de *jugements*, de trois *sectes* de temps. J'emploie les mêmes mots que l'auteur, parce qu'ils sont ordinairement techniques, et qu'il les prend dans un sens tout original et tout propre à lui.

» Ayant ainsi tracé l'histoire progressive des *dieux*, des *héros* et des *hommes*, et par conséquent de leurs opinions, de leurs sentiments, passions, coutumes, arts, industrie, démarches, etc., il s'arrête davantage à l'histoire ou développement des gouvernements, qui sont le plus grand résultat de la société, et le plus grand ressort de son perfectionnement.

» Vico réfute l'opinion de Bodin, qui, d'après la plupart des anciens, pensait que l'état monarchique avait devancé tous les autres états de forme différente, et que de là on passe successivement par le tyrannique, le démocratique, et l'aristocratique. L'ordre fixé par Vico est tout contraire à celui-ci. En cherchant les éléments de la société dans les familles, il croyait voir dans la première réunion des pères de famille le premier gouvernement de forme aristocratique, qui, dégénérant insensiblement en démocratie, et de là en démagogie, finissait par la monarchie et le despotisme.

» Vico s'étudie à constater cette marche du monde civil par l'analyse la plus savante et la plus étendue de ce que nous avons de l'antiquité, et principalement de l'histoire romaine qu'il avait approfondie, surtout au moyen de ses lois. Il est curieux de voir la révolution qu'il opère dans toute la suite de l'histoire ancienne. Tout est changé, transporté, interprété, renversé.

» Ce n'est pas tout. Ayant désigné le commencement du monde moral, qui, comme le physique, a aussi son chaos, Vico en désigne même la fin; et, ce qui est plus singulier encore, il reconnaît dans sa fin la raison de son commencement. C'est ainsi que le monde civil, comme le phénix, renaît de sa destruction, se recompose par sa dissolution elle-même, et recommence sa marche ordinaire.

» Sous ce rapport, Vico poursuit et décrit le retour des choses humaines, ou des mêmes phénomènes politiques depuis la renaissance des nations. Il compare les barbares des premiers temps avec ceux du moyen âge; il reconnaît chez ceux-ci les mêmes caractères, les mêmes traces, la même conduite, enfin la même histoire des *dieux*, des *héros*, des *hommes*. S'il y a quelque exception, il cherche à la motiver; de sorte que tout semble aller d'accord avec son système.

» Telle est à peu près, si je ne me trompe, l'idée ou l'histoire que Vico avait conçue de l'humanité ou du monde civil; il l'avait appelée *éternelle*, parce qu'elle résultait des lois propres à la nature humaine, qu'aucune force étrangère ne peut détruire. Il la nommait *idéale*, parce qu'analysant la nature sociale de l'homme telle qu'on la suppose, il la concevait telle qu'elle doit être.

» Qu'on ne croie pas cependant que sa conception soit l'ouvrage d'une synthèse chimérique ou d'une imagination rêveuse: l'idée qu'il a donnée lui-même de ses principes et de sa méthode prouve que tout ce qu'il expose par synthèse, il l'avait d'abord déduit par l'analyse la plus étendue.

« Ce que j'indique est incontestable, si l'on compare la

première édition de la *Scienza nuova*, faite en 1725, avec les suivantes de 1730 et de 1744. Au reste, Vico appuie toujours ses théories par les phénomènes les plus constants et les plus connus de la nature humaine, qu'il fait ressortir de la combinaison successive des circonstances physiques et des besoins correspondants qu'elles excitent. » (*Note du traducteur.*)

(Note M, page 128.)

De tous les auteurs écossais qui ont consacré leur attention aux études métaphysiques avant l'union des deux royaumes d'Angleterre et d'Écosse, je n'en connais aucun aussi éminent que George Dalgarno d'Aberdeen, auteur de deux ouvrages aussi distingués par l'originalité du génie que par la justesse des aperçus philosophiques. L'un, publié à Londres en 1660, est intitulé : *Ars signorum, vulgò, character universalis et lingua philosophica, quâ poterunt homines diversissimorum idiomatum, spatio duarum septimanarum, omnia animi sui sensa (in rebus familiaribus) non minùs intelligibiliter, sive scribendo, sive loquendo, mutuò communicare, quàm linguis propriis vernaculis; præterea hinc etiam poterunt juvenes, philosophiæ principia, et veram logicæ praxin, citiùs et faciliùs multò imbibere, quàm ex vulgaribus philosophorum scriptis.*

Le second ouvrage de Dalgarno est intitulé : *Didascalocophus*, ou *le Guide du sourd et muet.* Il a été imprimé à Oxford en 1688. J'ai dit quelque chose du premier dans les notes annexées au premier volume de ma *Philosophie de l'esprit humain;* et du dernier dans un *Mémoire* publié dans le septième volume des *Transactions de la Société royale d'Édimbourg.* Comme les deux ouvrages de Dalgarno sont devenus extrêmement rares, et qu'ils ne formeraient ensemble qu'un très-petit *in-octavo*, il me semble qu'un libraire trouverait son avantage à les publier. Il serait bien malheureux pour Dalgarno qu'après avoir été injustement négligé par ses contemporains, on laissât dans un oubli total les preuves qu'il a données de ses talents philosophiques.

La *Physiologia nova experimentalis* de lord Stair, publiée à Leyde en 1686, mérite aussi d'être mentionnée dans une *Histoire littéraire d'Écosse*. Si on n'y trouve que bien peu de traces des talents éminents qui distinguaient l'auteur comme jurisconsulte et homme d'état, on y découvre au moins une connaissance très étendue des diverses doctrines métaphysiques et physiques alors en vogue, et surtout de celles de Gassendi, de Descartes et de Malebranche. Il y présente quelques remarques ingénieuses et importantes sur les erreurs de ces trois philosophes, et rend en même temps justice à leur mérite. Partout lord Stair manifeste une indépendance d'opinion et une liberté d'examen fort rare parmi les philosophes du dix-septième siècle. L'ouvrage est dédié à la Société royale de Londres, et l'auteur paraît avoir parfaitement compris l'utilité de cette institution pour avancer les connaissances fondées sur l'expérience.

Les bornes d'une note ne me permettent pas d'entrer dans plus de détails sur l'état de la philosophie en Écosse pendant l'intervalle qui s'est écoulé entre l'union des couronnes et celle des royaumes. L'état des affaires publiques n'était certainement pas favorable à l'état de la science. Mais il existe des preuves suffisantes pour montrer que le goût philosophique qui a distingué les Écossais d'une manière si remarquable pendant le dix-huitième siècle, était en quelque sorte un héritage qu'ils avaient reçu de leurs prédécesseurs immédiats.

Leibnitz, à ce qu'il me semble, parle quelque part du nombre de savants écossais qui l'ont visité dans le cours de leurs voyages. Il a adressé à l'un d'eux (M. Burnet de Kenmey) une lettre très-intéressante, datée de 1697, sur l'état général des sciences en Europe. Il lui ouvre son âme sur tous les sujets avec une franchise et une confiance qui font le plus grand honneur aux connaissances et au caractère de son correspondant. Le docteur Arbuthnot, qui naquit vers le temps de la restauration, peut être cité comme une preuve éclatante de l'éducation tout-à-fait libérale que l'on recevait alors dans quelques universités écossaises.

La part considérable qu'on lui attribue dans les *Mémoires* de Martin Scribler est un témoignage suffisant de la variété de son instruction, et de la justesse de ses aperçus sur la philosophie scolastique. Dans un ou deux passages, où il jette un coup-d'œil sur les erreurs de ses contemporains, un lecteur attentif et intelligent découvrira, au milieu de ses plaisanteries, une profondeur et une solidité de métaphysique qui semblent appartenir à une époque plus rapprochée de nous. N'y a-t-il donc plus d'Arbuthnot aujourd'hui pour châtier la folie de nos craniologistes ?

NOTE ADDITIONNELLE.

Au moment où cette dissertation allait être imprimée, on venait de publier les Œuvres posthumes du savant, ingénieux et aimable docteur Thomas Brown, mon ami. Les découvertes que la philosophie de l'esprit humain doit à ses talents et à ses travaux appartiennent exclusivement à l'histoire littéraire du 19ᵉ siècle; et je ne doute pas que quelques uns de ses nombreux élèves ne leur rendent la justice qui leur est due. Si sa mort récente, qui a causé tant de regrets, ne m'eût imposé silence sur toutes les questions de controverse existantes entre nous, j'aurais été tenté de présenter ici quelques éclaircissements additionnels, relatifs à certains points sur lesquels nous différions d'opinion, et plus particulièrement en ce qui concerne le mérite philosophique de lord Bacon et du docteur Reid.

Ma santé, pendant l'hiver, a été d'ailleurs dans un tel état d'affaiblissement, que j'ai trouvé dans la correction des épreuves un travail plus que suffisant pour m'occuper l'esprit et le corps. J'ai même été forcé de me refuser le plaisir de lire les *Leçons* du docteur Brown, jusqu'après la publication de mon ouvrage.

FIN DES NOTES

DU TROISIÈME ET DERNIER VOLUME.

TABLE DES MATIÈRES

CONTENUES DANS LES TROIS VOLUMES.

TOME PREMIER.

TOME DEUXIÈME.

TOME TROISIÈME.

FIN DE LA TABLE.

De l'Imprimerie de CELLOT, rue du Colombier, n° 30.

www.ingramcontent.com/pod-product-compliance
Ingram Content Group UK Ltd.
Pitfield, Milton Keynes, MK11 3LW, UK
UKHW012151240726
13966UKWH00002B/264

9 782013 479813